G. KENNTNER
M. KREMNITZ

KALAHARI

**EXPEDITION
zu den letzten Buschleuten
im südlichen Afrika**

Inhalt

Vorwort

Im südlichen Afrika auf der Hochebene der Kalahari lebt eines der letzten Naturvölker unserer Erde, die Buschleute. Die Faszination, die von dieser uralten Jäger- und Sammlerpopulation ausgeht und schon unzählige Forschungsreisende in die lebensfeindlich erscheinende Wildnis hinauszog, ließ auch uns aufbrechen, um weit abseits vom Strom der westlichen Zivilisation in den Tiefen der Kalahari unsere ganz eigene Begegnung mit diesem letzten Naturvolk und seiner Kultur zu suchen.
So wie in einem Volk jeder Einzelne unverwechselbare individuelle Eigenschaften besitzt, so bewahrt in der Gemeinschaft der Völker jede Kultur eine eigene Einzigartigkeit.
Jede Kultur stellt eine Facette eines Edelsteins dar; verschwinden die Facetten, so ist die Brillanz des Steins dahin. Die Vielfältigkeit macht seinen Wert und seine Strahlkraft aus.
So gesehen verliert unser Edelstein mit Namen Erde immer mehr an Schönheit wie an Kraft.
Wenn wir Kulturen wie die der Buschleute nicht mehr erhalten können, so wollen wir als Forschungsteam doch versuchen, so viel wie möglich von der Lebensweise dieser Menschen zu dokumentieren, um wenigstens ein Bild vom Glanz einer untergehenden Facette des Menschseins für die Zukunft zu erhalten.
Beeilen wir uns damit, denn bald ist auch diese Kultur von der — ach so überlegenen — westlichen aufgesogen worden und die Buschleute treten in ihr nur noch als entwurzeltes »Lumpenproletariat« in Erscheinung.
Es gibt Menschen, die messen den Wert einer Kultur ganz einfach an der Höhe und dem Umfang ihrer Steinbauten in Metern. Danach hätten die mit ihrem auf ein Minimum an materiellem Besitz beschränkten Buschleute einen Platz sehr weit unten auf der Skala.
Die Kultur der Buschleute brachte jedoch höchst sinnvolle materielle als auch beachtliche immaterielle Güter hervor. Wenn auch mit Pfeil und Bogen nur ein Minimum an materieller Ausstattung erreicht wird, so zeigen sich im immateriellen Bereich komplexe und hochentwickelte Strukturen.
Die Buschleute schufen sehr wirkungsvolle Strategien zur Konfliktvermeidung; ihre Gesellschaft weist einen überwältigenden Mangel an Aggressivität auf. Einige Forscher sprachen sogar von einer Ur-Überflußgesellschaft, einer Muße-intensiven Gemeinschaft von Individualisten ohne soziale Rangordnung, deren höchstwertige Beschäftigung die Pflege sozialer Kontakte ist.
Das alles ist in unserer Zivilisation verlorengegangen, wenn es überhaupt jemals vorhanden war.
Wildbeuter stehen in direkter Konfrontation mit ihrer natürlichen Umgebung, sie werden von der Natur beherrscht und hängen von ihr ab. Ihre grundlegende Einstellung zum eigenen Überleben ist ein Produkt dieser Abhängigkeit. Der tägliche Kampf ums Dasein und die Armut ihrer natürlichen Ressourcen erklären in hohem Maße, warum auch ihre materielle Kultur im ganzen sehr einfach ist.
Doch bedeutet das nicht Genialität? Dokumentiert dies nicht das Erreichen des Ziels, zu überleben in der Kalahari, mit den einfachsten Mitteln statt mit aufwendigster Technik?
Die Publikation stellt somit eine zusätzliche Informationsquelle zu unserem Dokumentarfilm »Buschleute der Kalahari, eine Kultur stirbt« (ARD/ZDF, Regionalprogramme) dar.
Im vorliegenden Buch wird in verständlicher Weise versucht, die frühere und gegenwärtige Kultur der Buschleute in Wort und Bild zu do-

kumentieren. Daneben soll das Erscheinungsbild dieser Menschen in ihrer Landschaft und ihre Einbindung in den Naturhaushalt der Kalahari aufgezeigt werden.

Die Verfasser

I. DIE KALAHARI — FASZINATION EINES AFRIKANISCHEN RAUMES

I.1. Eine Fundgrube für Forschungsreisende

Bis zur Mitte des 19. Jahrhunderts bestand die Landkarte Afrikas, des zweitgrößten Kontinents, aus weißen Flecken, was »noch nicht erforscht« bedeutete. Gerade das Innere dieser großen Landfläche blieb lange Zeit — dunkel und geheimnisvoll — den Europäern verborgen. Die ersten weißen Pioniere, die sich auf diesem Kontinent niederließen, besiedelten lediglich dessen »Ränder« (z. B. die afrikanische Mittelmeerküste oder die Goldküste). Sie errichteten auch vereinzelt Handelsniederlassungen — im Sinne von Stützpunkten für den beginnenden Welthandel (z. B. die Portugiesen). Erst mit den großen Entdeckungsreisen* und der damit verbundenen Erforschung und kartographischen Erfassung von Flüssen, Bergen, Seen**, Regenwäldern, Savannen und Wüsten entwickelten die Europäer eine Vorstellung vom Inneren Afrikas. Die Entdeckungen von Mineralvorkommen förderten in der Folgezeit die weitere Durchdringung des Kontinents. Straßen und Eisenbahnen wurden gebaut, Bodenschätze erschlossen und Pflanzungen in Form von Plantagen angelegt. Mit dem Vordringen der weißen Siedler und dem Ausbau einer Infrastruktur wurden in weiten Gebieten Afrikas die großen Wildtierherden dezimiert und in später geschaffenen Nationalparks zusammengedrängt.
Neben dem zentralafrikanischen Regenwald gehört die Dornstrauch-Savannenlandschaft der Kalahari, die oft fälschlicherweise als »Kalahari-Wüste« bezeichnet wird, zu den wenigen bis heute nicht vollständig erforschten Gebieten der Erde (wie auch z. B. Neuguinea, Antarktis). Die Kalahari bietet heute noch für jeden Forscher viele Rätsel, die es zu lösen und zu erklären gilt: die Geographie des Landes, seine Besonderheiten, die Pflanzen und Tiere sowie die dort lebenden Menschen. So kommen in Flora und Fauna seltsame Formen vor, die einzigartig und noch nicht vollständig untersucht sind, und es ergibt sich hier vielleicht auch die letzte Chance, Buschleute in ihrer angestammten Natur- und Kulturumwelt zu erleben und zu studieren, bevor dieses vom Aussterben bedrohte Volk von unserer Erde verschwunden sein wird.
Unser interdisziplinäres Forschungsteam suchte Antworten auf viele dieser im Raum stehenden Fragen, um die rätselhafte Kalahari weiter zu erforschen.
Der Name »Kalahari«, wie die weißen Entdecker dieses Gebiet bezeichneten, ist auf die dort lebende Population der »Bakalahari« zurückzuführen, die südöstlich des Okavango-Deltas siedelt.*
Über die Kalahari existieren viele Legenden, die sich mit ihrer Entstehung und den dort vorkommenden Pflanzen, Tieren und Menschen auseinandersetzen. Unter anderem wird auch von einer untergegangenen reichen Stadt mit Palästen und einer hohen Kulturausprägung berichtet. Mehrere Expeditionen versuchten bisher vergeblich, Reste dieser städtischen Besiedlungsform zu entdecken. Die Siedlung wird im Bereich des Nossob-Flusses, der seit längerer Zeit kein ständiges Wasser mehr führt, vermutet.

---

* 1871 trafen sich Sir Henry Morton Stanley und David Livingstone am Ostufer des Tanganjikasees (Tansania) kurz vor Livingstones Tod (CORNEVIN, 1980).

** 1888 Entdeckung des Rudolfsees durch F. Hoehnel.

* Teilweise haben sie sich mit G/wi-Buschleuten vermischt. Diese Abkömmlinge bezeichnen sich als G//ana.

I.2. Kultur der Buschleute und Geographie ihres Lebensraumes

Fünf Forschungsreisen führten uns in den Jahren 1983–1987 zu jenen entlegenen Räumen in Botswana und Namibia, wo heute noch Jäger und Sammler aus den Stämmen der !Ko, G/wi und !Kung anzutreffen sind.

Der Weg zu den Buschleuten führt tief in die Kalahari hinein. Der Lebensraum dieser Menschen mag uns existenzfeindlich anmuten wie alle Räume am Rande der Ökumene*. Den Buschleuten jedoch hat er als ökologische Nische das Überleben ermöglicht, sie aber zu einem harten Kampf ums Dasein herausgefordert und letztlich zu dem gemacht, was sie heute verkörpern, »ein Wunder der Anpassung«. Der Körperbautypus sowie die traditionelle Lebensweise und Kultur der Buschleute stehen in einem Verhältnis eindrucksvoller Harmonie zu ihrer Umwelt, ein Verhältnis, das nicht in kurzen historischen Zeiten erworben worden sein kann, sondern auf eine lange Besiedlungsgeschichte der Kalahari schließen läßt. EIBL-EIBESFELDT (1976) und LEE (1979) treten daher der landläufigen Meinung entgegen, die Kalahari sei ein rezentes Rückzugsgebiet, das erst unter Druck von den verfolgten und »asylsuchenden« Buschleuten als letzte Rettung aufgesucht wurde. Vielmehr sprechen die hochgradige Umweltanpassung der Buschleute und ihre spezialisierte traditionelle Kultur dafür, die Kalahari als »altes Buschmannland« anzusehen und bei einer qualitativen Bewertung des Raumes Vorsicht walten zu lassen. Für unser Forschungsprojekt heißt das, daß zum Verständnis der Buschleute und ihrer archaisch anmutenden Wirtschafts- und Lebensweise neben dem Studium der Anthropologie und Ethnologie auch die Geographie ihres Lebensraumes betrachtet werden muß. Dabei geht es nicht nur um fachspezifische Erkenntnisse, sondern ebenso um das Aufzeigen interdisziplinärer Zusammenhänge im komplexen Spannungsdreieck Raum-Mensch-Kultur. Populationen wie die Buschleute, die noch naturnah ihr Dasein gestalten, sind eindrucksvolle Beispiele dafür, daß auch der Mensch und seine Kultur ökologischen Gesetzmäßigkeiten unterliegen.

KREMNITZ (1990) ist der Ansicht, daß die Buschleute aufgrund der physischen und psychischen Gegebenheiten schon viele tausend Jahre in der Kalahari gelebt haben und daß die Kalahari von den während der letzten Eiszeit vom Nordosten her eingewanderten Volksgruppen ganz bewußt als Stammland erwählt worden ist, da die von Gebirgen eingefaßte große »Sandschüssel« der optimale Lebensraum war, der ihrer körperlichen und geistigen Lebensform voll entsprach. Von diesem »Schutzraum Kalahari« aus — dem sie sich problemlos anpassen konnten — schwärmten sie — wie die vielen Felszeichnungen rund um die Kalaharirandgebirge beweisen — in alle Richtungen aus, um mehr oder weniger kurzfristige Notzeiten in anderen, damals noch kaum besiedelten Gebieten zu überbrücken. Für die Theorie einer solchen Wüstenheimat sprechen auch die Überlebenskenntnisse und das Wissen der Buschleute über die Pflanzen- und Tierwelt.

Die phytogeographischen Verhältnisse* im südlichen Afrika dürfen bei den Betrachtungen nicht außer acht gelassen werden, denn es ist auffallend, daß das südliche Kap mit seinem eigenen Florenreich — die »Capensis« — nie ein großes Siedlungsgebiet der Buschleute war, was sich auch durch den auffallenden Mangel an Felszeichnungen oder Gravierungen in den Kapbergen dokumentiert. Die urspüngliche Capensisflora hat nur sehr wenige Nahrungspflan-

* Ökumene = Lebensraum des Menschen

* Phytogeographische Gliederung = Raumgliederung nach Pflanzen bzw. Pflanzengesellschaften in Florengebiete, Florenregionen und Florenreiche.

zen und fast keine Baumarten. Alle »Fynbos«-Gesellschaften* weisen in der Mehrzahl Pflanzenarten auf, die auch von den Tieren nicht oder nur im äußersten Notfall angenommen werden, weil sie auf die Dauer gesehen unverträglich sind.

Hinzu kommt noch, daß die Kalahari im Süden in die nahezu baumlose trockene Karroo übergeht, die noch weniger Nahrungspflanzen als die Capensis aufweist. Es kann also nicht von einem »Rückzugsgebiet Kalahari« der Buschleute gesprochen werden. Sie sind lange vor den negriden Völkern in die Kalahari und ihre Randgebirge eingedrungen, wobei allerdings in den letzten 300 Jahren sowohl Weiße wie Schwarze ihren Lebensraum erheblich eingeschränkt haben. Es dürfte wohl nicht weit daneben gegriffen sein, wenn man sagt, daß das friedvolle und individualistische Wesen »Buschmann« nie auf Besitz, heroische Taten und Eroberung ausgerichtet war und sich deshalb einen »armen« Lebensraum aussuchte, der keine Begierden anderer Völkerschaften wachrufen würde. Tausende von Jahren stimmte diese Philosophie, bis die Habgier sowohl der Weißen als auch der Schwarzen — beide nur Einwanderer in das südliche Afrika — auch diesen relativ armen Lebensraum eroberte.

Am überzeugendsten ist die Theorie einer fortlaufenden Vertreibung dieser südafrikanischen Ureinwohner aus den über die Kalahari hinausgehenden Gebieten, die sie im Norden innehatten, durch die Land suchenden Neuankömmlinge. Ein ehemals größeres Verbreitungsgebiet der Buschleute läßt sich nicht zuletzt durch zahlreiche Felsmalereien und -gravierungen untermauern, die in vielen Bereichen des südlichen Afrikas gefunden wurden und die ein Alter von hundert bis mehreren tausend Jahren besitzen.

* Fynbos = Pflanzengesellschaft der Capensisflora.

Von besonderem Interesse für die Wissenschaft ist das frühere und gegenwärtige Klima der Kalahari, das für die Entwicklung der gesamten Biota* von großer Bedeutung war.

Die Kalahari hat über Jahrtausende hinweg zahlreiche klimatische Veränderungen erlebt, die das heutige Landschaftsbild entscheidend mitgeprägt haben. Der Geomorphologe HEINE (1984, 1987 a,b) hat mit der wissenschaftlich und interdisziplinär arbeitenden Methode der Arealsystemanalyse** versucht, diese klimatischen Schwankungen innerhalb der letzten 45 000 bis 40 000 Jahre für die Mittelkalahari zu rekonstruieren. Während zahlreicher Forschungsaufenthalte in der Kalahari wurde ausreichend Untersuchungsmaterial gesammelt und Beobachtungen aufgezeichnet. Heine vermutete aufgrund seiner stratigraphischen (d. h. die Abfolge der Schichten betreffenden) Untersuchungen der limnischen (Süßwasser-) Ablagerungen, daß die Kalahari im Bereich des Makgadikgadi-Beckens vor ca. 25 000 Jahren klimatisch feuchter war und sich ausgeprägte Süßwasserseen gebildet hatten. Nach einer Zeit trockeneren Klimas folgte vor etwa 12 000 Jahren wiederum kurzzeitig eine feuchte Phase.

Beweise für diese feuchteren Klimaphasen lieferten schließlich Süßwassermolusken im Makgadikgadi-Becken, die mit der C^{14}-Methode*** datiert wurden, fossile Strandwälle, fossile Süßwasserdiatomeen, historische Seespiegelniveaus, See- und Flußmündungssedimente, Pflanzenpollen und fossile Erosionsformen in ausgetrockneten Flußtälern.

Die Voraussetzungen — ein feuchteres Klima mit höheren Niederschlägen — für die Existenz einer dauerhaften Besiedlung in diesem Bereich

* Biota = Lebewelt.

** NAGEL (1984) hat im Bereich der Sahara und der sich anschließenden Sahelzone gleichfalls mit der Methode der Arealsystemanalyse gearbeitet.

*** Erklärung siehe Kapitel VIII.4. Unterschiedliche Methoden zur Altersdatierung bei Felsbildern.

waren in der Vergangenheit also mehrfach gegeben.

I.3. Wechselvolle Geschichte der Buschleute von der Vorzeit bis heute

Seit mehr als 3 Millionen Jahren existiert die Gattung Homo auf der Erde, und die Art Homo sapiens läßt sich auf einen Entstehungszeitraum vor ca. 1,5 Millionen Jahren zurückführen. Die Buschleute leben seit schätzungsweise 20000 Jahren insbesondere im Osten und Süden Afrikas.

Diese Menschen wurden seit ihrer Entdeckung durch die Weißen mit vielen Namen bezeichnet: Seit dreihundert Jahren tragen sie den Namen »Buschleute«, der ihnen von europäischen Siedlern am Kap der Guten Hoffnung gegeben wurde. Von den Holländern wurden die Buschleute auch »bosjesmanes«, »bossmanen«, »bosmanneken« oder »bossiemans« genannt. Dies bedeutet soviel wie »Leute hinter den Windschirmen«, da diese Jäger und Sammler nur vorübergehend in festeren Behausungen lebten. Man geht heute dazu über, den Begriff »San« zu verwenden. Dies ist eine Ableitung aus dem Wort »Sanqua« des Kap-Hottentotten-Dialekts, das soviel wie »Eingeborene« oder »eigentliche Siedler« bedeutet. Zum ersten Mal benutzte SCHAPERA (1930) die Bezeichnung »San« in seinem klassischen Werk: »The Khoisan Peoples of South Africa«. Allerdings ist auch »San« kein ganz zufriedenstellender Ausdruck, er kann nämlich auch einen »Schurken« bezeichnen. Deshalb benutzt die Regierung von Botswana heute den Terminus »Basarwa«, eine Ableitung von dem Wort »Masarwa« aus der Bantusprache Setswana (bedeutet übersetzt ungefähr »Leute des Westens«). Der Begriff »Buschleute« wird jedoch weiterhin gebraucht, insbesondere von deutschsprachigen Autoren (EIBL-EIBESFELDT, 1972, KENNTNER / KREMNITZ, 1986), während sich innerhalb des englischen Sprachraums die Bezeichnung »San« durchgesetzt hat.

Über die Herkunft dieser Menschen sind sich Anthropologen und Kulturwissenschaftler bis heute noch nicht einig, und viele diesbezüglich entwickelte Theorien widersprechen sich. Als am wahrscheinlichsten wird die Abstammung der Buschleute vom Boskopmenschen angesehen, der vor ungefähr 100000 Jahren lebte. Es wird vermutet, daß er der erste Mensch mit einem eigenen reflektierenden Bewußtsein war und bereits die Fähigkeit besaß, z.B. zwischen Leben und Tod zu unterscheiden. Als Hypothese steht die Behauptung im Raum, wonach das Sozialsystem des Boskopmenschen die Grundlage für die heutige menschliche Gesellschaft gebildet hat.
Von diesem Menschentyp, der nicht nur in Afrika verbreitet war, läßt sich die Evolution der verschiedenen Großrassen in der Hominidenentwicklung ableiten: Die Europiden, die Mongoliden, die Negriden, die Indianiden, die Australiden und die Khoisaniden differenzierten sich räumlich und zeitlich voneinander getrennt aus. Die Buschleute werden heute noch als »lebendes Fossil« bezeichnet. Sie leben nur noch in der Kalahari (Botswana und Nord-Ost-Namibia), obgleich sie früher das ganze südliche Afrika bewohnten.

I.4. Begegnung mit den Weißen und Schwarzen

Seit ca. 2000 Jahren sind Handelsbeziehungen zwischen den nebeneinanderlebenden, ackerbautreibenden und viehzüchtenden Bantu und den Buschleuten, die während dieser Zeit ihre Wirtschaftsweise mehrmals umgestellt und angepaßt haben, archäologisch und linguistisch nachweisbar (DENBOW / WILMSEN, 1986).

Im Jahre 1652 landete der Holländer Jan van Riebeck mit einer kleinen Gruppe holländischer Siedler am Kap der Guten Hoffnung. Er wollte dort ein Versorgungsdepot für die Niederländisch-Ostindische Handelskompanie errichten. Nach und nach entwickelte sich dieser Flottenstützpunkt zu einer richtigen Siedlung, dem späteren Kapstadt. Damit begann die Besiedlung Südafrikas durch die Weißen.

Schon bald darauf drangen die ersten Europäer auf der Suche nach neuem Siedlungsraum von der Südküste aus ins Landesinnere und entlang der Ostküste nach Norden vor. Im frühen 18. Jahrhundert gelangten einige von ihnen auf ihren Erkundungszügen auch in die Kalahari. Sie nannten diese »Wüste« das »Durstland« und mieden es als Siedlungsgebiet, da sie Farmer waren und Wasser und gutes Weideland für ihr Vieh suchten. Diese Pioniere waren Nachkommen der holländischen Kolonisten in Kapstadt, vermischt mit einigen später eingewanderten französischen Hugenotten.

Bald darauf folgten die Engländer, die 1785 schließlich den ganzen südafrikanischen Raum eroberten und ihn, mit Ausnahme von Deutsch-Südwestafrika, als Kolonie in ihren Besitz brachten.

Von den Engländern wurden die Farmer nach dem holländischen Wort für Bauern »Buren«* genannt. Diese Buren wollten unabhängig bleiben und lehnten die britische Herrschaft ab. Um sich von der erdrückenden englischen Oberherrschaft zu befreien, verließen sie sogar im Jahre 1835 die Kap-Kolonie, um nach Norden vorzustoßen. Sie hatten einen unwiderstehlichen Drang umherzuziehen, was sie in ihrer Sprache (»Afrikaans«)** als »Trecken« bezeichneten.

* Bauern holländischer, hugenottischer und niederdeutscher Herkunft.

** Afrikaans und Englisch bilden die Landessprachen in Südafrika. Afrikaans wird fast ausschließlich von Weißen gesprochen.

Bereits im Jahre 1875 machten sich mehr als 500 Pioniere (Buren) aus der Gegend von Johannesburg mit ihrem Vieh auf den Weg, um durch die Kalahari nach Südwestafrika zu gelangen. Nur mit Hilfe einiger Buschleute, die Mitleid mit ihnen hatten, und durch das Trinken des Blutes ihres eigenen Viehs — als Ersatz für das fehlende Wasser —, erreichten die Trecker schließlich den Ngami-See im Norden. Das Schlimmste kam jedoch erst noch auf sie zu: die feuchtheißen Sümpfe jenseits des Ngami-Sees. Über 300 Menschen starben auf diesem mörderischen Weg durch die Sümpfe an Malaria und anderen Fieberkrankheiten. Ihre Körper waren geschwächt durch die vorher durchgestandenen Strapazen in dem wasserlosen Land. In dieser Zeit erfuhren die Buren von der Regierungsübernahme Großbritanniens in Südwestafrika und zogen deshalb nach Portugiesisch-Angola weiter. Fünfzig Jahre später verließ der Rest dieser »Durstland-Trecker« aufgrund der Unterdrückung durch die Portugiesen Angola wieder und ließ sich endgültig in Südwestafrika nieder.

Die Bantu waren bis zum 18. Jahrhundert bereits weit nach Süden vorgedrungen, insbesondere im östlichen Teil des südlichen Afrikas (Abb. 1).

Das Verhältnis von Schwarz und Weiß war daher von Beginn an gespannt. Der Zusammenprall der beiden Rassen war eineinhalb Jahrhunderte lang in ganz Südafrika zu spüren. Auch heute noch treten immer wieder Konflikte zwischen den beiden Rassen auf (Apartheid).

Während der insgesamt neun Kriege gegen die »Kaffern« — so bezeichneten die Buren die Südost-Bantuvölker — setzten sich schließlich die waffentechnisch überlegenen Weißen gegenüber den Bantu durch.

Bei ihrem Streit um die Herrschaft des Landes, die beide Gruppen für sich beanspruchten, übersahen sie jedoch, daß die eigentlichen ursprünglichen Bewohner Südafrikas ganz andere

Menschen waren: nämlich die Khoisaniden, also die Buschleute und die Hottentotten. Schwarz und Weiß kämpften sozusagen um die Heimat dieser Urbevölkerung.
Das Schicksal der Khoisaniden war mit der Ankunft der europäischen Einwanderer und der Südwärtswanderung der Bantu besiegelt. Dabei gerieten Buren, Bantu, Hottentotten und Buschleute in lange Auseinandersetzungen. Wenn sich die schwarzen und weißen Viehzüchter nicht wegen des Weidelandes gegenseitig umbrachten, zogen sie gegen die Buschleute zu Felde, die daraufhin wieder Rache übten, Vieh stahlen und die fremden Einwanderer töteten.

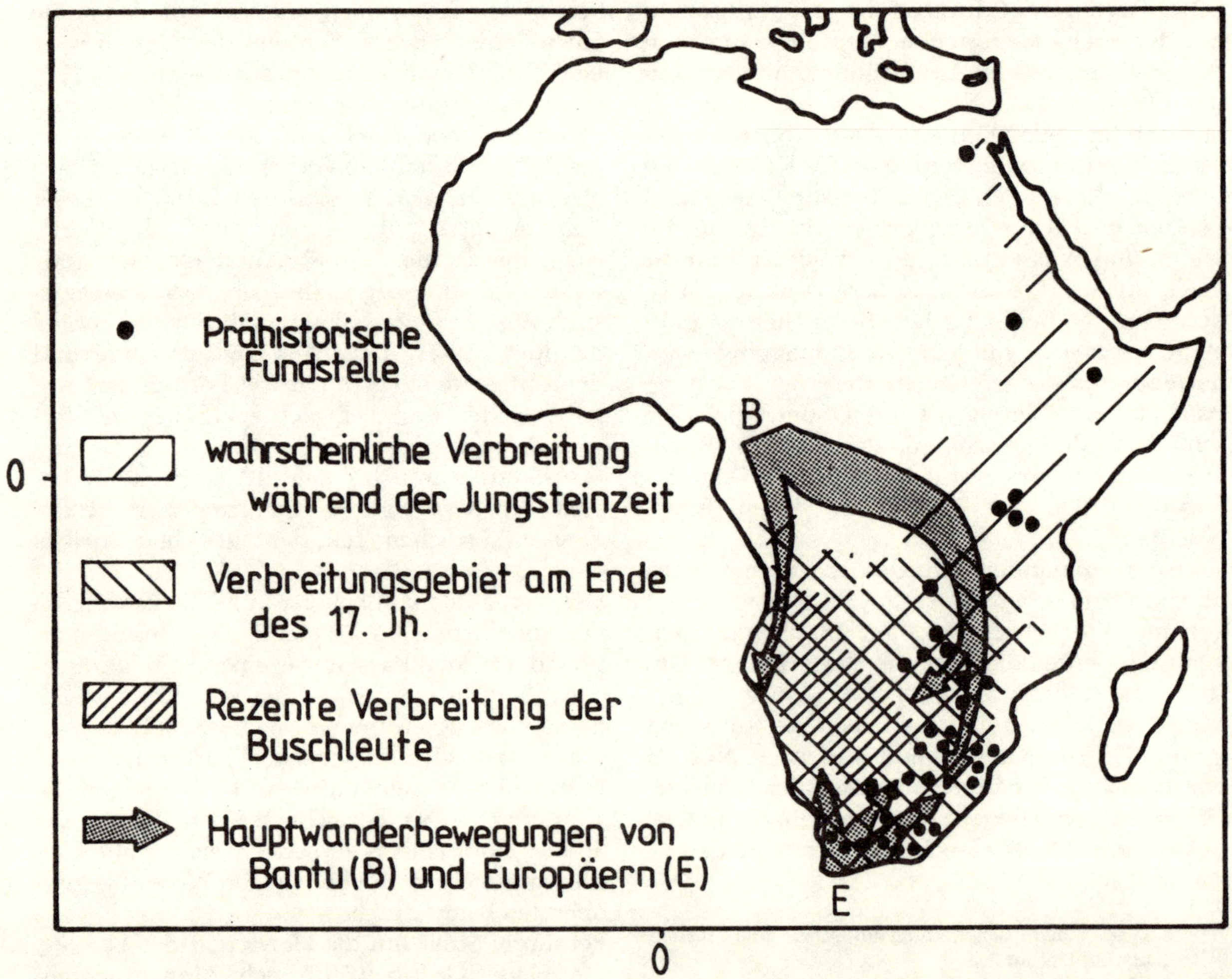

Abb.1: Siedlungsraum der Buschleute in Vergangenheit und Gegenwart

Die Hottentotten waren die ersten Leidtragenden. Dezimiert durch Kriege und Seuchen, starben sie fast aus. Als sie den Widerstand schließlich aufgaben, waren von den hunderttausend Menschen, die ursprünglich in Südafrika lebten, nur noch wenige Tausend übrig. Sie nahmen europäische Kulturelemente an und vermischten sich teilweise rassisch mit den neuen Herren. Die Nachkommen von Buren und Hottentottenfrauen werden als »Rehobother Bastards« bezeichnet. Sie leben heute noch in stattlicher Zahl in der Umgebung der Stadt Rehoboth in Namibia und streben nach Autonomie.
Seit man kurz vor Beginn dieses Jahrhunderts das gesamte heutige Staatsgebiet von Botswana zum Protektorat der Britischen Krone erklärte, wurden große Ländereien an die weißen Viehzüchter verteilt. Vor allem in den nordwestlichen Gebieten der Kalahari und in der Südwest-Kalahari wurde das Leben der Buschleute durch die schwarzen Viehhalter stark beeinflußt.
Durch den Kontakt mit den Bantu und den weißen Kaufleuten brachten die Buschleute fremde Elemente in ihre Kultur ein (Einführung des Metalls) und beeinflußten im Gegenzug auch wieder die Bantu (Entlehnung von Worten und verschiedenen Techniken).
Die rasche Auflösung ihres Sozialsystems und damit das Abrutschen an das untere Ende der Sozialhierarchie begann jedoch erst, als es zum Kontakt mit den weißen Siedlern kam, da sie die Einführung von Geld und eine andere Bewertung der Arbeitskraft sowie die damit verbundene Anschaffung größerer persönlicher Besitztümer als neue Werte nicht in ihre Lebensweise integrieren konnten.
Ihnen blieben nur zwei Möglichkeiten: entweder sie fanden sich mit einem untergeordneten Platz in der Gesellschaft der neuen Herren ab, oder sie wurden zu Viehdieben. Die Buschleute kennen unseren Eigentumsbegriff nicht und sehen seit jeher alle Tiere in der freien Natur als die ihnen zustehende Jagdbeute an. Daher war der Viehdiebstahl für sie im Grunde genommen eine logische Folge der Entwicklung. Da sie sowohl den Bantu wie auch den Europäern ihr Vieh stahlen, wuchs der Haß der Schwarzen und Weißen ihnen gegenüber immer mehr.
Die Bestohlenen organisierten regelrechte Ausrottungsstreifzüge gegen die Buschleute. Die Männer wurden erschossen, die Frauen und Kinder als Sklaven mitgenommen. Die Weißen sahen in ihnen nichts anderes als »Halbaffen«, die sie ebenso jagten wie Wild.
So heißt es in einem Jagdbericht von Verenholt:

> »Wir hatten großes Jagdglück an diesem Tag: 4 Gazellen, 6 Antilopen und 3 dieser gelben Halbaffen waren die Jagdbeute.«
> Der Kaufmann van Toorn schilderte: »Am leichtesten sind diese gelben Halbaffen abzuschießen, denn sie können mit ihren zwei Beinen nicht so schnell flüchten wie die vierbeinigen Wildtiere« (SITTE, 1986).

Die Buschleute waren in der damaligen Zeit sogar für manche Wissenschaftler das so lange gesuchte Bindeglied zwischen der Menschheit und der Tierwelt. Dieser systematische Ausrottungskrieg gegen die Urbevölkerung dauerte bis in die Mitte des letzten Jahrhunderts. Allein von 1786 bis 1796 wurden nach den Aufzeichnungen der Niederländisch-Ostindischen Handels-Kompanie in der Kapprovinz 2500 Buschleute getötet.
Den Bericht eines Buschmannes über den grausamen Tod seines Vaters dokumentiert MARSHALL-THOMAS, (1959):

> Wir lebten damals im Busch nicht weit von Nurigaas, am Rande der »Police-Zone«. Damals war Nurigaas noch ganz wild. Wir haben schon immer dort gelebt, meine Eltern, mein Großvater, meine Schwester und ich, bis zu dem Tag, an dem die »Police boys« (Eingebo-

rene Polizisten, i. d. R. Bantu) kamen und meinen Vater mitnahmen:
Eines Tages ging mein Vater zur Jagd. Als er nach zwei Tagen noch nicht zurück war, sagte meine Schwester: »Er muß eine Giraffe geschossen haben.« Eine Giraffe ist »königliches Wild«, und man kann ins Gefängnis kommen, wenn man eine getötet hat, nur wußte das mein Vater damals nicht.
Dann kamen zwei Police boys und ein Weißer auf Kamelen in unser Lager. Alle hatten Gewehre, der Weiße trug dazu noch ein kleines Gewehr (Revolver). Ein Nurigaa-Buschmann war mit ihnen gekommen, aber er trat nicht näher zu uns, weil er sich schämte.
Einer der Police boys sagte in der Sprache der Buschleute: »Wo ist der alte Mann, der hier lebt?«, und meine Mutter antwortete: »Dieser hier«, wobei sie auf meinen Großvater zeigte. Aber der andere sagte: »Nicht der, ich will deinen Mann, wo ist er?«, und als meine Mutter antwortete, daß sie das nicht wisse, sagte der Police boy: »Wie kann eine alte Frau wie du mich nur so anlügen?«, und meine Mutter bedeckte nur ihr Gesicht und sagte nichts mehr.
Dann fanden sie meines Vaters Spur und folgten ihr in den Busch. Am nächsten Morgen kamen sie wieder, zusammen mit meinem Vater. Sie hatten seine Hände hinter seinem Rücken gebunden und ein Seil um seinen Hals gelegt, so lief er hinter einem der Kamele her.
Sein Gesicht war ganz angelaufen und er mußte seinen Kopf zurückgebeugt halten, weil das Seil ihn würgte. Meine Mutter rannte hinter den Police boys her und bat sie, doch anzuhalten. »Ich will mit dem alten Mann reden, bevor er stirbt.« Aber sie hatten keine Zeit, und sie gingen fort mit ihren Kamelen, deren Köpfe immer auf- und niedergingen, und mit meinem Vater, der dahinter her rannte und rannte und rannte.

Meine Mutter und meine Schwester fielen nieder in den Staub und weinten, aber ich stand da und sah meinem Vater nach, denn ich wußte nicht, ob ich ihn jemals wiedersehen würde.
Ich hatte recht, denn später kam ein Buschmann hoch zu uns aus dem Süden, und er berichtete uns, daß die Gruppe mit den Kamelen durch einen Fluß geritten war und mein Vater dort ertrunken sei.
Es war das Seil um seinen Hals, das ihn erwürgt hatte.
Das geschah damals, und ich erinnere mich an alles, aber es geschah vor langer Zeit.

Auch die Briten, die seit 1806 die Herren am Kap waren, betrachteten die Buschleute nicht als Menschen. Der Missionar Vicherer berichtet, daß noch im Jahre 1847 in der Egyptian-Hall in London eine Buschmann-Familie zur Schau gestellt und dem Publikum als »Tiere in Menschengestalt« präsentiert wurde.
Der englische Forscher BURCHELL schrieb schon 1824 über die Tötung der Buschleute:

> »Ich bin zutiefst aufgewühlt angesichts des übermütigen Hinmordens dieser hilflosen Männer und Frauen; ich bin entsetzt über die Handlungsweise des hier amtierenden Verwalters, der dieses Morden als einen selbstverständlichen und gottgewollten Bestandteil seines Tageswerks betrachtet!«

II. DIE KALAHARI — SCHWER ZUGÄNGLICHE SAVANNENLANDSCHAFT

II.1. Morphologie — undurchdringliche Sümpfe, weite Ebenen und leuchtende Pfannen kennzeichnen unser Untersuchungsgebiet

Die Kalahari ist ein wesentlicher Bestandteil des südafrikanischen Subkontinents und beinhaltet eine Fläche von annähernd 1,2 Millionen km^2, was in etwa der dreifachen Fläche der neuen Bundesrepublik Deutschland entspricht.

Die Nord-Süd-Ausdehnung erstreckt sich über 1 500 km, und von Westen nach Osten beträgt die Entfernung noch immerhin 800 km.

Sechs verschiedene Staaten haben Anteil an der Kalahari: Namibia, Angola, Sambia, Zimbabwe, Südafrika und Botswana (Abb. 2). Im engeren Sinne werden der Kalahari jedoch nur zwei Drittel Botswanas und der östliche Teil Namibias zugeordnet. Die Untersuchungen und Ausführungen in diesem Buch beziehen sich auf das letztgenannte Gebiet. Es umfaßt eine Fläche von ungefähr 600 000 km^2.

Der Okavango als Nordgrenze unseres Untersuchungsgebietes entspringt im angolanischen Bergland. Er fließt als Fremdlingsfluß, die Grenze zwischen Angola und Namibia bildend, in südlicher Richtung, wo er im Nordwesten Botswanas — im trockenen Kalaharisand — ein großes Delta aufschüttet. Dabei kann sich, je nach mitgeführter Wassermenge, die Wasserfläche auf 25 000 km^2, das entspricht etwa der Fläche Hessens, ausdehnen, die dann einer großen Sumpflandschaft gleichkommt. Diese stellt für viele Tiere und Pflanzen einen einzigartigen Lebensraum dar.

Das Wasser der Abflußdrainagen im Süden des Okavango-Deltas versickert schon nach wenigen Kilometern im Sand.

Rund 1 000 km südlich des Okavangos fließt der Oranje, der drittgrößte Fluß im südlichen Afrika. Er entspringt in den Drakensbergen Südafrikas, fließt nach Westen und mündet schließlich nach 2 000 km in den Atlantik.

Im Osten der Kalahari erstrecken sich von Süden nach Nordosten die Eastern Hills, die zum Teil eine Höhe von fast 1 500 m über NN erreichen. Diese Gipfel sind die unbedeckten Reste von älterem Gestein, das unter dem Kalaharisand begraben liegt.

Im Westen bilden die Karasberge, das Hochland von Windhuk und die sich im Norden daran anschließenden Aha Hills eine natürliche Abgrenzung unseres Untersuchungsraumes.

Die Kalahari ist ein Aufschüttungsgebiet sandiger Sedimente aus Kalk, Sandstein und ziegelroten Kalahari-Sanden, mit einem für aufgeschüttete Gebiete typischen, schwachen Relief. Nur an wenigen Stellen tritt in Form von Inselbergen, z. B. Tsodilo Hills, Aha Hills, Kranak Hills (alle drei im Grenzgebiet Namibia / Botswana), das Grundgestein zutage. Das Gebiet der Kalahari hat die Oberflächenform eines leicht wellenförmigen Hochlandes mit einer Höhenlage zwischen 800 und 1 200 m über dem Meeresniveau. Das zentrale Becken, das mit äolischen (vom Wind herangetragenen) Sanden von einigen hundert Metern Mächtigkeit aufgefüllt ist, wird von höherliegenden Randbereichen umgeben (Abb. 3).

Die Oberflächenstruktur der Kalahari wird durch kettenförmige Erhebungen und teilweise ausgeprägte Senkungen oder Depressionen in Form von Pfannen charakterisiert.

Ihre Entstehung geht auf eine Zeit zurück, als in der Kalahari noch feuchtere Klimabedingungen herrschten und eine Verbindung zwischen dem

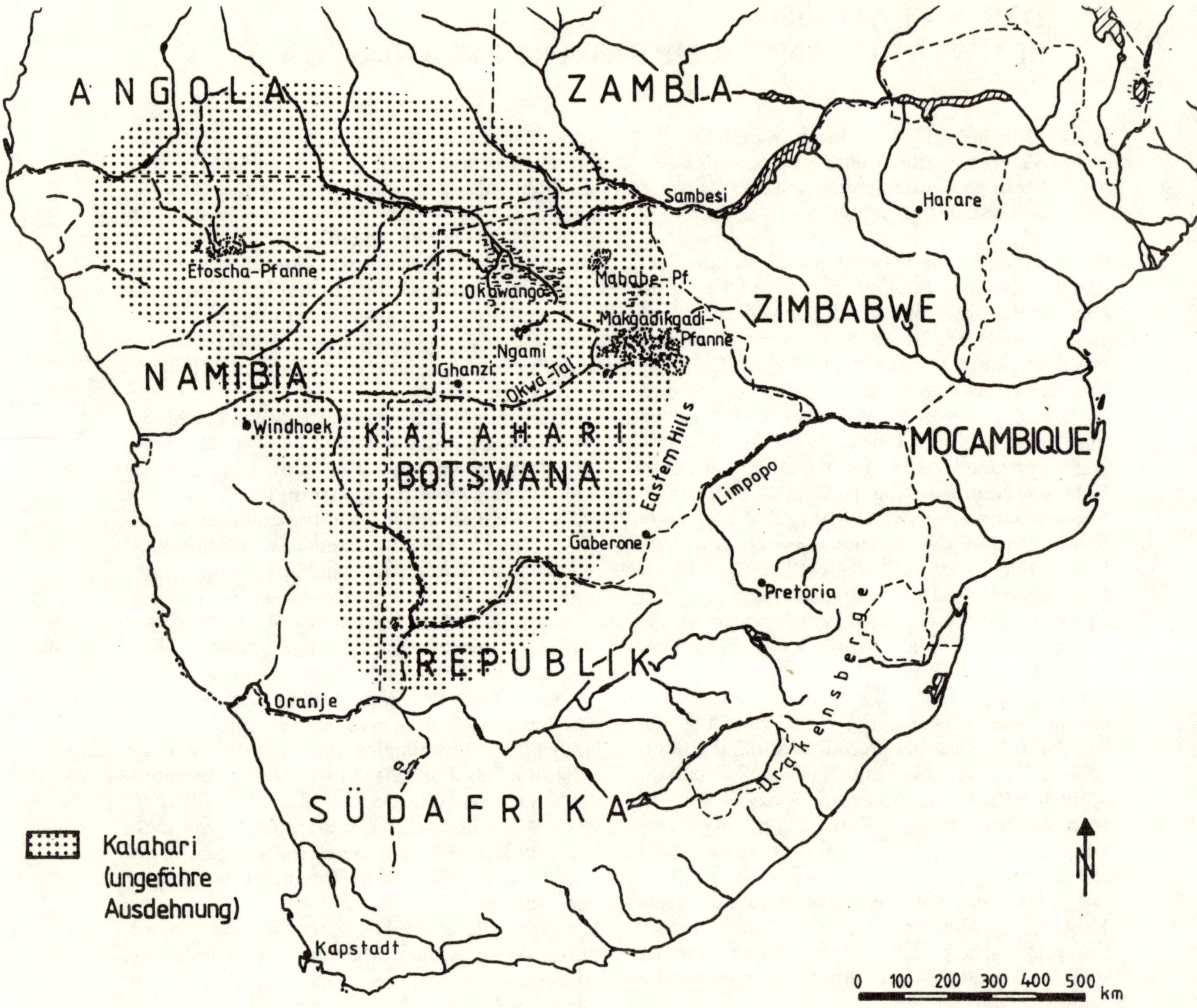

Abb. 2: Die Lage der Kalahari auf dem südafrikanischen Subkontinent

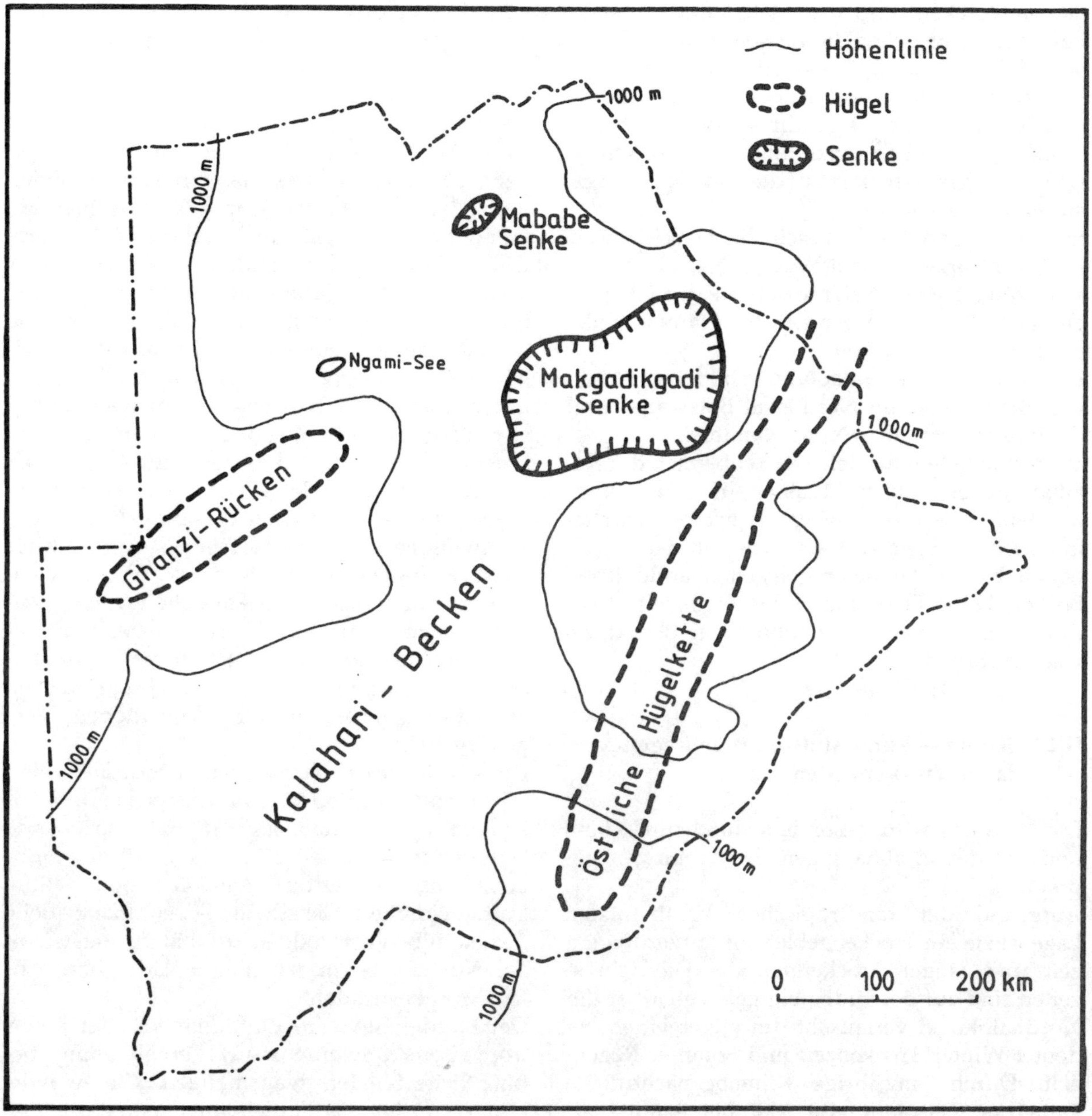

Abb. 3: Die Oberflächenstruktur der Kalahari

Okavango-Delta und der Makgadikgadi-Senke bestand. Heute gehen die Wissenschaftler davon aus, daß vor ca. 15000–20000 Jahren die Pfannen durch große Wassermassen bis zu 30 m tief und bis zu 6 km breit gefüllt waren. Durch tektonische Veränderungen und starke Klimaschwankungen trockneten diese Verbindungssysteme langsam aus.

In der Regenzeit füllen sich die Senken heute noch für kurze Zeit mit Wasser. Nach der Austrocknung bleiben Salzkrusten an der Oberfläche zurück, die den Senken den Namen »Salzpfanne« gegeben haben.

Die beiden größten Salzpfannen bilden die Makgadikgadi-Senke im Nordosten Botswanas und die Etoscha-Pfanne in Nord-Namibia.

Weiterhin gelten für den Trockenbereich der Kalahari ausgetrocknete Wasserläufe, die Omuramben, Riviere oder Molapos heißen, als charakteristisch. Sie erstrecken sich von den Randhöhen bis in die tiefer gelegenen abflußlosen Becken. Diese Täler sind in der Regenzeit episodisch und in manchen Jahren sogar periodisch wasserführend.

II.2. Klima — kurze sintflutartige Regen-, lange Trockenzeiten

Die Kalahari wird besonders durch ihr Klima und die davon abhängigen Erscheinungen geprägt.

Aufgrund der randtropischen kontinentalen Lage ist sie ein Trockengebiet mit kurzer Regenzeit und langer Trockenperiode. Die Jahreszeiten sind auf der Südhalbkugel gegenüber der Nordhalbkugel vertauscht. Im allgemeinen bedeutet Winter Trockenzeit und Sommer Regenzeit. Durch langjährige Klimabeobachtungen kann der Zeitraum von Mai bis August als »Trockenzeit« bezeichnet werden. Ein starker Regenguß kann zu einer großen Niederschlagsmenge führen. Es kommt andererseits aber auch vor, daß in einem Jahr nur ein einziger langer Regen fällt. Die Niederschlagsmenge und -sicherheit nimmt dabei von Norden nach Süden ab. Die Regenfälle sind im allgemeinen eng regional begrenzt, d.h. in der Kalahari gibt es große Gebiete, die über mehrere Jahre hinweg keinen Tropfen Niederschlag erhalten. Im Süden der Kalahari sind 300–350 mm Niederschlag pro Jahr zu verzeichnen, im Norden 500–700 mm. Der Südwesten der Kalahari erhält mit einer Menge bis 250 mm die wenigsten Niederschläge und der Nordosten mit mehr als 700 mm die höchste Menge. Durchschnittlich erhält die Kalahari 400 mm/m^2 Niederschlag im Jahr. Die unterschiedlichen Niederschlagsmengen lassen sich dadurch erklären, daß die von Südosten kommenden feuchten Passate beim Aufstieg an den Gebirgsketten Natals schon abzuregnen beginnen. Je weiter sie nach Westen gelangen, desto mehr Feuchtigkeit verlieren sie, so daß sie letztlich »trocken« über Südwestafrika ankommen. Die über das südafrikanische Winterregengebiet in nordöstlicher Richtung ziehenden Wolken erreichen nur äußerst selten die Randbereiche der Kalahari, was die durchschnittlichen Niederschlagsmengen der Meßstationen belegen (Abb. 4).

Der vor der Küste Namibias fließende kalte Benguelastrom verhindert eine ausreichende Wolkenbildung, so daß landeinwärts strömende Winde nur trockene Luft ins Landesinnere bringen, d.h., sie besitzen eine geringe absolute Luftfeuchtigkeit. Die einzige Feuchtigkeitsquelle der Namib-Wüste bilden die häufig entstehenden Küstennebel in den späten Nacht- bzw. frühen Morgenstunden.

Der Norden steht im Einflußbereich der innertropischen Konvergenz und erhält somit beträchtliche Niederschlagsmengen. Die Auswirkungen reichen bis südlich von Ghanzi.

Teilweise versickern die tropischen Platzregen sehr schnell im sandigen Boden, oder sie fließen in Richtung der abflußlosen Becken ab. Der

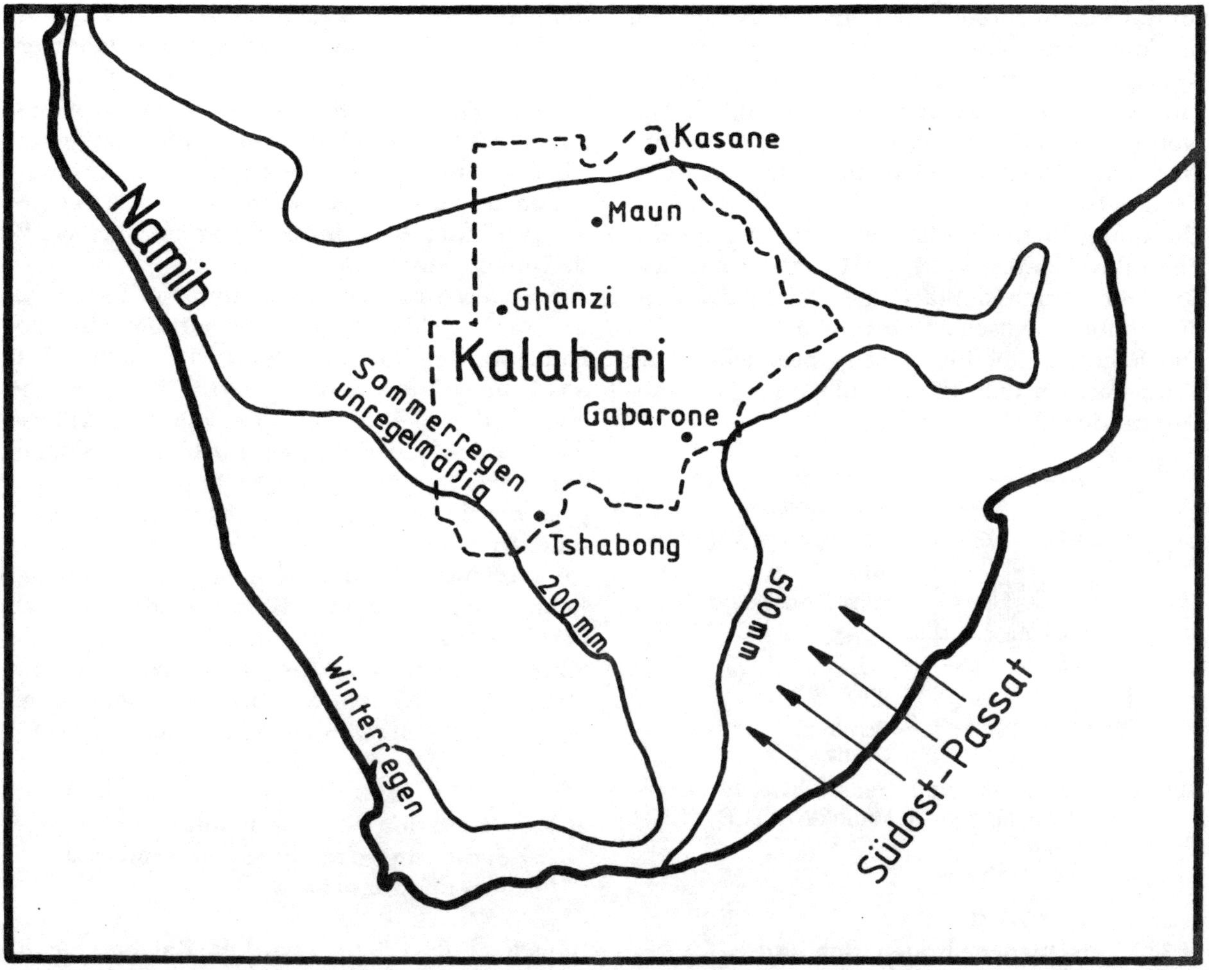

Abb. 4: Niederschlagsverhältnisse der Kalahari (nach WALTER / BRECKLE, 1984)

Hauptteil der Regenmenge jedoch verdunstet bei den hohen Temperaturen, die im Südsommer am Tage bis auf 50° C im Schatten ansteigen können und in der Nacht auch noch 30° C betragen.
Im Südwinter dagegen können die Temperaturen vereinzelt in der Nacht bis auf -15° C fallen und am Tage auf über 30° C ansteigen.

Im Januar, einem der heißesten Monate, weisen die südwestlichen Gebiete — Kgalagadi und Ghanzi — die höchste durchschnittliche Temperatur mit über 25° C auf. Eine Durchschnittstemperatur von 22° C läßt sich in verschiedenen Gebieten Zimbabwes und der Republik Südafrika feststellen.

Im Juli, einem der kältesten Monate, sind in den im äußersten Süden liegenden Gebieten von Kgalagadi die niedrigsten Durchschnittstemperaturen mit 12° C zu messen, während die im Norden liegenden Gebiete Chobe und Ngamiland eine Durchschnittstemperatur von etwa 17° C aufweisen.

Die Jahresdurchschnittstemperatur liegt in der Zentral-Kalahari bei über 20° C. Zum Vergleich: Die Jahresdurchschnittstemperatur in der Bundesrepublik Deutschland beträgt 6° C.

Die folgende Abbildung zeigt beispielhaft die Temperaturen und Niederschläge im Jahresablauf für den Ort Maun.

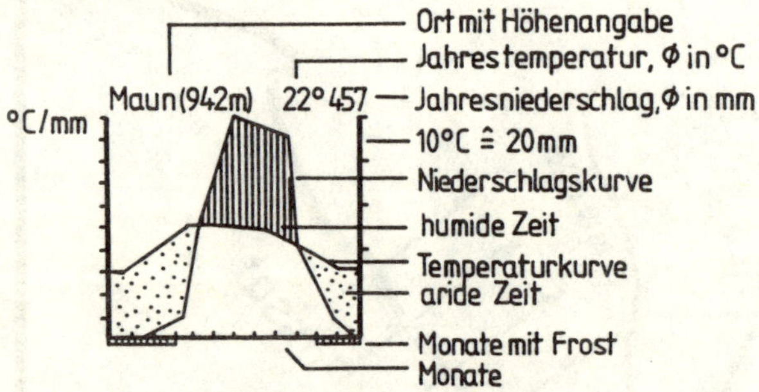

Abb. 5: Temperatur und Niederschlag im Jahresablauf für den Ort Maun (WALTER / LIETH, 1960)

II.3. Verschiedene Bodenarten und Bodentypen bestimmen die einzelnen Vegetationsformationen

Die verschiedenen Vegetationsformationen sind ebenso abhängig von den Niederschlägen wie von der jeweiligen Bodenart.

Die Böden der Kalahari lassen sich in fünf Hauptgruppen untergliedern:

In der Zentralkalahari sowie im Südwesten findet man den typischen Kalahari-Boden, der aus rötlichen bis roten Sanden besteht, die alle sehr reich an Eisen-Magnesium-Mineralen, insbesondere aber an Eisenoxyden sind, wie eine chemische Analyse von Bodenproben aus den verschiedensten Gebieten der Kalahari ergab.

Zwei größere Gebiete im Norden weisen den feinen Schlamm des Okavango-Makgadikgadi-Gebietes auf. Es handelt sich um die Schwemmböden des Okavango-Deltas bzw. der Makgadikgadi-Pfanne, die mit Silikaten und Eisenoxyden angereichert sind.

Am Kalahari-Rand im Osten und Nordosten treten kahle Felsen zutage, die »Inselberge« genannt werden. Ihre archaischen Felsen bestehen aus Granit, Gneis, Schiefer und Sedimenten, die verschiedene Perioden der Metamorphose durchlaufen haben und als Ausläufer des sogenannten »Malmesbury-Systems«* anzusehen sind, die sich in das Kalahari-Sandbecken vorgeschoben haben.

Zu erwähnen ist noch ein länglicher Streifen Lehmboden mit hohem Calciumanteil, der sich bei Ghanzi von Nordosten nach Westen hinzieht (Ghanzi-Boden), und der Limpopo-Boden im Osten. Hier handelt es sich um einen alten schweren Boden mit hohem Lehmanteil (Abb. 6).

II.4. Vegetation — lichte Wälder, weite Baum- und Grassavannen, exotische Trockenpflanzen

In vielen Publikationen wird die Kalahari fälschlicherweise als »Wüste« bezeichnet. Der Begriff Wüste läßt sich aber nur auf den Faktor Niederschlag, nicht aber auf die Vegetation beziehen, die jedem Betrachter sofort als relativ üppig auffällt. Die geringen Niederschläge, insbesondere im Südwesten, führen jedoch zu trockenen bis wüstenähnlichen Bedingungen. So ist es besser, eher von einem »Durst- oder Trockenland« zu

* Näheres zum »Malmesbury-System« siehe KREMNITZ / CLACK (1990).

Abb. 6: Bodenarten der Kalahari Botswanas

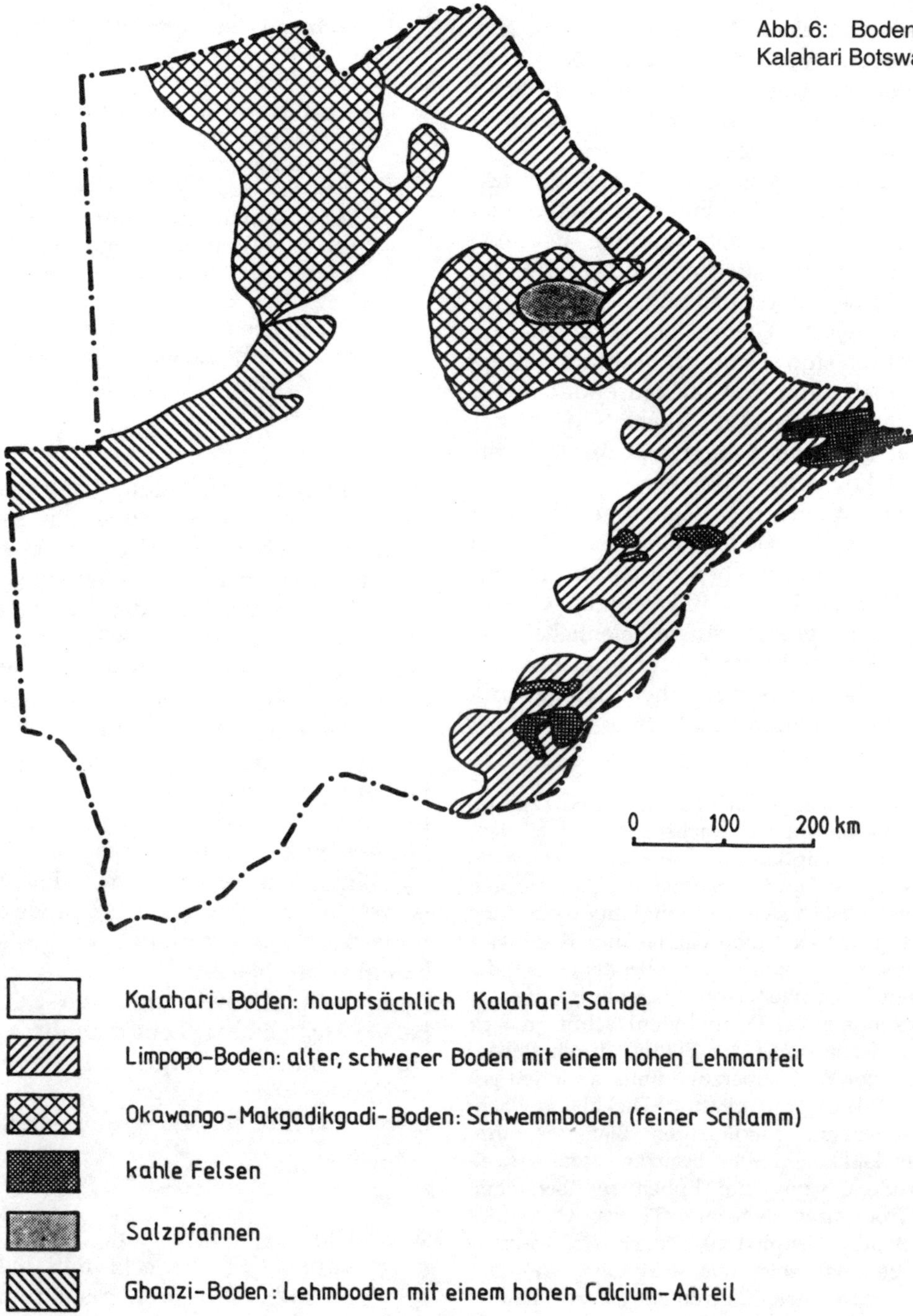

sprechen als von einer Wüste, wenn man sich dabei eine echte Wüste wie z. B. die Namib in Westnamibia vor Augen hält. Gleichwohl kann die Kalahari-Region als das »größte Sandgebiet« der Erde bezeichnet werden.
Auf den ersten Blick scheint die Vegetation fast unberührt zu sein. Dies hat eine Reihe von Gründen, die auf die sehr geringe Bevölkerungsdichte, die klimatischen und hydrologischen Verhältnisse und nicht zuletzt auf die Abschirmung durch die Gebirgsketten ringsherum zurückzuführen sind. Dennoch besitzt die Kalahari nicht mehr ihre vor Jahrtausenden (oder Jahrhunderten) vorhandene Vegetation, da der Mensch mit Hilfe des Feuers und durch Überweidung selektiv eingegriffen hat.
Grundsätzlich nimmt die Vegetationsdichte in Korrelation mit den Niederschlagsverhältnissen sowie der hydrographischen Situation von Süden nach Norden hin zu (Okavango-, Chobe- und Sambesiflußsysteme sowie reichliche Niederschläge). Innerhalb der Hauptvegetationsgebiete sind viele unterschiedliche Pflanzen und Pflanzengemeinschaften anzutreffen.

Da die Kalahari jedoch bis auf ca. 60 Tage im Jahr wasserarm ist, wachsen hier vor allem viele Trockenpflanzen wie z. B. Xerophyten, Sukkulenten und Ephemeren. Die meisten Pflanzen haben sich über sehr lange Zeiträume hinweg den extremen Klima- und Bodenverhältnissen angepaßt und überstehen so die langen Trockenzeiten ohne Schwierigkeiten.
Trockenpflanzen (Xerophyten) schützen sich durch Kleinwuchs der Blätter, durch Behaarung oder Wachsüberzüge unter anderem gegen stärkere Transpiration. Dickblattgewächse, sogenannte Sukkulenten (Blatt-, Stamm-, Wurzelsukkulenten), besitzen wasserspeichernde Organe, und Ephemere überstehen die Trockenzeit als Samen (Therophyten) oder im Boden (Geophyten), wo sie ein weitverzweigtes Wurzelsystem ausbilden, während die oberirdischen Pflanzenteile austrocknen.

Während der Regenzeit ergrünt die sonst so trostlos daliegende, staubigheiße Kalahari rasch. Samen, die lange Zeit in der dürren, rissigen Erde lagen, brechen auf und beginnen zu treiben. Sträucher bringen ihre Blätter und Blüten hervor, und den Kriechpflanzen kann man fast beim Wachsen zusehen. Die hohen Mopane- und Kameldornbäume treiben neues Laub aus, und die Stämme der riesigen Affenbrotbäume füllen sich mit Wasser.
Vor allem aber wächst das Gras. Schon nach wenigen Stunden Regen beginnt der Boden zu grünen, und das Gras wird zusehends dichter. Die Kalahari verwandelt sich in einen blühenden Garten.

Bei großzügiger Auslegung kann man die Kalahari auf dem Gebiet Botswanas in sieben Gebiete mit verschiedenen Vegetationsformationen unterteilen, wobei hervorgehoben werden muß, daß — mit Ausnahme des Okavango-Beckens, der Pfannen und der Flußläufe des Chobe und des Limpopo — die Vegetation weiträumig gesehen dieselbe ist, dabei dominieren einzelne Arten an unterschiedlichen Orten. Die Artenzahl nimmt, ebenso wie die Bewuchsdichte, von Süden nach Norden zu.
Die in der Abbildung 7 skizzierte Vegetationsgliederung beschränkt sich nur auf das Staatsgebiet Botswanas, das zwar den Hauptteil der Kalahari umfaßt, aber nicht deren Gesamtausdehnung, zu der im Westen noch große Teile von Namibia, im Norden Teile von Angola und der Caprivi-Zipfel sowie im Osten Teile von Zimbabwe etc. gehören. Legt man diese Gliederung einer Betrachtung zugrunde, so ergeben sich von Süden nach Norden folgende Vegetationszonen, deren Übergänge selbstverständlich fließend sind.

1. Die Vegetationszone der *Dornstrauchsavanne:* Sie bedeckt den niederschlagsärmsten Teil und besteht aus kleinen,

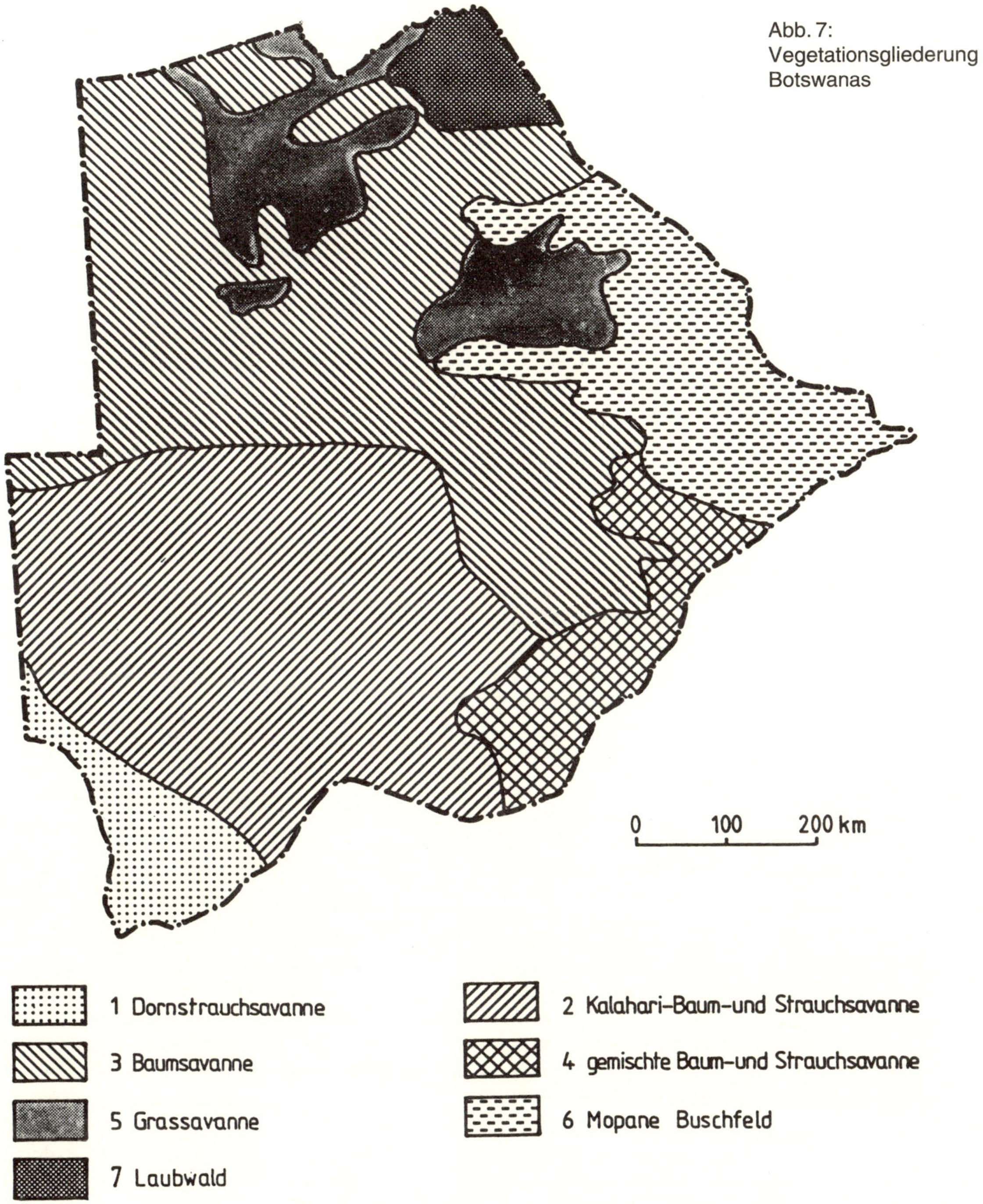
Abb. 7:
Vegetationsgliederung
Botswanas
0
100
200 km
1 Dornstrauchsavanne
2 Kalahari-Baum-und Strauchsavanne
3 Baumsavanne
4 gemischte Baum-und Strauchsavanne
5 Grassavanne
6 Mopane Buschfeld
7 Laubwald

kaum 2 m Höhe erreichenden Dornbüschen, die mehr oder weniger eng beieinander im dichten Grasfeld stehen. Zu nennen sind hier in erster Linie die Akazienarten »grauer Kameldorn« (Acacia haematoxylon), »Kerzenakazie« (Acacia hebeclada) und »schwarzer Affendorn« (Acacia burkei), die zusammen mit der »Namaqualand-Cerarie« (Ceraria namaquensis), dem »Lavendel-Croton« (Croton gratissimus) und insbesondere dem »Kurzdorn-Granat« (Rhigozum brevispinosum) die Vegetation bilden. Diese vorgenannten Arten sind jedoch auch in allen anderen Vegetationszonen der Gliederung anzutreffen, aber nicht vorherrschend.

2. Die Dornstrauchsavanne geht über in eine *Trockensavanne aus Bäumen und Sträuchern.* Durch etwas höheren Niederschlag, besonders aber durch einen höherliegenden Grundwasserspiegel, erreichen die unter 1. genannten Pflanzenarten Baum- und eine mehrere Meter hohe Strauchform. Auch die Artenanzahl erhöht sich wesentlich. So trifft man hier die Schirmakazie (Acacia tortilis) in ihrem charakteristischen Wuchs an, ebenso wie den »Shepherd-Baum« (Boscia albitrunca), der auch den Volksnamen »Weißstamm-Boscia« trägt.

3. Die *Baumsavanne,* in die die vorher beschriebene Vegetationszone übergeht, kann im Grunde genommen nicht als gesonderte Vegetationszone behandelt werden, ebenso wie die unter 4. aufgeführte *»gemischte Baum- und Strauchsavanne«.* Streng genommen ergeben alle diese genannten Gebiete eine einzige Vegetationszone aus Bäumen und Sträuchern, wobei lediglich die Bestandsarten und Bestandsdichten sowie die einzelnen Baumhöhen etwas differieren. Alle in der Gliederung als »Baumsavannen« bezeichneten Gebiete setzen sich aus verschiedenen Akazien- (Acacia sp.), Balsabaum- (Commiphora sp.), Kreuzbeer- (Grewia sp.), Weiden- (Combretum sp.), Rhodesischen Teakholz- (Baikiaea sp.), Rhigozum- (Rhigozum sp.) und Trompetendorn-Arten (Catophractes sp.) zusammen.
Zu diesen Hauptarten gesellt sich noch eine Vielzahl von Arten anderer Gattungen, insbesondere in den nördlichen und südöstlichen, wasserreicheren Gebieten hinzu.

4. Die *»gemischte Baum- und Strauchsavanne«,* die von Transvaal her über das »Witfontein-Randgebirge« und die sogenannten »Water Berge« in die Kalahari vorstößt, ist insofern interessant, als verschiedene Kapernbüsche, wie beispielsweise die »blattlose Cadaba« (Cadaba aphylla) und die »Busch-Kirsche« (Maerua caffra) sowie verschiedene Bauhinia-Arten (B. galpinii, B. petersiana) und das »Affenbrot« (Piliostigma thonningii) — manchmal auch »Kamelfußblatt« genannt —, relativ weit zum Kalaharizentrum vordringen und vor allem die Vegetation der Ost-, Nord- und Nordwestkalahari bereichern. Wesentliches Merkmal der nahezu gesamten nördlichen Kalahari-Hälfte ist das Auftreten des »Mopanebaumes« (Colophospermum mopane), der ganze Laubwälder bildet. Der Mopanebaum zählt zur Familie der Johannesbrotgewächse (Caesalpinoideae) und bildet im Norden der Kalahari zusammen mit dem »roten Flieder« (Burkea africana) und dem »falschen Mopanebaum« (Guibourtia coleosperma) weite Mischwälder (Abb. 8).

Abb. 8: Ein Zweig des Mopanebaumes (Colophospermum mopane). Auffallend ist die Schmetterlingsform der Blätter (KOENEN, 1977)

Allgemein ist zu der Mopanevegetation zu sagen, daß beim Durchschreiten solcher Savannen und Wälder sofort der erfrischende, leicht nach Terpentin riechende Duft auffällt, den diese Bäume und Sträucher abgeben. Die aromatischen Blätter und auch die flachen, schotenartigen Früchte bilden ein hochwertiges Futter für Wild und Weidevieh.

5. *Grassavannen* findet man in der Mababe-Senkung, am Ngami-Fluß und am Makgadikgadi-Becken. Es gibt dort kaum Bäume und Büsche. Diese Tatsache ist nicht nur auf die Bodenverhältnisse zurückzuführen, sondern auch auf die starke Wurzelkonkurrenz der Gräser, die keine Baumkeimlinge aufkommen lassen.

6. Im nordöstlichen Teil der Kalahari, der an den sie einrahmenden Gebirgsrand grenzt, trifft man auf ein Areal, das verschiedentlich das *»Mopane-Buschfeld«* genannt wird. Die unzähligen, relativ gut keimenden Samen der lichtstehenden großen Mopanebäume haben ein dichtes Buschwerk geschaffen, das Höhen bis zu 3 m aufweist, während die Bäume — je nach den Boden- und Wasserverhältnissen — Höhen zwischen 8 und 18 m erreichen. Die zweigelappten Blätter sind Schmetterlingsflügeln ähnlich. Sie nehmen im Herbst leuchtende Farben von gelb über rot bis braun an. In »Gesellschaft« mit den Mopanebäumen sind folgende Arten zu finden: die bereits erwähnten Combretum-Arten, die von den Eingeborenen als »Weiden« bezeichnet werden, wie die »Sandbuschweide« (Combretum engleri), die »Mausohr-Weide« (C. hereroense), die »Bleiholz-Weide« (C. imberbe), die »samtblättrige Weide« (C. molle) usw.
Weiterhin sind verschiedene Terminalia-Arten zahlreich vertreten wie beispielsweise die »Kalahari-Sandterminalia« (T. brachystemma), die »Purpurschoten-Terminalia« (T. prunioides) und die am weitesten verbreitete »Silber-Terminalia« (T. sericea).

7. Der Norden der Kalahari ist gekennzeichnet durch relativ dichten *Laubwald*, wobei

Baumhöhen von über 20 m erreicht werden. Auch die Artenzahl ist hier wesentlich höher als in allen anderen Gebieten. Der »rote Flieder« (Burkea africana), der »kleine und große falsche Mopanebaum« (Guibourtia conjugata u. coleosperma) sowie der »echte Mopanebaum« (Colophospermum mopane) bilden zusammen mit dem »Kamelfußblatt« (Piliostigma thonningii), der »Kalaharischotenbeere« (Dialium engleranum), dem bereits erwähnten »Rhodesischen Teakholzbaum« (Baikiaea plurijuga) und anderen Arten beachtliche Waldbestände.

Wie diese relativ kurze Darstellung der unterschiedlichen Vegetationszonen deutlich macht, ist der Begriff »Kalahari-Wüste« irreführend. Es handelt sich vielmehr um Savannenlandschaften mit wenigen Regionen in der Zentralkalahari, die man vielleicht noch als Halbwüsten bezeichnen könnte.

III. DIE KALAHARI — UNERMESSLICHES WILDGEBIET

III.1. Stattliche Herden von Huftieren und Großwild

Die Kalahari zählt heute noch zu den wenigen Gebieten Afrikas, die arten- und mengenmäßig über eine sehr große Fauna verfügen. Dies gilt sowohl für die Waldgebiete, die Baum- und Grassavannen als auch für die sogenannten »Pfannen«.
Besonders im Okavango-Gebiet ist der Tierreichtum sehr hoch. Gleichzeitig sorgen jedoch Wasser und Tsetse-Fliege dafür, daß das ökologische Gleichgewicht gewahrt bleibt. Viele Huftiere bekommen durch den langanhaltenden Aufenthalt im Wasser rheumatische Erkrankungen, werden dadurch in ihrer Beweglichkeit eingeschränkt und so relativ schnell eine Beute der Fleischfresser, insbesondere der zahlreichen Raubkatzen, Hyänen, Wildhunde, Schakale und Krokodile.
Besonders die Tsetse-Fliege sorgt für eine natürliche Reduzierung der domestizierten Tiere. Trotz umfangreicher Bemühungen, durch Giftsprühungen die Tsetse-Fliege am Okavango auszurotten, ist dieses Vorhaben bis zum heutigen Tage nicht vollständig gelungen. Wäre die Tsetse-Fliege allerdings restlos ausgerottet, könnte es zu einer Überweidung durch Zuchtrinder und damit verbunden zu einem starken Rückgang der Wildtierherden kommen.

Die blutsaugenden Tsetse-Fliegen der Gattung Glossina sind verantwortlich für die Übertragung der beiden Schlafkrankheitsformen beim Menschen und der Ngama-Viehseuche. Die Krankheiten sind auf das Tropen- und Subtropengebiet Afrikas beschränkt. Die Erreger dieser Krankheiten gehören zur Gruppe der Protozoen (einzellige Tiere). Es sind Geißeltierchen (Haemoflagellaten) der Gattung Trypanosoma. Die drei Arten Trypanosoma rhodesiense, Trypanosoma gambiense und Trypanosoma brucei werden aufgrund der gleichen Entwicklungszyklen zu der Brucei-Gruppe zusammengefaßt.

Die Unterscheidung der Erreger erfolgt nach den unterschiedlichen warmblütigen Wirten und ihrer Verbreitung. Trypanosoma gambiense ist auf West- und Zentralafrika beschränkt und verursacht die mehr chronisch, aber milder verlaufende Form der Schlafkrankheit, die schon lange bekannt und auf den Menschen als Wirt beschränkt ist.

Trypanosoma rhodesiense kommt in Ost- und Südostafrika vor und verursacht die akute Schlafkrankheit, die erst seit der Jahrhundertwende bekannt ist. Der Erreger befällt auch Haus- und Wildtiere. Trypanosoma brucei, ein wichtiger Ngama-Erreger, ist im Menschen nicht lebensfähig.

Die durch das Blut aufgenommenen Trypanosoma-Erreger gelangen nach kurzer Zeit über den Kropf und den Vormagen des Überträgers (Tsetse-Fliege) in den Mitteldarm, wo sich die Flagellaten teilen und eine längliche Gestalt annehmen. Vom Enddarm stoßen sie durch die Membran der Darmwand wieder in den Vormagen und in das Blutsaugrohr des Rüssels. Hier stellen sich die Zellorganellen des Erregers um. Der Erreger muß aber zuvor in die benachbarten Speicheldrüsen des Blutsaugrohres gelangen, die immer einige Speicheltröpfchen beherbergen. Von hier aus wandern die Erreger mit dem Flüssigkeitsfilm in die Mündung des Speichelspritzrohres, über den Speicheldrüsengang bis in die Drüsen-

schläuche und entwickeln sich zu ansteckungsfähigen Trypanosomen. Von dort werden sie beim nächsten Saugvorgang in die Blutbahn des Wirtes injiziert.
Die als Überträger in Frage kommenden Glossinen können alle drei Krankheitsformen übertragen. Die Hauptüberträger sind die Tsetse-Fliegen:

	Art	Lebensraum
a)	Glossina palpalis (West- und Zentralafrika)	Galeriewälder, kleinere Waldbereiche und Waldränder
b)	Glossina morsitans (West- und Südwestafrika)	bewaldetes Grasland, Urwald, Trockensavanne bis Waldrand
c)	Glossina fusca	Urwald, kleinere Waldpartien in Wassernähe, Galeriewälder

Im Gegensatz zu den Nematoceren (Mücken) saugen bei Brachyceren (Fliegen) beide Geschlechter Blut. Bei neun von zwanzig in Afrika gefundenen Glossina-Arten wurden bisher Trypanosomen nachgewiesen.
Wahrscheinlich verursachen Endotoxine, die bei der Tropholyse (hier beim Blutsaugen) frei werden, die Schlafkrankheit.

Drei Stadien des Krankheitsverlaufs wurden festgestellt:

1. Nach dem Stich entwickeln sich Trypanosomenschanker (bis drei Wochen nach der Infektion), und die Parasiten vermehren sich an Ort und Stelle.
   Nach 7–8 Tagen sind die Erreger in der Lymphe erkennbar.

2. Schwellungen der Lymphdrüsen an Hals und Nacken sind spürbar.

3. Pathogene Veränderungen des Zentralnervensystems und chronische Meningo-Encephalitis, Bewußtseinsstörungen und langsamer Tod sind die Folge.
   Die Infektion durch Trypanosoma rhodesiense kann schon im zweiten Stadium tödlich sein.

Die Bekämpfung der Tsetse-Fliege erfolgt durch Pestizide, spezielle Fallen und die sogenannte »sterile Männchen-Technik« (Weibchen werden nur ein einziges Mal im Leben begattet und legen dann nacheinander bis zu 8 Larven — diese Art ist ein K-Stratege).
Wichtig zu erwähnen ist noch, daß die Glossinen ihre Wirtstiere aus großer Entfernung schon mit den Augen erkennen und im Nahbereich der Geruchssinn eine entscheidende Rolle spielt.

Die Wildtiere sind weitgehend resistent gegen die von der Tsetse-Fliege übertragenen Krankheiten. Betroffen davon sind lediglich die eingewanderten Tiere. Dazu gehört auch der Vorläufer des Zebras, das Pferd. Dieses hatte sich auf dem amerikanischen Kontinent entwickelt, von wo aus es sich auf der Erde verbreitete.
Durch Klimaänderungen trocknete die Beringstraße zwischen dem nordamerikanischen und asiatischen Kontinent aus und konnte somit von den Pferden als Wanderweg in Richtung Asien genutzt werden. Sie besiedelten den asiatischen Kontinent und wanderten, da ihnen ständig neue Weidegründe aufgetan wurden, in Richtung Afrika, wo sie sich von Norden nach Süden ausbreiteten. Gleichzeitig brachen auch Pferde des nordamerikanischen Kontinents nach Süden auf, um sich auf dem südamerikanischen Kontinent ein neues Lebensgebiet zu schaffen (Abb. 9).
Später starben die Pferde in Amerika aus und betraten erst wieder mit den europäischen Einwanderern den Kontinent.
Dieser Prozeß erfolgte ziemlich rasch. Die Pferde konnten ungehindert in neue Gebiete vorrücken, denn sie hatten keine natürlichen Feinde. Dies änderte sich in Afrika durch das

Auftreten der Tsetse-Fliege. Die Pferde mußten sich jetzt im Verbreitungsgebiet der Fliege in ihrem äußeren Erscheinungsbild anpassen.
Die Vorläufer des Zebras entwickelten eine Fellstreifung, über deren Bedeutung viel gerätselt und manche abwegige Erklärung in Umlauf gesetzt wurde. Wahrscheinlich und weitgehend gesichert ist, daß das Streifenmuster erstens zum individuellen Erkennen (beim Berg- und Steppenzebra) dient, zweitens eine Tarntracht darstellt, die vor allem bei hohen Temperaturen und entsprechendem Luftflimmern auf einige hundert Meter ein Zebra gegenüber einem einfarbigen Tier »verschwimmen« läßt, sowie drittens vor blutsaugenden, krankheitsübertragenden Insekten, z. B. den Tsetse-Fliegen der Gattung Glossina, teilweise schützt.
Die Schutzwirkung gegen Tsetse-Fliegen wurde experimentell überprüft. Dabei zeigte sich, daß schwarze und weiße Attrappen von den Fliegen wesentlich häufiger angeflogen wurden als gestreifte. Es wird vermutet, daß die Fliege aufgrund ihres Facettenauges in einem bestimmten Abstand das Zebra nicht mehr als Körper erkennen kann.
Die Streifung des Zebras entsteht dadurch, daß die Pigmentierung nur bandförmig erfolgt. Die Melanine, die für die Dunkelfärbung verantwortlich sind, werden ungleichmäßig abgelagert, einmal stark, einmal weniger stark, so daß schwarz-weiße Streifen entstehen. Diese Musterung wird schon beim Fötus im Mutterleib festgelegt (REICHHOLF, 1990).
Die Zebras haben sich durch die Streifung dem Verbreitungsgebiet der Tsetse-Fliege angepaßt; dort wo diese weniger auftritt, haben die Zebras schmale Streifen ausgebildet, wo sie zahlenmäßig stark verbreitet ist, zeichnen sich die Zebras durch eine breite Streifung als Schutzmaßnahme aus. In Nord- und Südafrika, außerhalb des Verbreitungsgebietes der Tsetse-Fliege, läßt sich bei den Zebraformen keine Streifung mehr erkennen (Abb. 9).

Ein Beispiel für die Selbstregulation der Natur zeigt auch das Massensterben von Gnus in der Nähe des Moremi Wildreservats. Durch die riesige Zahl von Tieren (300 000) hat sich, nach Meinung verschiedener Botaniker, die Grasartenzusammensetzung derart verändert, daß kaum noch nahrhafte Gräser vorhanden sind und die mineralstoffarmen Gräser überwiegen. Demnach führt die Mangelernährung zu dem massenhaften Hungertod der Gnus.
Durch die Zunahme der Elefantendichte im wasserreichen Norden der Kalahari sind beträchtliche Vegetationsschäden in der Landschaft entstanden. Die vertretbare Tierzahl ist um ein Mehrfaches überschritten; gleichzeitig wird von den Viehzüchtern immer mehr Weideland beansprucht, was den Druck auf das Wildgebiet erhöht. Durch den Eingriff des Menschen wird in knapp zwei Generationen eine Landschaft, die sich über Millionen Jahre entwickelt hat, irreparabel geschädigt sein.
Neben den Elefanten und Gnus tritt weiterhin eine überwältigende Artenvielfalt an Tieren wie z. B. Kudus, Elen, Ducker und Thompsongazellen auf. An den Aufenthalt im Wasser hat sich die sonst nirgends mehr anzutreffende »Sitatunga-Antilope« angepaßt, die nicht nur sehr gut schwimmt, sondern sich ebenfalls durch völliges Untertauchen im Wasser vor Gefahren schützt. Sie lebt in den Papyrus-Dickichten des Okavangos, wo auch Wasserböcke anzutreffen sind.
Des weiteren findet man in der Kalahari Giraffen, Zebras, Warzenschweine und viele Kleinsäuger. Sie runden die Artenvielfalt des Wildreichtums ab.
Korrelierend mit der hohen Wilddichte haben sich auch die Raubtiere stark vermehrt, insbesondere Löwen, Leoparden und Geparden. Dazu kommen Hyänen, Schakale und Löffelhunde.*

---

* Bei Expeditionen müssen im Nachtlager besondere Sicherheitsvorkehrungen gegen Raubtiere getroffen werden. So wird ein Kral aus Akaziengebüsch errichtet und in der Mitte ein Feuer entfacht, das die ganze Nacht brennen muß.

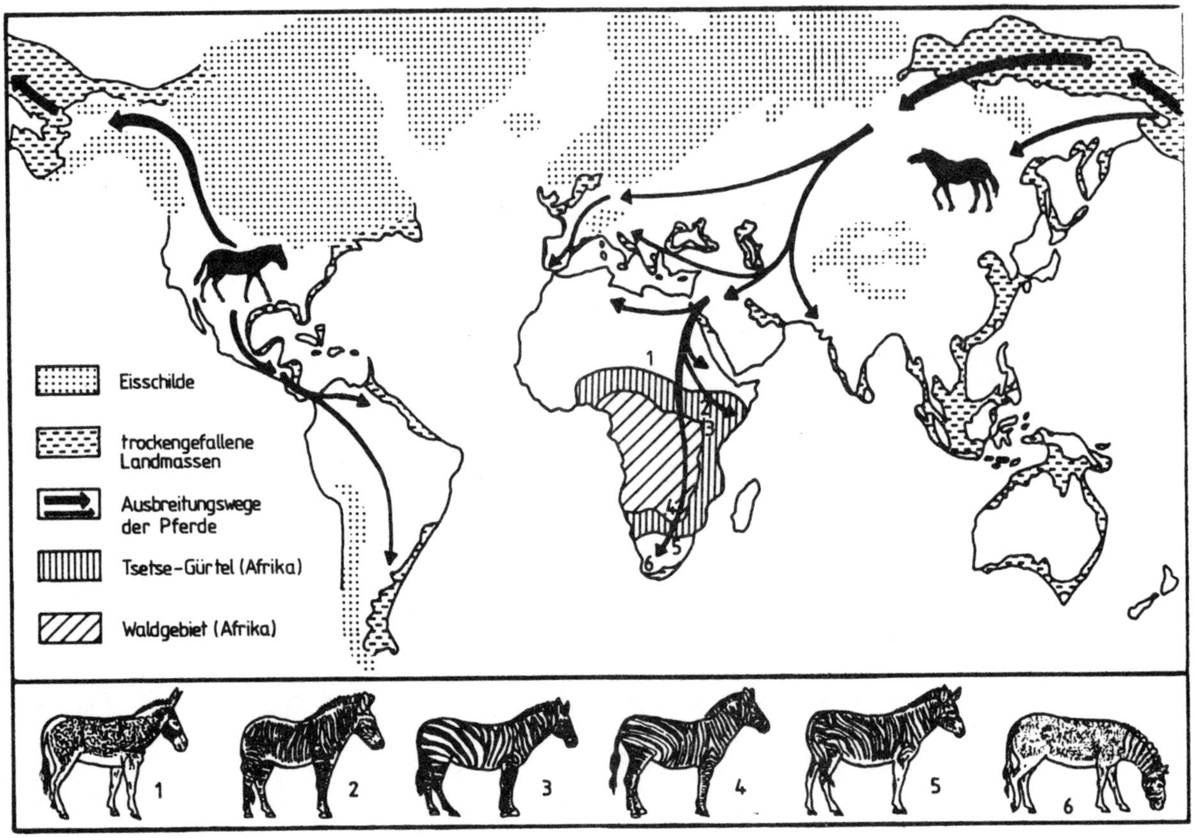

Abb. 9: Wanderung des Pferdes sowie heutige Verbreitung und Fellstreifung des Zebras in verschiedenen Gebieten Afrikas (umgezeichnet nach REICHHOLF, 1990)

III.2. Eine artenreiche Vogelwelt in der Kalahari

Die Vogelwelt ist mit einer enormen Artenzahl vertreten. Die Palette reicht vom Sperling bis zum Flamingo. Besonders erwähnenswert ist der Toko. Er zählt zu den sogenannten Nashornvögeln, besitzt aber selbst nur einen wenig ausgeprägten Schnabelaufsatz. Wir konnten sowohl rot- als auch gelbschnäbelige Exemplare beobachten. Daneben beeindruckten uns die farbenprächtigen Gabelschwanzracken sowie der im dichten trockenen Gras sitzende, durch große rote Kehllappen auffallende »Openbillstork«, bei dem man durch eine Spalte zwischen seinem geschlossenen Schnabel hindurchschauen kann. Was die Flamingos betrifft, ist eine merkwürdige Naturerscheinung im Bereich der Pfannen besonders erwähnenswert:

> Die Pfannen in der Kalahari, deren größte die Makgadikgadi-Pfanne mit etwa 12 000 km^2 ist, sind nur bei starken Regenfällen mit Wasser

angefüllt und bilden dann mehr oder weniger große flache Seen. Die Regenfälle sind im allgemeinen sehr eng regional begrenzt, d. h., in der Kalahari existieren große Gebiete, die mehrere Jahre überhaupt keinen Tropfen Regen erhalten. Interessant ist die Tatsache, daß schon unmittelbar nach einer Seebildung in einer Pfanne Zehntausende von Flamingos einfliegen, sich niederlassen, brüten und wieder verschwinden, sobald der See auszutrocknen beginnt. Nun geschieht es öfter, daß die Jungvögel, die noch nicht fliegen, aber bereits laufen können, sich durch die Hitze in der Pfanne als große Marschkolonne in die Richtung in Bewegung setzen, aus der ihre »Eltern« die Pfanne vor dem Brüten angeflogen haben. Im Gegensatz zu den Pelikanen in der Namib, die in solchen Fällen ihre wandernde Brut regelrecht im Stich lassen, sind bei den Flamingos immer einige Alttiere bei den marschierenden Jungtieren und versorgen diese während des Marsches mit Nahrung. So soll in den 70er Jahren in der Etoscha-Pfanne ein Heer von mehr als 25000 Flamingojungtieren eine Strecke von nahezu 100 km zurückgelegt haben. Die Wanderung der frisch aus dem Ei geschlüpften, kaum lauffähigen Flamingoküken geschieht auch heute noch. Auf dieser endlosen Wanderung durch die glühend-heiße Wüste werden bis zu einem Drittel der Vögel Opfer der unerhörten Strapazen des Marsches; insbesondere bilden sich schwere Salzkrusten an den langen, schlanken Beinen der Tiere, die wie ungefüge Gamaschen wirken. Es gelingt ihnen nicht mehr, diese Verkrustungen abzuschütteln, und sie lösen sich auch nicht mehr von selbst. Diese Belastung erschwert und belastet natürlich die Gangart der Tiere ungemein, und schließlich sinken sie vor Überanstrengung und Schwäche in den heißen Sand, wo sie verenden.

Groß ist auch die Artenzahl der Greifvögel. Im Okavango-, Chobe- und Sambesi-Gebiet ist der »Fischadler« (Pandion haliaetus) vertreten, der aufgrund seiner Ähnlichkeit aber häufig mit dem viel zahlreicher vorkommenden Schreiseeadler (Haliaetus vocifer) verwechselt wird. Dieser ist größer als der Fischadler, in der Farbe noch prächtiger und vor allem durch sein möwenartiges Schreien leicht zu identifizieren, insbesondere weil er während des Schreies den Kopf in den Nacken wirft und den Schnabel aufrichtet. Man kann beobachten, wie der Schreiseeadler senkrecht mit angelegten Flügeln dem Wasserspiegel zustürzt, plötzlich seine Fänge ins Wasser stößt, mit seinen Schwingen mächtig schlägt und sich dann mit einem dicken Fisch in den halbkreisförmig gebogenen Krallen wieder erhebt.

Ein weiterer in der Kalahari vorkommender Greifvogel, und als solcher auf den ersten Blick nicht zu erkennen, ist der Sekretär, der mit seiner Körperhöhe von ungefähr 125 cm und seinem gravitätischen Schreiten mehr an einen Storch als an einen Greifvogel erinnert. Er ist Kleintier- und Schlangenfresser und ein Bewohner von Savannengebieten. Im wasserreichen Okavango-Gebiet ist er daher seltener anzutreffen.

Neben der bereits erwähnten Tsetse-Fliege gibt es auch in der übrigen Insektenwelt ein äußerst vielfältiges Vorkommen. So finden sich zahlreiche Insektenarten, von der Gottesanbeterin über diverse Heuschrecken-, Fliegen-, Bienen- und Käferarten bis hin zu den Schmetterlingen.

III.3. Giftige und ungiftige Schlangen treten zahlreich auf und sind durch viele Arten vertreten

Von besonderer Bedeutung sind in der Kalahari die Reptilien und hier vor allem die Schlangen, die auch heute noch, trotz weltweiter Aufklärung, rücksichtslos vom Menschen verfolgt und vernichtet werden. Die Kalahari ist reich an Schlangen aller Art, insbesondere an Giftschlangen. Hier ist an erster Stelle die »Puffotter« (Bitis arietans) zu nennen. Entgegen den Gewohnheiten vieler terrestrisch lebender Schlangen, insbesondere der Giftschlangen, die über große Entfernungen hinweg Bodenvibrationen von gehenden oder laufenden Tieren und Menschen aufnehmen und dann flüchten, bleibt die Puffotter unbeweglich liegen. Sie wartet gewissermaßen auf ihre Beute. Wir konnten jedoch beobachten, wie ein Hund sogar über eine am Boden liegende Schlange hinwegstieg, ohne daß das Tier sich rührte bzw. von ihm Notiz nahm. Gefährlicher für den Wanderer sind jedoch die in den Bäumen lebenden Schlangen. Sie sind schwer zu sehen, und wenn man durch das Gebüsch oder niedere Baumgruppen streift, gelangt man zwangsläufig in den sogenannten Aggressionsbereich der Tiere und wird »automatisch« angegriffen. Grundsätzlich sollte man nie mit bloßen Händen in dichtes Strauchwerk greifen. Vorsicht ist bei Fußwanderungen grundsätzlich geboten, und das Tragen von hochschäftigen Stiefeln ist unerläßlich.

Stark vertreten sind unter den Giftschlangenarten die Kapkobra und die schwarze Mamba. Letztere soll im Gegensatz zur Kalahari in weiten Gebieten Afrikas schon ausgerottet sein. Beide Arten können bis zu 2,5 m lang werden. Während bei einem Biß durch die Kapkobra die Überlebenschancen relativ günstig sind, führt ein Biß durch die Mamba schon nach kurzer Zeit zum Tode, sofern nicht unmittelbar ein Schlangenserum injiziert werden kann. Wenige Minuten nach dem Biß beginnen sich bereits die Gehirnzellen zu zersetzen, und es treten irreparable Schäden auf.*

Es gibt in der Kalahari noch andere Schlangenarten, von denen die meisten jedoch ungiftig sind. Eine besonders durch ihre Größe auffallende aber ungiftige Riesenschlange ist der Felsenpython (Python sebae). Der Volksname »Felsenpython« ist deshalb nicht ganz zutreffend, weil es Felsformationen in der Kalahari nur in den Randgebieten gibt. Für die dortigen Bewohner zählt das Pythonfleisch zu den besonderen Leckerbissen.

Trotz der sicherlich bestehenden Tatsache von gewissen Gefahren sind viele »Schlangengeschichten« übertrieben, die Furcht vor diesen Tieren scheint gerade bei den christlichen Völkern tief verwurzelt zu sein, und es gibt viele Menschen, die allein schon bei dem Wort »Schlange« tieferschreckt sind.

Dabei ist die Schlange als ein ausgesprochen nützliches Tier anzusehen, denn sie ernährt sich vorwiegend von Mäusen, Ratten und anderen Kleintieren, die in Entwicklungsländern noch häufig Seuchenüberträger sind. Wir konnten auf unseren Expeditionen feststellen, daß die meisten Schlangen nicht in der freien Wildnis, sondern in der Nähe von Siedlungen zu finden sind. Das läßt darauf schließen, daß gerade dort die Zahl der Mäuse und Ratten sprunghaft ansteigt und die Aussicht auf relativ problemlose Beute bedeutend höher ist als draußen in der freien Natur.

---

* Bei Expeditionen sollte stets Schlangenserum mitgenommen werden. Wegen der hohen Tagestemperaturen in der Kalahari erweist sich die Konservierung des Serums als schwierig. Tagsüber sollte es in einer Styroporschachtel aufbewahrt werden, nachts bei tiefen Temperaturen sollte das Serum offen gelagert sein.

IV. DIE KALAHARI — FORSCHUNGEN IM LANDE DER BUSCHLEUTE

IV.1. Mit dem Landrover auf der Trans-Kalahari-Route

Das weitmaschige Verkehrsnetz Botswanas besteht zum größten Teil aus schwer befahrbaren Pisten. Mit Ausnahme der ca. 600 km langen asphaltierten Strecke zwischen Nata, Francistown, Gaborone und Lobatse gibt es im Landesinneren nur holprige Sand- und Schotterwege bzw. Pisten, deren Zustand durch tiefe Schlaglöcher und schweren Mahlsand gekennzeichnet ist.
Die Gründe dafür sind vielfältig. Das Bauen und Instandhalten guter Straßen ist sehr teuer. Ein Großteil des Landes besteht aus sandigem Boden, und so ist gutes Straßenbaumaterial nur sehr schwer zu finden. Man muß aber auch die Frage stellen, ob der Verkehrsbedarf für den weiteren Ausbau der Straßen überhaupt vorhanden ist und muß bedenken, daß klimatische und mechanische Einflüsse (Wind, Wasser) sowie der Wechsel von Hitze und Kälte die mühsam erbauten Pisten wieder sehr schnell zerstören.
Die zahlreichen Schlaglöcher, der weiche Dünensand sowie eine unzuverlässige Beschilderung erschweren das Reisen und ermöglichen nur eine sehr geringe Durchschnittsgeschwindigkeit.
Die hochstehende Sonne und der puderartige Sandstaub, der durch alle Ritzen dringt, machen aus einer Expedition alles andere als eine gemütliche Urlaubsfahrt. Allradantrieb und möglichst hoch gebaute Geländewagen sind die Voraussetzungen für das Gelingen eines solchen Unternehmens. Die in der Regenzeit plötzlich auftretenden schweren Regenfälle können Fluten auslösen, die die sandgefüllten Flußbetten und unterirdischen Leitungen nicht mehr fassen können. Straßenoberflächen werden dabei beschädigt und manchmal sogar ganze Abschnitte weggeschwemmt (Abb. 10).
Um zu den verschiedenen Gruppen der Buschleute zu gelangen, ist es jedoch notwendig, die Strapazen dieses schwierigen Pistenfahrens auf sich zu nehmen. In Ausnahmefällen muß sogar der Weg mit Karte und Kompaß querfeldein gesucht werden.
Doch der »Reisende« wird durch die Landschaftseindrücke für seine Mühen mehr als entschädigt. Die Routen führen durch die verschiedensten Vegetationszonen mit ihren Pflanzengesellschaften von Gras- und Buscharealen, in denen vereinzelt auch Bäume, vergesellschaftet mit Pflanzen in ganz bestimmter Artenzusammensetzung, vorkommen. Drüsen- und Rotrindenakazien zusammen mit Trompeten-Dornbüschen (Catophractes alexandrii), deren große, gardenienähnliche Blüten nach der Regenzeit die gesamte Landschaft in ein Blütenmeer verwandeln, bilden charakteristische Pflanzengemeinschaften, die durch Rispengräser (Sporobolus und Eragrostis), Ährenrispengräser (Enneapogon) und das sogenannte Lüderitzgras (Monelytrum) ergänzt werden. Jeder Botaniker und Pflanzenfreund wird von dieser Landschaft fasziniert sein.

IV.2. Unsere speziellen Untersuchungsgebiete bei den Buschleuten

In dem Zeitraum von 1983–1987 unternahmen wir fünf Forschungsreisen in die entlegensten Räume der Kalahari. Nur noch in wenigen Gebieten Botswanas und Namibias kann man die noch bis vor wenigen Jahren als Jäger und

Abb. 10: In wenigen Stunden werden ganze Straßenabschnitte durch den sintflutartigen Regen ausgewaschen

Sammler lebenden Gruppen von Buschleuten finden. Die dort wohnenden Stammesvölker sind die !Ko-, die !Kung-, die G/wi- und die Masarwa-Buschleute. Ihre Lebensräume sind über die sandige und beschwerliche Trans-Kalahari-Piste zu erreichen.

Die Eindrücke bei der Ankunft in einem Buschmannlager sind unvergeßlich:

Ein anstrengender Tag mit Schattentemperaturen von mehr als 40° C neigte sich dem Ende entgegen. Schon mehr als 14 Stunden fuhren wir mit dem schweren hartgefederten Landrover über die holprige, von zahllosen Schlaglöchern übersäte Trans-Kalahari-Route. Gerade schickte sich die Sonne an, gleich einem rotglühenden Feuerball am Horizont zu verschwinden, als wir in einigen hundert Metern Entfernung mehrere schwach aufflackernde Feuer erblickten. Durch das Fernglas konnten wir in der hereinbrechenden Dämmerung die schemenhaften Umrisse eines Buschmannlagers erkennen. Als wir ankamen, war es fast dunkel. Ein alter, nur mit einem Lendenschurz bekleideter Buschmann, dessen Körperhaut an zerknittertes Pergament erinnerte, erhob sich vom Feuer und trat auf uns zu. Mit ausgestreckter Hand bettelte er um Tabak, und sogleich folgten einige jüngere Frauen seinem Beispiel. Schnell waren wir von mehreren herbeigeeilten neugierigen Kindern umringt, und einige laut kläffende, abgemagerte Hunde wollten sich nicht beruhigen. Hier hatte eine Gruppe von ca. 30 !Ko-Buschleuten am Rande einer kreisrunden, sich hell abhebenden Pfanne — der Durchmesser mochte etwa 1 000 m betragen — ihre Windschirme aufgebaut.

Halbkreisförmig in den Boden gesteckte Zweige bildeten eine Art Schutzwand gegen den heftig aus nordöstlicher Richtung wehenden kühlen Abendwind. Hinter jedem Windschirm brannte ein Feuer. Die Glut des knochentrockenen Akazienholzes spendete eine behagliche Wärme für die Männer, Frauen und Kinder, die sich eng gedrängt um die Feuerstelle niedergelassen hatten. Gespenstisch erschienen die hageren Gestalten im flackernden Licht der Lagerfeuer. Längst vor Sonnenuntergang hatten sie ihre Abendmahlzeit aus getrocknetem Antilopenfleisch und gesammelten Erdknollen beendet und waren jetzt dabei, Geschehnisse des abgelaufenen Tages zu erzählen. Der hastige, immer wieder von Schnalz- und Klicklauten unterbrochene und von mimischen Gesten begleitete Wortschwall des Erzählers ließ auf eine äußerst phantasiereiche Ausschmückung seiner Erlebnisse schließen.

Nur wenn ihn das kontinuierlich in der Runde kreisende, aus einem ausgetrockneten Röhrenknochen hergestellte Rauchrohr wieder erreichte, verstummte er kurz, um begierig einige tiefe Züge des extrem beißenden Rauches in seine Lungen einzuziehen.

Fast ohne Übergang war die Tropennacht über die Kalahari hereingebrochen. Im Scheine der Taschenlampen schlugen wir unsere Zelte auf und entzündeten ein Feuer. Heißer Tee, den wir mit den streng rationierten Wasservorräten aufgegossen hatten, und Suppe aus gekochtem Antilopenfleisch belebten unsere durch Fahrt, Hitze und Staub übermüdeten Körper.

Bis nach Mitternacht saßen wir um das wärmende Lagerfeuer und bestaunten den von unendlich vielen Sternen erleuchteten Nachthimmel der Kalahari. Der Lärm im benachbarten Buschmannlager war längst verstummt. Nur das vor Schlangen warnende Bellen eines Hundes oder das Heulen umherschweifender Hyänen unterbrachen bisweilen die unheimliche Stille.

»Ein, zwei oder drei Hundenacht« sagen die Buschleute, je nachdem, wieviele Tiere den nur mit einem schäbigen Fell bedeckten Schläfer hinter seinem Windschirm wärmen müssen.

Das Kreuz des Südens war schon fast hinter dem Horizont verschwunden, als wir fröstelnd in unsere Schlafsäcke krochen. Die Kalaharinacht bescherte uns Temperaturen bis zu minus 15° Celsius.

Ein guter Ausgangspunkt, um zu den Buschmann-Gebieten zu gelangen, ist entweder Gaborone, die Hauptstadt Botswanas, oder Lobatse. Von beiden Orten kann man nach Kang gelangen, von wo aus die Wohngebiete der !Ko, die etwas abseits der Hauptpiste liegen, zu erreichen sind. Über die bekannteste Siedlung Bere, sie liegt in der Nähe von Takatshwane, führt die Piste weiter nach Ghanzi. Dieser Ort besteht aus wenigen Kolonialwarenläden, zwei Tankstellen, einigen Bottle-Stores, ein paar Werkstätten und

einer kleinen Polizeistation. Hier leben viele der !Ko-Buschleute als sogenanntes »Lumpenproletariat« in unbeschreiblicher Armut.
Die noch am ursprünglichsten lebenden Buschleute sind die G/wi, deren Wohngebiete in der Zentral-Kalahari, vor allem in der »Xade-Pan«-Region, liegen. Die Station Xade wird von einigen Wohnhäusern, einer Schule, einer Krankenstation und einem ergiebigen Wasserloch gebildet.
Die G/wi-Buschleute, die teilweise noch wie in früheren Zeiten als umherstreifende Jäger und Sammler sehr isoliert leben, kann man über zwei verschiedene Wege erreichen. Der erste Weg führt über Ghanzi. Von dort aus gelangt man nach Dekar, wo die Route nach Südosten abzweigt und direkt in das G/wi-Gebiet führt. Der zweite Weg verläuft durch das Okwa-Tal.
Das !Kung-Lager Dobe liegt im äußersten Nordwesten Botswanas, etwa drei Tagesreisen von Ghanzi entfernt, und ist durch das trockene Chihabadum-Tal zu erreichen. Es befindet sich in der Nähe einer künstlichen Wasserstelle und ist auf einer mit Akazien bewachsenen Geröllfläche, nur wenige Kilometer vor der namibischen Grenze entfernt, angelegt.*
Buschleute des Masarwa-Stammes bewohnen das Gebiet um den Ort Nata in der westlichen Makgadikgadi-Pfanne. Sie sind stark mit den Bantu vermischt (Abb. 11).
Bis vor kurzem lebten noch !Kung-Buschleute in Nordost-Namibia im Militärlager Omatako nahe Tsumkwe. Sie wohnten dort mit ihren Familien und wurden für den Dienst in der Südafrikanischen Armee ausgebildet. Schließlich befand sich im Caprivizipfel, nördlich des Okavango-Deltas, das große Militärlager Omega, in dem sich hauptsächlich !Kung-Buschleute und Angola-Buschleute aufhielten (Abb. 11).*
Der Besuch des Militärlagers von Omega im Caprivizipfel war für uns ein besonderes Ereignis.

Spät am Abend hatten wir über die Funkanlage unseres Polizei-Begleitfahrzeuges die Genehmigung zum Besuch des Militärlagers erhalten. Pünktlich um 8 Uhr standen wir am nächsten Morgen vor der weißgestrichenen Barriere, die uns den Zugang zu den zahlreichen flachen Gebäudekomplexen des Lagers verwehrte. Ein Buschmannsoldat in blitzsauberer graubrauner Uniform öffnete und ließ uns passieren. Eine zweite Barriere folgte; wieder dasselbe Spiel. Erst als wir nach ca. 2 km Fahrt anhielten, hatten wir das Gefühl, im Zentrum des Lagers zu sein. Ein engmaschiger, mehr als 3 m hoher Zaun, der über den oberen Rand hinaus noch durch ein Geflecht von Stacheldraht verstärkt war, umschloß die weiträumige Anlage. Hier lebten mehr als 1 000 !Kung-Soldaten mit ihren Familien. Kleine Verkaufsläden boten eine Fülle von zum Teil völlig nutzlos erscheinendem Kram, der von den Buschleuten jedoch sehr begehrt wurde — Plastikgegenstände, Spielzeug, billige Sonnenbrillen, Anstecknadeln. Durch das Fenster einer schäbigen Bude ertönte schrille Marschmusik. Auf dem nahegelegenen, von Sandstaub erfüllten Exerzierplatz waren verschiedene Hindernisse aufgebaut, die eine Gruppe von etwa 20 feldmarschmäßig ausgerüsteten Buschmannsoldaten nach den gellenden Befehlen eines südafrikanischen Ausbilders in den verschiedensten Richtungen überwinden mußte. Keuchend und schweißtriefend erfüllten die fast noch knabenhaft wirkenden jungen Männer die kräftezehrenden Übungen. Draußen im gnadenlosen Buschkrieg am Kumene-Fluß konnten sie nur mit bedingungslosem Gehorsam und eiserner Disziplin überleben.

* Zwischen Botswana und Namibia teilt ein internationaler Grenzzaun die alten Lebensräume der Buschleute. In gewissen Abständen wurden Übersteigen gebaut, die es den Buschleuten ermöglichen, die Grenze zwischen den beiden Staaten zu passieren.

* Seit der Unabhängigkeit Namibias am 1. April 1990 wurden sämtliche Militärlager aufgelöst.

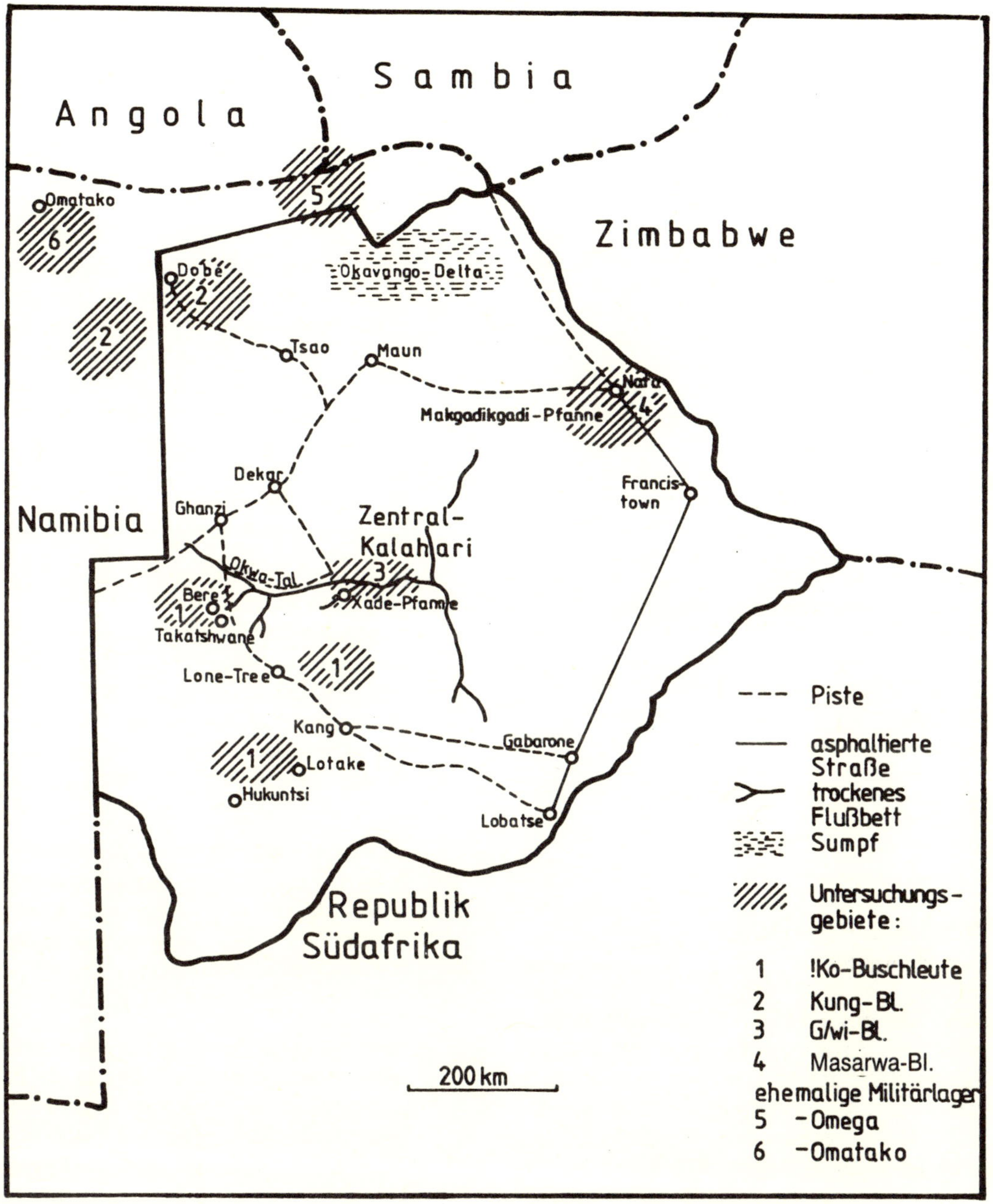

Abb. 11: Unsere Untersuchungsgebiete bei den !Ko-, !Kung-, G/wi- und Masarwa-Buschleuten

Plötzlich wurde unsere Aufmerksamkeit auf einen mit dicken Rotkreuzbalken gekennzeichneten Krankenwagen gelenkt, der mit heulender Sirene an uns vorbeipreschte und in einer Staubwolke in Richtung des schmalen Air-Strip verschwand, der sich an der Nordostecke des Lagers entlangzog. Kurze Zeit später war das knatternde Geräusch eines Hubschraubers zu hören, der rasch näher kam. Auf einem weißen Kreis am Boden setzte der bullig aussehende Transporter zur Landung an. Eilig wurde die kleine Tür am Heck der Maschine aufgerissen und eine Tragbahre mit einem festgezurrten Körper herausgereicht. Mehrere Hände schoben die Trage in den bereitgestellten Krankenwagen. Aus der unteren Ladeluke wurden zwei graubraune leinene Leichensäcke herausgereicht, in denen sich die Körper zweier Menschen abzeichneten. Etwa 10 Soldaten sprangen hastig aus der Maschine, deren gedrosselter Rotor eine mächtige Staubfontäne hochwirbelte und so das ganze Geschehen in eine schemenhafte Kulisse verwandelte. Zwei oder drei der völlig erschöpft wirkenden Buschkämpfer trugen dicke blutgetränkte Kopfverbände. Schnell startete der Hubschrauber wieder und entschwand in Richtung angolanischer Grenze. Aufs neue hatte der grausame Buschkrieg gegen die Swapo, die Angolaner und die Kubaner seine Opfer gefordert.

IV.3. Ziele unserer speziellen Forschungsarbeit

Die Buschleute der Kalahari aufzusuchen und wissenschaftlich zu erforschen, war das Hauptanliegen unserer Arbeit. Daneben spielte aber auch unser Bemühen eine Rolle, die traditionelle Kultur und damit verbunden die einmalig an Landschaft und Klima angepaßte Lebensweise der Buschleute bewahren zu helfen. Diese Kultur, die allein durch ihr bloßes Dasein schon eine Faszination auf den westlichen Kulturmenschen ausübt, wurde hervorgerufen durch die hochgradige morphologische und physiologische Spezialisierung der Buschleute auf die überaus harten Umweltbedingungen in ihrem Lebensraum. Im einzelnen lassen sich die Ziele unserer Forschungsarbeiten wie folgt begründen und umreißen:

1. Zum Verständnis der Buschleute und ihrer archaisch anmutenden Lebens- und Wirtschaftsweise sind Studien der Anthropologie und Ethnologie sowie solche der Geographie und Ethnobotanik notwendig. Dabei geht es uns nicht nur um fachbezogene Einzelerkenntnisse, sondern um das Aufzeigen interdisziplinärer Zusammenhänge im komplexen Spannungsdreieck Raum-Mensch-Kultur.

2. Anthropometrische Studien über Körperbau, Körperproportionen sowie physiologische Merkmale wie Blutdruck, Grundumsatz, Stoffwechsel oder Fettsteißbildung, Beschaffenheit der Haut u. a. belegen die Qualitäten der Anpassungen an die besonderen Umweltbedingungen.

3. Beobachtungen der Lebensformen, die sich in vielfältigen Erscheinungen der Kultur manifestieren (Tänze, Spiele, Jagd, Mythologie usw.), lassen Rückschlüsse auf das Sozialleben zu.

4. Demographische Studien (Bevölkerungszahl, Bevölkerungsrückgang, Krankheiten) zeigen auf, daß Populationen wie die Buschleute, die zum Teil noch naturnah ihr Dasein gestalten, eindrucksvolle Beispiele dafür sind, daß auch der Mensch und seine Kultur ökologischen Gesetzmäßigkeiten unterliegen.

5. Der Zerfall der althergebrachten Kultur der Buschleute, verdeckt mit dem Modebegriff der Akkulturation, ist ein schreckliches Beispiel der Ausrottungstendenzen ethnischer Besonderheiten und Minderheiten, denen unsere weltzivilisatorische Gesellschaft bewußt oder unbewußt huldigt.

V. DIE KALAHARI — NATUR- UND KULTURRAUM DER BUSCHLEUTE

V.1. Verschiedene Stammesgruppen mit unterschiedlicher Akkulturation bewohnen den Trockenraum

Die verschiedenen Stämme, die man unter dem Begriff Buschleute zusammengefaßt hat, unterscheiden sich, wie vielfältige Untersuchungen zeigen, in Kultur, Sprache und Aussehen beträchtlich.

Da die einzelnen, noch in einer nahezu uralten Lebensweise verhafteten Stammesgruppen aufgrund ihrer verschiedenen Lebensräume in einer Umwelt existieren, deren Bereiche ökologisch differenziert sind, mußten sie entsprechend der unterschiedlichen Umweltbedingungen ihrer Wohngebiete voneinander abweichende Überlebensstrategien entwickeln. Eines aber ist ihnen sicher gemeinsam: die geistige Einstellung, das soziale Verhalten zu ihrer Umwelt — sowohl als Gruppe wie auch als Individuum — und die beachtliche Fähigkeit, sich unauffällig einzufügen.

Heute leben noch etwa 40 000–45 000 nahezu unvermischte Buschleute in Botswana, Namibia und Süd-Angola. In Sambia und Südafrika gibt es nur relativ wenige Menschen dieser ethnischen Gruppe.*

Jede Stammesgruppe besitzt ein Sammel- und Jagdgebiet, in dem ihre alleinigen Rechte schon seit Generationen von den anderen Gruppen anerkannt werden.

Die Grenzen eines solchen Gebietes sind durch markante Landschaftsbestandteile (Bäume, Felsen) festgelegt. Die Größe der Gruppe in einem solchen Gebiet liegt im Schnitt bei ca. 60 Menschen und wird bestimmt durch die vorhandene Menge an Wasser und Nahrung.

Buschleute, die als unverfälschte Jäger und Sammler leben, werden jedoch immer seltener, und in nicht allzuferner Zukunft werden sie wohl infolge des Zivilisationsdruckes, der auch die letzten Rückzugsgebiete ihres natürlichen Lebensraumes unwiderstehlich und rücksichtslos ergreift, ganz ausgestorben sein! Damit verliert die Menschheit ein weiteres sichtbares Stück der Grundlagen ihrer Kultur- und Entwicklungsgeschichte. Man sollte sich allen Ernstes fragen, ob die Verherrlichung eines blinden Fortschrittsglaubens ein solches Opfer wert ist!

Entsprechend ihrer Akkulturationsform* konnten wir die Kalahari-Buschleute in folgende Kategorien einteilen:

1. Buschleute, die zwar im Busch geboren wurden, jetzt aber auf Farmen leben, arbeiten und nicht mehr auf die Jagd gehen, sogenannte »zivilisierte« Buschleute.
2. Buschleute, die bereits auf Farmen geboren wurden, nur das Farmleben kennen, nicht mehr jagen und sammeln, sondern als Farmarbeiter oder Viehtreiber tätig sind.

---

* Neuerdings wurden nach der Unabhängigkeit Namibias ehemalige Buschmannsoldaten der Südafrikanischen Armee mit ihren Familien in der Kapprovinz angesiedelt.

* Unter Akkulturation verstehen wir hier eine graduell unterschiedliche Aufnahme und Annahme fremder Kulturgüter bzw. anderer Gesellschaftsformen unter Weglassung bzw. Aufgabe der eigenen Werte. Anzeichen dafür sind z. B. Anhäufung von materiellen Gütern, Immobilität, andere Rituale, andere Gesellschaftsform etc.

3. Buschleute, die im Busch geboren wurden, sich jedoch in der Umgebung größerer Ansiedlungen oder Farmdistrikte als »Lumpenproletariat« niedergelassen haben und als Gelegenheitsarbeiter ein erbärmliches Dasein fristen.
4. Buschleute, die noch in der Wildnis leben, aber gelegentlich in der trockenen Jahreszeit aus Nahrungs- und Wassermangel die Farmen aufsuchen, dann aber wieder in den Busch zurückkehren; sogenannte »halbzivilisierte« Buschleute.
5. Buschleute, die im Busch geboren sind, ihre ursprünglichen Fähigkeiten als Jäger und Sammler bewahrt haben und für die Südafrikanische Armee als Fährtenleser tätig waren. Sie lebten bis 1990 mit ihren Familien in Militärlagern im Norden Namibias (Omatako, Omega etc.). Nach der Unabhängigkeit wurden sie in Lager in der Kapprovinz umgesiedelt.
6. Buschleute, die im Busch geboren sind und noch als Jäger und Sammler leben, sogenannte »freilebende« Buschleute; ihre Zahl ist nur noch sehr klein.

Die ersten drei Akkulturationsformen werden von den !Ko-Buschleuten von Ghanzi, Takatshwane und Lone-Tree repräsentiert. Im Ghanzi-Distrikt z. B. liegen ca. 150 Rinderfarmen, auf denen die !Ko-Buschmänner für einen Monatslohn von fünf bis sechs Pula bei den weißen Farmern arbeiten. In den Slumhütten von Ghanzi herrscht eine unbeschreibliche Armut. Alles starrt vor Schmutz und Dreck, und viele der hier wohnenden Menschen leiden an Krankheiten.

!Ko-Buschleute sind auch noch in der Gegend von Kang anzutreffen, wo sie sich in größeren Siedlungen zusammengetan haben wie z. B. in der Bere-Siedlung sowie in der Nähe des Wasserloches von Lone-Tree und bei Hukuntsi (Abb. 12).

Früher standen die !Ko in dem Ruf, zu den »aggressiven« Buschleuten zu gehören, die auch Männer von Expeditionen getötet haben sollen. Heute gehören sie jedoch zu den friedfertigen Buschleuten, die von den Weißen sozusagen »gezähmt« und untertänig gemacht wurden, was nicht ohne Quälereien abging.

MARSHALL-THOMAS (1959) gibt folgende Erzählung eines jungen Buschmannes wieder, der zur Arbeit auf der Farm eines europäischen Siedlers gezwungen wurde:

> »Eines Tages kam ein europäischer Farmer in seinem Ochsenwagen zu uns und sprach zu meiner Mutter: ›Wer will mir einen Jungen geben für dieses Pfund Tabak?‹ Und meine Mutter war so verängstigt, daß sie den Tabak nahm und zu mir sagte: ›Er will, daß du mit ihm gehst.‹
> Ich weinte, aber der weiße Mann nahm mich und steckte mich in seinen Ochsenwagen und gab meiner Mutter noch eine Tasse voll Tabak, aber sie lehnte das ab und wollte mich zurückhaben. Doch der weiße Mann fuhr einfach davon, und meine Mutter rannte weinend neben dem Ochsenkarren her. Sie sagte: ›Warte! Woher soll ich einen anderen Jungen bekommen, wenn er getötet wird wie mein Mann?‹
> Ich hatte Angst, denn mein Großvater hatte mir erzählt, daß weiße Leute auf uns Buschleute Jagd machen und uns töten wollen wegen unseres Landes.
> Der Farmer nahm mich mit auf seinen Hof, und ich jätete Unkraut und hütete sein Vieh. Er gab mir Milch und Maismehl dafür, aber ich mochte dieses Essen nicht. Ich sagte zu ihm, Milch sei für Babys, und ich wollte, daß er mich zurück in mein Land bringt, aber er lachte nur über mich.
> Er nannte mich Goliath, weil ich so klein war. Goliath, komm her. Goliath, hüte meine Kälber. Später gab er mir ein Hemd, um meinen Körper damit zu bedecken. Dann arbeitete ich für einen anderen Herrn, der mir eine Ziege gab, und danach arbeitete ich für meinen

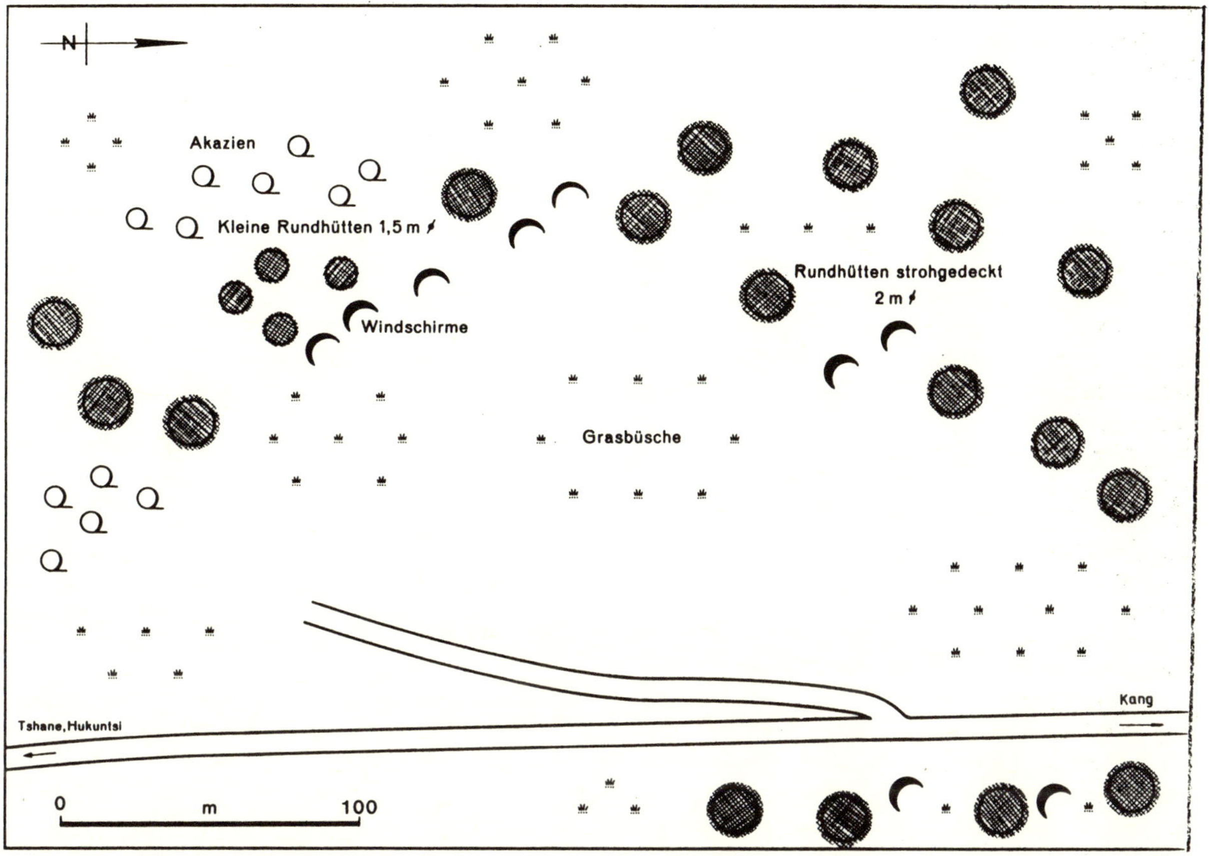

Abb.12: Grundriß einer !Ko-Siedlung zwischen Kang und Hukuntsi

letzten ›master‹, der mich mit Schillingen bezahlte. Aber ich gehe auch von ihm weg, weil sie in Südafrika besser bezahlen. Ich bin nun selbst ein Familienvater, weißt du.«

Auch die !Kung-Buschleute, die im Nordwesten Botswanas im Dobe-Gebiet leben, arbeiten zum Teil als Viehhüter für die Bantu. Da es im Nordwesten Wasserstellen gibt, die das ganze Jahr hindurch Wasser spenden, ist diese !Kung-Gruppe besonders groß.

Im Buschfeld um Dobe gibt es jagdbares Wild und wildwachsende Früchte in Hülle und Fülle. Vor allem die Pflanzen, die relativ leicht zu sammeln sind, dienen als Ernährungsgrundlage des Stammes. Mindestens 100 verschiedene Pflanzen verwenden diese Menschen, die besonders gut ausgeprägte Pflanzenkenntnisse besitzen, als Nahrung, wobei der Mongongo-Nuß lokal für die Ernährung eine besondere Bedeutung zukommt. Die Regenzeit beschert den !Kung-Buschleuten sogar einen Überfluß an Früchten,

Beeren und anderen Nahrungspflanzen, so daß sie wählerisch sein können. Außerdem nutzen sie etwa 150 verschiedene Pflanzen zur Herstellung von notwendigen Gebrauchsgegenständen wie Waffen, Handwerkszeug und Schmuck (KREMNITZ / KNIES / KREMNITZ, 1988).*
In der Zentral-Kalahari existieren die wohl bedeutendsten Gruppen der Buschleute, die der G/wi und G//ana. Bis heute führen von den annähernd 2000 Menschen noch etliche ein Leben als umherstreifende Jäger und Sammler, vor allem in der Region der »Xade-Pan«. Diese Menschen sind nur schwer in ihrem Lebensraum aufzufinden.
Die Siedlung der seßhaften Buschleute besteht aus einem Gemisch von traditionellen Windschirmen, im Bantu-Stil erbauten Rundhütten sowie europäischen Rechteck-Häusern mit Giebeldach.

V.2. Die unterschiedlichen Sprachen der Buschleute

Der Ursprung der menschlichen Sprache gibt den Wissenschaftlern bis heute große Rätsel auf. Der Paläoanthropologe TOBIAS (1987) hat mit seiner Veröffentlichung über »das Entstehen der gesprochenen Sprache in der Hominiden Evolution« erneut das Diskussionsrad gedreht.

> Aufgrund zahlreicher Untersuchungen an Schädeln und Schädelabgüssen fossiler Homo-habilis-Exemplare aus dem Bereich der Olduvai-Schlucht und der Gegend von Kobi-Fora gelangt er zu der Überzeugung, daß diese menschliche Frühform bereits die beiden wichtigsten Gehirnbereiche für die Sprachfähigkeit besaß: einen kräftigen Scheitellappen (Brodmannsches Areal) und ein hervorgehobenes Brokasches Areal. Im Gegensatz dazu sind diese neurologischen Felder bei Schädelabgüssen von Australopithecinen nur bruchstückhaft zu finden.

Die Ausbildung dieser beiden Areale setzte zu dem Zeitpunkt ein, als die Cerebralentwicklung das Gehirn stark aufzuwölben begann.
Nebenbei sei angemerkt, daß kurze Zeit später in der menschlichen Evolution die ersten Werkzeuge vom Frühmenschen angefertigt wurden, wie die Funde in den geologischen Schichten beweisen.

Um sprechen zu können, bedarf es neben den neuroanatomischen und physiologischen Großhirnmechanismen auch sogenannter »peripherer Sprachinstrumente«. Dazu gehört die komplex koordinierte Aktivität der Lippen, des Sprachgaumens, der Zunge, des Rachens (Pharynx), des Kehlkopfes (Larynx) und des respiratorischen Apparates (Atmung). Damit wurde erst die Möglichkeit geschaffen, laryngeale Töne zu modifizieren.
»Es wäre der begründete Schluß zu ziehen, daß die peripheren Strukturen des Luftweges und des Rachens dergestalt waren, daß sie eine Vielzahl von Sprachlauten erlaubten, die vom Homo habilis kreiert wurden ...«
Der Vorteil einer Sprache lag für einen Werkzeuge herstellenden und in Sozialisation lebenden Homo habilis auf der Hand und wird von TOBIAS folgendermaßen beschrieben: »Der Homo habilis hatte bereits viele Dinge, über die er reden konnte. Aus der Nähe betrachtet gebrauchte er eine Reihe größerer adaptiver Hilfsmittel, die von hohem Überlebenswert waren (z. B. Werkzeuge). Aus diesem Grunde war es essentiell, diese Verhaltensmuster den Kindern zu übermitteln. Der bedeutendste Lernmechanismus, der diese Menschenrasse charakterisiert, erfolgt über das gesprochene Wort.«
Die frühe Sprache hat kaum Ähnlichkeit mit den uns bekannten »modernen« Sprachen, wozu natürlich auch die Sprachen der Buschleute gehören.

* In diesem Buch sind die Pflanzen entsprechend ihrer Verwendung tabellarisch zusammengefaßt.

Die Buschleute sprechen die phonetisch wahrscheinlich kompliziertesten Sprachen der Welt, die auch ein hoch entwickeltes Sprachorgan erfordern. Sie gehören alle einer Sprachfamilie an, die in Untergruppen aufgeteilt wird. Typisches Merkmal dieser Sprachen sind die vielen Klicklaute, wobei eine Sprache bis zu sieben unterschiedliche »Grundklicks« enthalten kann, die jeweils mit 20 bis 85 Abwandlungen in den verschiedenen Sprachen gebraucht werden. Über die Darstellung der verschiedenen Klicklaute sind sich die Experten nicht immer einig.
In der ethno-linguistischen Fachliteratur werden die folgenden Grundklicklaute unterschieden:

/ = **Dentalklick.** Dabei wird die Zungenspitze schnell von der Innenseite der Schneidezähne weggezogen (tritt bei uns bei plötzlichem Erstaunen auf).

// = **Lateralklick.** Hier bleibt der vordere Zungenteil an den harten Gaumen gepreßt, während die Zunge von den Seiten der Zahnreihe weggezogen wird (entspricht etwa dem Aufmuntern eines Pferdes).

≠ = **Alveolarklick.** Die Zungenspitze wird direkt von einem Punkt hinter den oberen Schneidezähnen weggezogen.

! = **Sektkorkenklick.** Dabei wird die Zungenoberfläche scharf vom Gaumendach (an der Stelle zwischen hartem und weichem Gaumen) weggezogen (er ist laut und knallend).

O = **Kußklick.** Man saugt bei gespitzten Lippen die Luft ein, als ob man Tiere anlockt.

Die folgenden Satzbeispiele (aus !Kung-Sätzen) sollen verdeutlichen, daß sich je nach Tageszeit eine unterschiedliche Ausdrucksweise ergeben kann:

Aba ≠ ei?	Bist du aufgestanden (morgens)?
Men ≠ ei!	Ich bin aufgestanden (morgens)!
Aba tsu?	Bist du aufgestanden (tagsüber)?
Men tsu!	Ich bin aufgestanden (tagsüber)!
Aba ≠ oa?	Bist du gesund?
Men ≠ oa!	Ich bin gesund!

BLEEK (1929) unterteilte die Sprachen der Buschleute in die drei Hauptgruppen: nördliche, südliche und zentrale Gruppe. Diese Aufteilung ist in Botswana besonders deutlich (Abb. 13).
Die Sprachunterschiede zwischen den drei ethnischen Hauptgruppen erweisen sich als so ausgeprägt, daß die Differenzierung trotz vieler Gemeinsamkeiten offenbar recht deutlich in Erscheinung tritt. Nur in Ghanzi, wo aufgrund der geographischen Lage die erwähnten drei Sprachgruppen zusammentreffen, erreichte die Sprachvermischung einen hohen Grad.
Deutsche Sprachforscher versuchten in einem DFG-Projekt (VOSSEN, 1987), einen Teil der Zentralkhoisansprachen zu dokumentieren und Rückschlüsse auf Verwandtschaftsbeziehungen anzustellen bzw. auf frühere Lebensweisen zu schließen. So konnte z. B. festgestellt werden, daß die immer als »Jäger und Sammler« bezeichneten Buschleute seit annähernd 2 000 Jahren auch über andere Überlebensstrategien und Wirtschaftsformen verfügten, etwa im Bereich des Feldbaus oder der Viehzucht. Diese vor langer Zeit erworbenen Kenntnisse lassen auf eine frühe Auseinandersetzung mit anderen Wirtschaftsformen schließen. Ebenso zeigt sich, daß die Fischerei während feuchterer Phasen (vor einigen Jahrhunderten) eine größere Bedeutung gehabt haben muß.
Die Benutzung der Khoisan-Sprachen geht immer stärker zurück, da sich die Menschen durch das Erlernen der Bantu-Sprachen (z. B. Setswana) größere wirtschaftliche Vorteile erhoffen. Nur wenige Kinder erlernen noch ihre Mut-

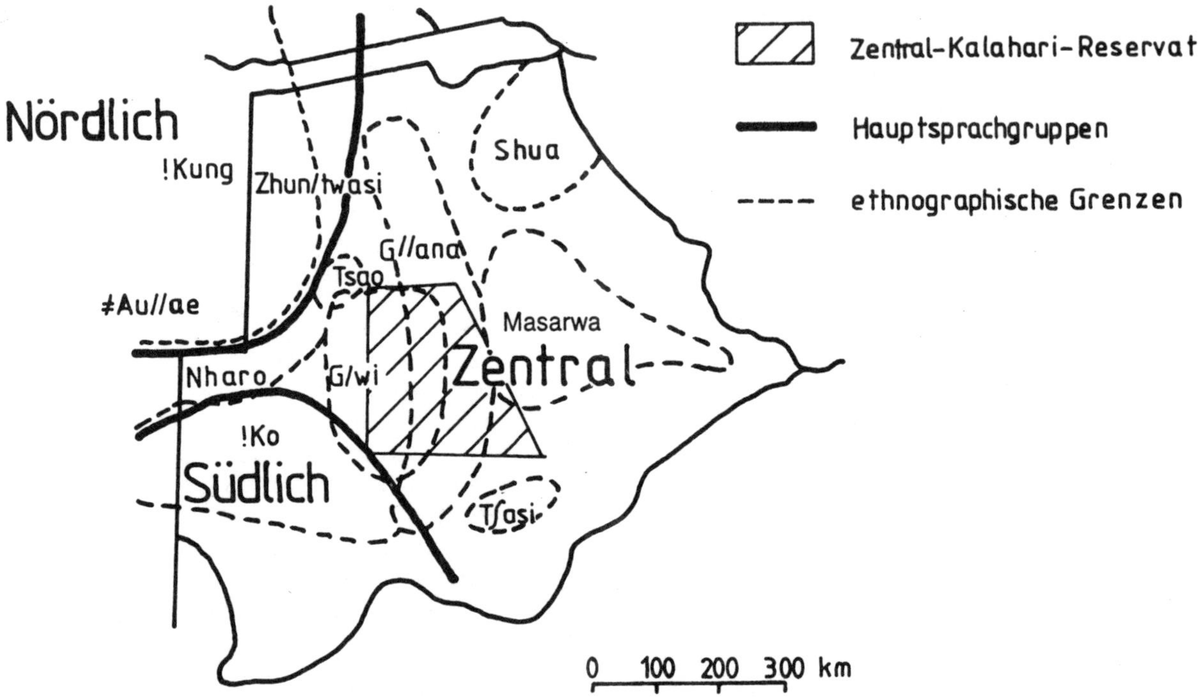

Abb. 13: Sprachgruppenverteilung in Botswana (KIEFER, 1987)

tersprache, da sie in der Schule nicht gelehrt wird.

V.3. Sie überleben durch sinnvolle Einrichtungen und intelligente Techniken

Die Behausungen der Kalahari-Buschleute variieren je nach Jahreszeit und sind der unsteten Lebensweise dieser Menschen angepaßt. Alle Unterkünfte werden dabei nach dem gleichen Prinzip gebaut. Doch das Ausmaß von Mühe und Sorgfalt, das beim Bau angewandt wird, richtet sich jeweils nach den örtlichen Gegebenheiten. Beabsichtigen die Buschleute, länger an einem Ort zu bleiben, werden die Hütten widerstandsfähiger und sehr viel sorgfältiger gebaut. Sind sie aber auf Wanderschaft, so kann es sein, daß die »Hütte« nur aus einigen großen Zweigen besteht, die als Windschutz in den Boden gesteckt werden.

Demnach werden zwei Arten von Behausungen unterschieden: die stabileren Grashütten und die leichten Windschirme, die auch »skerm« heißen.

In der Regenzeit benötigt man einen Schutz vor dem Regen und baut deshalb die robusteren Grashütten. Dabei wird ein großer Kreis auf dem Sandboden markiert, auf dem in Abständen von etwa 30 Zentimetern ellenbogentiefe Löcher mit den Händen gegraben werden. In diese Löcher stecken die Frauen Äste und junge niedere Bäume hinein, die so gedreht sind,* daß ihre natürliche Biegung nach innen zeigt. Lange biegsame Ruten werden zwischen die Äste geflochten, damit die Konstruktion genug Festigkeit besitzt und sich nicht mehr verschieben kann. In einer Höhe von etwa 1,50 m werden die nach oben stehenden Äste zusammengebunden, wodurch ein kuppelförmiges Gebilde entsteht. Dieses Gerüst wird von den Frauen mit Gestrüpp, Gras und Laub, das in großen Felltaschen gesammelt wurde, so abgedichtet, daß die daraus entstehenden dicken Lagen Wind und Regen abhalten können und die extremen Außentemperaturen im Inneren gemildert werden. Das Äußere der Hütte wird dann manchmal mit einem Muster von verknoteten Faserschnüren bedeckt (Abb. 14).

Auf der Wanderschaft genügt den Buschleuten der sogenannte Windschirm, der oben offen bleibt. Der nahezu kreisrunde Grundriß dieses Windschutzes hat einen Durchmesser von etwa 3 m. Die Höhe variiert dabei je nach Zweckbestimmung zwischen 1,00 und 1,80 m. Der Boden ist mit Gras oder enthaarten Antilopenhäuten ausgelegt. Diese Windschirme halten zwar keinen Regen ab, schützen die Buschleute aber vor dem kalten Nachtwind (Abb. 15). Vor dem Windschirm brennt stets ein Feuer, das zusätzliche Wärme spendet, wenn die Nachttemperaturen in den Wintermonaten unter den Gefrierpunkt fallen.**

Manchmal kann man auch beobachten, daß sich alleinstehende Buschmänner zur Übernachtung nicht einmal die Mühe machen, einen Windschirm zu bauen. Dann wird nur ein Stock in den Boden gesteckt, der die Schlafstelle markiert. Hier graben sie sich eine flache Mulde in den Sand, die entweder mit Gras ausgepolstert oder mit einer Schicht heißer Asche gefüllt wird. Dieses Nachtlager schützt einerseits vor dem rauhen, kalten Nachtwind, und andererseits werden die Schläfer vom Untergrund her durch die heiße Asche gewärmt (Abb. 16).

Abb. 14: In die Erde gesteckte Äste dienen als Grundgerüst für den Hüttenbau.

* Manchmal werden die jungen Bäume auch von den Seitenästen befreit. In diesem Falle entstehen Stangen, was schon ein Fortschritt in der Konstruktionstechnik von auch nur vorübergehenden Behausungen ist.

** Dieses Feuer dient auch zum Schutz vor Tieren, vor allem vor Angriffen von Löwen.

Abb. 15: Halboffene kreisrunde Windschirme schützen vor dem kalten Nachtwind

Die Hütten und Windschirme einer Siedlung werden nie in Reihen, sondern im Kreis bzw. Halbkreis gebaut. Die Eingangsöffnungen sind dabei stets zum Mittelpunkt des Kreises gerichtet (Abb. 17).

Vor den Hütten werden Feuerstellen errichtet, an denen die Familie lagert. Sie bilden den Mittelpunkt der Familie, den »heimischen Herd«, wie man im Abendland sagen würde, um den herum sich das soziale Leben abspielt. Zu jeder Tageszeit, besonders aber am Abend, sitzen die Stammesangehörigen in kleinen Gruppen um die Feuerplätze, wo Gedanken ausgetauscht, Geschichten erzählt oder stundenlange »Diskussionen« über Familienereignisse, Wanderungen oder Jagderlebnisse geführt werden.

Das Feueranzünden geschieht nach althergebrachter Weise mit Hilfe bestimmter Feuerhölzer und kann als eine Art Zeremonie betrachtet werden, die aber nur den Männern vorbehalten ist. Dazu entnehmen diese aus ihren Köchern zwei Feuerstäbe. Zwischen den ausgestreckten Händen wird eines der zugespitzten Feuerhölzer sehr schnell gedreht, wobei das abgerundete Ende in die Kerbe eines zweiten, am Boden liegenden, weicheren Holzes gepreßt wird. Während der Feuermacher gleichzeitig ständig auf das sich durch die Reibungswärme erhitzende Holz bläst, beginnt dieses zu glühen und entzündet so das locker aufgelegte dürre Gras. Darauf legen andere Buschmänner kleinere Äste, bis das Feuer kräftig brennt. Dann nehmen sich die übrigen Familienväter der Sippe brennende Zweige heraus und entzünden damit ihre eigene Feuerstelle. Das Feueranzünden ist meistens dem Sippenältesten vorbehalten.

frühere Unglück abschütteln und am alten Platz zurücklassen.
Über den Ursprung des Feuers erzählen sich die Buschleute interessante Geschichten:

> Vor langer Zeit hatten die Buschleute noch kein Feuer. Sie waren einsam und froren. Nachts schlichen böse unsichtbare Geister umher und brachten Krankheiten und den Tod in die Hütten der Buschleute. Nur der »listige Vogel« kannte das Geheimnis des Blitzes und besaß daher das Feuer. Eines Tages belauschte der große Geist Ghaua den Vogel beim Feuermachen und ärgerte sich darüber, daß dieser die Holzstückchen, die er zum Feuermachen aneinanderrieb, mit niemandem teilte. Dieser Geist Ghaua zerbrach in seinem Zorn diese Äste und zerstreute sie über die ganze Erde. Doch die zerbrochenen Äste trieben Wurzeln und wuchsen. Deshalb sagen die Buschleute: »In jedem Baum steckt ein Feuer.«

Abb. 16: Ausgehobene, flache Sandmulden werden von den Buschleuten als Schlafstellen benutzt

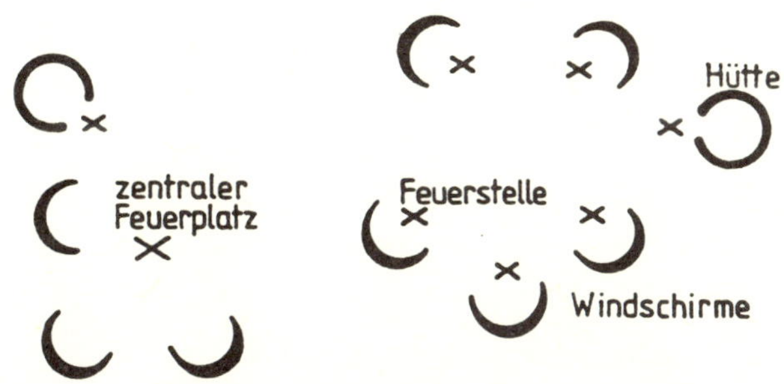

Abb. 17: Grundriß der Hütten und Windschirme eines typischen Buschleute-Lagerplatzes

Das Feuer spielt im sozialen und geistigen Leben der Buschleute eine wichtige Rolle. Ein neu entzündetes Feuer verkörpert die Erwartungen einer Sippe und leitet eine neue, hoffnungsvolle, glückliche Periode für sie ein. In der lodernden und leuchtenden Flamme zeigt sich symbolhaft das Glück. Eine vom Unglück verfolgte Sippe verläßt ihren Lagerplatz und kehrt nie mehr dorthin zurück. Irgendwo anders zündet sie ein neues Feuer an; auf diese Weise wollen sie das

Infolge der naturbelassenen Lebensweise besteht die Kleidung der Buschleute natürlich aus sehr einfachen Kleidungsstücken. Die Männer besitzen nur einen Lendenschurz aus Tierfell oder Leder. Die Frauen tragen einen aus Gazellenleder rundgeschnittenen Schamschurz, dessen Rand mit mehreren Reihen von Straußen-

eierschalenstückchen eingefaßt ist. Um ihre Schultern pflegen sie sich einen Lederumhang zu werfen, den sie »Karoß« nennen. Dieser besitzt ganz verschiedenartige Funktionen. Während der Nacht hält er den Körper warm, und tagsüber dient er sowohl zum Transport gesammelter Früchte als auch als Tragesack für die kleinen Kinder. Manche Mütter tragen die Kleinkinder auch im Reitsitz auf der Hüfte.
Buschleute nennen nur wenige Habseligkeiten ihr eigen, und diese sind von der einfachsten Art. Sie werden sorgfältigst bei den Grashütten oder hinter den Windschirmen gelagert.
Für die Frauen sind dies Gegenstände, womit sie sammeln, Knollen und Früchte ausgraben sowie Nahrung zubereiten. Bei den Männern handelt es sich hauptsächlich um Handwerkszeug und Gerätschaften für die Jagd. Daneben besitzen beide Geschlechter kleinere Gegenstände für den persönlichen Bedarf wie z. B. Schmuck und Kosmetikbehälter.

V.4. Die außergewöhnlichen Methoden der Buschleute zur Gewinnung von Trinkwasser

In der Zentral-Kalahari ist bis auf etwa 60 Tage im Jahr kein Wasser vorhanden, so daß die Beschaffung des Trinkwassers für das Überleben der Buschleute eine der wichtigsten Aufgaben darstellt.
Da die Regierung von Botswana in jüngster Zeit an einigen Stellen der Zentral-Kalahari Wassertanks aufgestellt hat, wo sich die Buschleute notdürftig mit Wasser versorgen können, gibt es immer weniger Buschleute, die sich ihr Wasser aus natürlichen »Quellen« besorgen.
Zur Gewinnung von Trinkwasser entwickelten die Buschleute schon vor sehr langer Zeit eine eigene Methode: sie haben gelernt, Wasser aus dem Boden zu saugen. Dazu ist eine natürliche Vertiefung notwendig wie etwa ein ausgetrocknetes Flußbett, wo sich unter einer flachen Sanddecke eine undurchlässige Erdschicht befindet. In der Regenzeit sammelt sich dort Regenwasser, das durch den Sand sickert und von der festen Erdschicht aufgefangen wird.
Um an das Wasser zu gelangen, baut der Buschmann einen sogenannten »Saugbrunnen«. Dazu gräbt er ein Loch, bis er zu der feuchten Schicht gelangt, und stellt einen langen hohlen Stengel aus Elefantengras hinein. Das untere Ende des Halmes wurde vorher mit feinem Gras umflochten, so daß ein runder Behälter entsteht, der den Sand vom Saugrohr abhalten soll. Nachdem das Loch mit Sand wieder fest aufgefüllt ist, beugt sich der Buschmann über den etwa 10–20 cm aus dem Sand herausragenden Grashalm und beginnt zu saugen. Durch das starke Saugen wird unter der Oberfläche ein Vakuum erzeugt, wodurch sich Wasser im Grasbehälter ansammelt und durch den Stengel nach oben gezogen wird (Abb. 18).
Wichtig ist dabei, daß der Saugvorgang auf keinen Fall unterbrochen wird, da sonst der Unterdruck ausgeglichen und das Wasser wieder wegsickern würde. Aus diesem Grund hat der Buschmann eine ganz besondere Technik entwickelt. Während er mit der einen Seite seines Mundes das Wasser ansaugt, läßt er gleichzeitig die Flüssigkeit aus dem anderen Mundwinkel in einen Behälter tropfen.
Aus einem guten Saugbrunnen kann ein Buschmann an einem Tag 4–5 Liter Wasser sammeln. Am nächsten Tag hat sich der Brunnen wieder aufgefüllt. Das auf diese Art und Weise gewonnene Wasser muß allerdings relativ schnell verbraucht werden, da es durch Mundbakterien im Speichel verunreinigt ist und nicht lange gelagert werden kann.
Eine weitere wichtige Flüssigkeitsquelle für die Buschleute ist die Tsama-Melone. Auch Affenbrotbäume, Mongongobäume und Borassuspalmen werden von den Buschleuten als Wasserspender genutzt. Der Affenbrot- und der Mon-

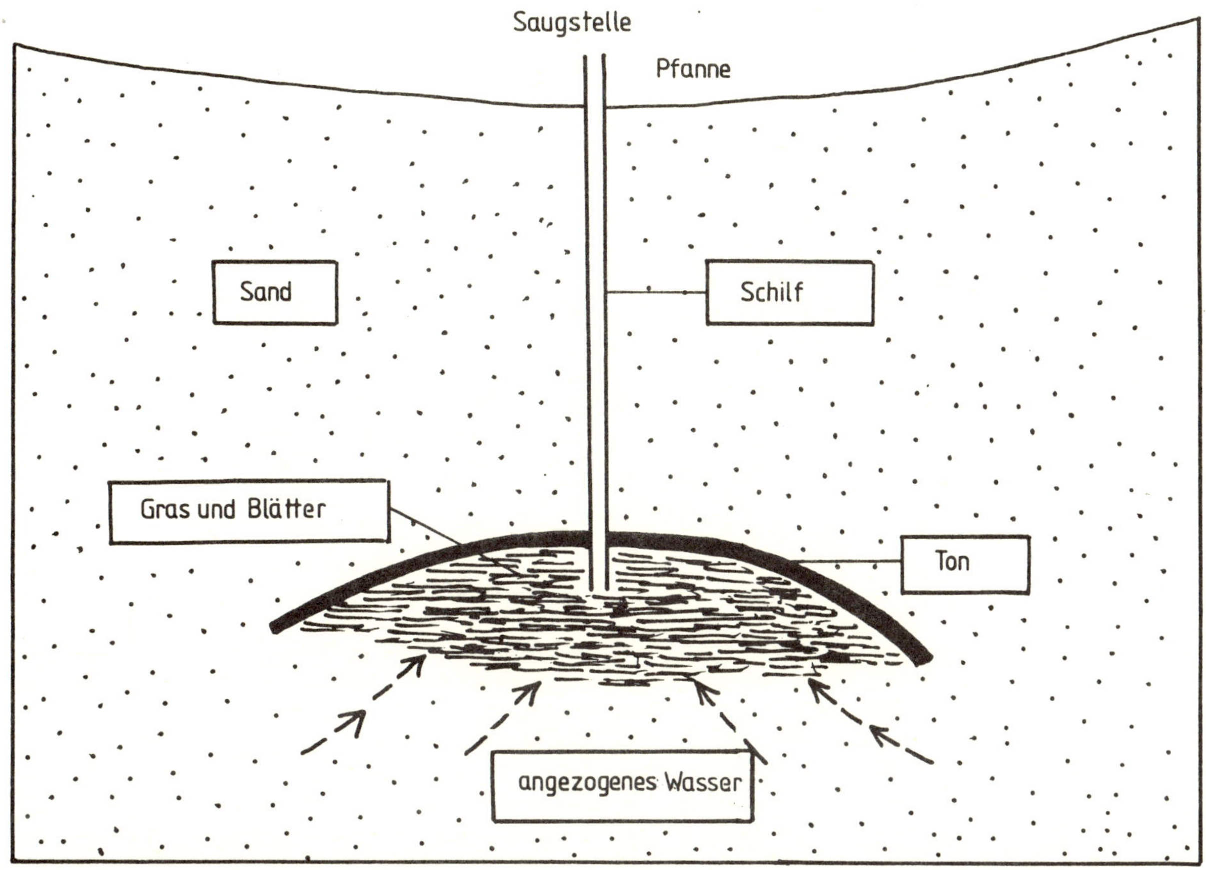

Abb. 18: Schematische Darstellung der Konstruktion eines Saugbrunnens der Buschleute

gongobaum sammeln das Wasser oberflächennah — und daher für die Buschleute leicht erreichbar (es bilden sich Wasserspeicher in Astgabeln). Es können Wassermengen bis zu 60 Liter von den Buschleuten mit Hilfe eines saugkräftigen Grasbüschels aus den Hohlräumen geholt werden. Die Borassuspalme muß vor der Wasserentnahme entsprechend präpariert werden. Dazu bohrt man den Stamm der Palme in mittlerer Höhe an, kratzt das Palmmark heraus und verschließt den so erzeugten Hohlraum. In dieser Höhle sammelt sich nach einiger Zeit Wasser, das die Pflanze mit ihren tiefgehenden Wurzeln aus dem Erdreich zieht.

Um auf langen Wanderungen oder Sammel- und Jagdausflügen einem akuten Wassermangel vorzubeugen, vergraben die Buschleute entlang bestimmter Routen mit Wasser gefüllte Straußeneier, die sie vorher präpariert haben. Auf der einen Seite des Eies wird dazu ein Loch gebohrt und der Dotter mit Hilfe eines Grashalmes herausgesaugt. Der Inhalt entspricht der Menge

Abb. 19: Affenbrotbäume (Adansonia digitata) werden von den Buschleuten als Wasserspender genutzt (EBERLE, 1990)

von ca. 20 Hühnereiern und ergibt in Asche gebacken ein großes, schmackhaftes Omelett, was für die Tageshauptmahlzeit einer größeren Familie ausreicht. Durch die bis zu 3 mm dicke Schale besitzt die Eihülle eine große Festigkeit. Das Ei kann ungefähr einen Viertelliter Wasser aufnehmen. Um zu verhindern, daß das Wasser verdunstet oder verunreinigt, wird das Loch in der Schale nach dem Füllen mit einem Pfropfen aus Gras und Erde verstopft.
Drei bis vier dieser wassergefüllten Eier werden auf einem Jagd- oder Sammelzug an bestimmten Stellen vergraben, damit auf dem Rückweg genügend Wasser vorhanden ist.
In äußersten Notsituationen wird in einem raffinierten Verfahren der eigene Urin destilliert und wieder getrunken. Dazu gibt der Buschmann Urin in eine kleine runde Bodenvertiefung ab. Eine Melone wird halbiert, das Fruchtfleisch herausgenommen und am unteren Rand der Halbschale eine Auffangrinne aus einem trockenen Blatt angebracht. Das kuppelartige Gebilde wird über die Bodenvertiefung gesetzt. Durch die Erwärmung steigt die Feuchtigkeit nach oben und kondensiert in Form eines Destillates an der Innenseite der Halbschale, wodurch sich in der Auffangrinne geringe Flüssigkeitsmengen ansammeln. Die organischen Verbindungen (Harnstoff und Harnsäure) bleiben dagegen in der Erde zurück.
Diese Methoden der Wassergewinnung und -nutzung zeigen, neben der physischen Anpassung der Buschleute, auch eine kulturelle Anpassung an ihre lebensfeindliche Umwelt.

V.5. Die Ureinwohner verfügen über beachtliche Fähigkeiten bei der Herstellung von Jagdgeräten und deren Verwendung

Die Buschleute der Kalahari zeigen sich höchst unabhängig, und dies nicht nur in bezug auf Nahrung und Wasser, sondern genauso bezüglich ihrer persönlichen Gebrauchsgegenstände. Sie fertigen ihre eigenen Werkzeuge, Kleider und Waffen an und sind stets damit beschäftigt, irgend etwas herzustellen, ob es nun Spielzeug für die Kinder ist oder Pfeil und Bogen für die Jagd. Diese Fertigkeiten werden seit Generationen weitergegeben, so daß die Methoden teilweise ein bedeutendes Alter erreicht haben. Ein kleiner Lederbeutel dient den Männern zur Aufbewahrung von Tabak und Pfeife, von Pfeilspitzen, geflochtenen Grasschnüren für Fallen und einem Schabmesser aus Stein oder Knochen. Die Jagdgeräte werden in einem Tragebeutel aus Gazellenleder verstaut, der mit einem Fellriemen so über die Schulter gehängt wird, daß er den Jäger nicht behindert.
Die Bauweise eines Pfeiles entspricht optimal der erwünschten Wirkung. Ein Buschmann braucht etwa zwei Tage, um die Einzelteile für einen Satz von 6 Pfeilen vorzubereiten und zusammenzusetzen. Die Pfeilspitze wird aus einem etwa 10 cm langen Stück starken Drahtes oder einem Nagel gehämmert. Fehlen diese Materialien, wird in traditioneller Weise ein Kno-

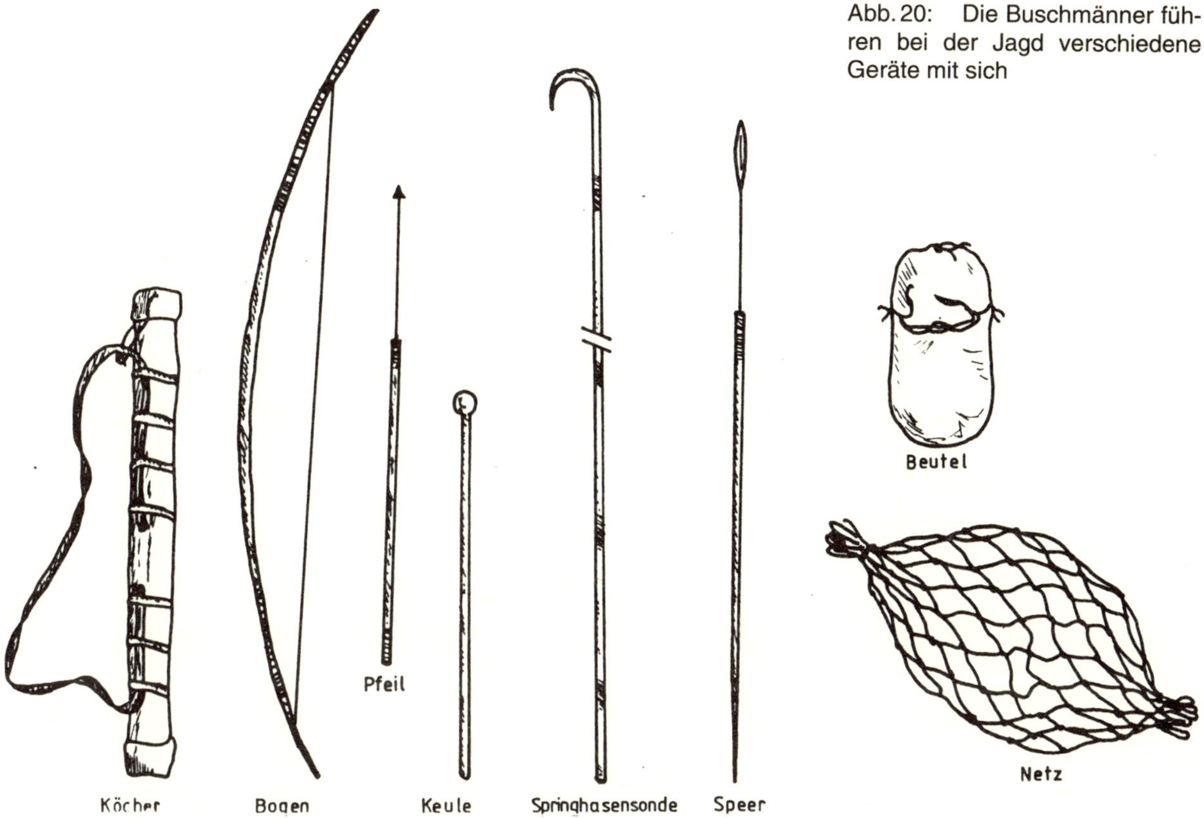

Abb. 20: Die Buschmänner führen bei der Jagd verschiedene Geräte mit sich

chen oder der getrocknete und gehärtete Kern des Oryx-Gehörns verwendet. Das eine Ende des Metalls wird durch Hammerschläge abgeflacht und mit einer Feile in die typische breite Form einer Pfeilspitze gebracht. Diese Spitze sitzt auf einem etwa 6 cm kurzen vergifteten Vorderschaft, der nun (zusammen mit der Pfeilspitze) auf einen etwa 35 cm langen biegsamen Stengel als Hauptschaft aufgesteckt wird.* Die eigentlichen Pfeilspitzen sind sehr leicht und werden daher nur mit dem gerade notwendigen Kraftaufwand abgeschossen. Da die Pfeile zu klein sind, verursachen sie keine tödlichen Wunden, was jedoch beim Einsatz von Gift auch nicht notwendig ist. Wenn der Pfeil sein Ziel trifft, sollen die Spitze und der kurze Vorderschaft in der Wunde steckenbleiben und das Pfeilgift in den Blutstrom des Körpers bringen, während der lange Hauptschaft sich löst und abfällt.

Für den Buschmann hat diese Technik folgende Vorteile: Zum einen kann er die Transportschäfte einsammeln und wiederverwenden, zum anderen streift das verwundete Tier den vergifte-

* Als Material für den Schaft bevorzugen die !Kung die Grasart Phragmites communis, auch Schilfrohr genannt.

ten Teil nicht so leicht ab. Der Vorderschaft und beide Enden des Hauptschaftes werden manchmal noch verstärkt, indem man sie mit klebrigen Sehnen verschnürt. Das soll ein Splittern beim Spannen des Bogens oder beim Aufprall verhindern. Auch der Stiel der Metallspitze wird auf die gleiche Weise bis zum Rohrstück umwickelt, damit das Gift besser an der rauhen Oberfläche haften bleibt.

Ihre Pfeilköcher stellen die Buschmänner aus den Ästen des Köcherbaumes (Aloe dichotoma und Aloe pillansii) oder aus der Wurzel von Acacia reficiens, A. tortilis oder der Borke des Kameldorns (A. erioloba) her. Soll die Borke verarbeitet werden, wird ein gerades Stück Holz gewünschter Länge und Stärke vom Baum abgeschnitten und dann vorsichtig über dem Feuer erhitzt, bis sich die Rinde ausdehnt und ablöst (Abb. 20).

Der Jagdbogen ist den Pfeilen entsprechend leicht gebaut und besteht meist aus dem rötlichen Holz der »Silbertraube«, die auch »graue Grewia«* genannt wird. Der Jagdbogen wird in der Mitte und an den Enden durch Sehnenverschnürungen verstärkt. Er ist etwa einen Meter lang, in der Mitte 2 bis 3 cm dick und läuft an beiden Enden spitz zu. Die Bogensehne besteht aus zwei geflochtenen Sehnenstücken, die aus den Beinen der Giraffe oder aus dem Rücken der Elenantilope stammen. Die Spannung wird nach dem Klang beim Zupfen der Sehne bestimmt, die dann etwa 20 cm zurückgezogen werden kann. Bogen und Sehne werden anschließend mit Fett eingerieben. Allerdings wären derart leichte Waffen sowohl zum Jagen als auch für den Kampf völlig unzureichend, wenn die Pfeile nicht, wie bereits mehrfach erwähnt, mit Gift bestrichen wären (Abb. 20).

Die Verwendung von Gift ist mit Sicherheit die am höchsten entwickelte Kunst der Buschleute. Es gibt verschiedene Arten von Giften, die sich sowohl regional als auch nach den jeweiligen Verwendungszwecken unterscheiden. In den östlichen und nordöstlichen Gebieten der Kalahari nutzen die Buschleute den Saft einer Zwiebel (Boophane disticha), die bei den frühen Kolonisten als »Giftbol« bekannt war. Das durch Kochen gewonnene toxische Alkaloid »Haemanthin« wird in Form eines Extraktes verwendet. In der südlichen Kalahari stellen die Buschleute ein wirkungsvolles Gemisch aus Schlangengift (welches aus den Giftdrüsen der Mamba und der Kobra gewonnen wird) und dem Milchsaft von Euphorbia mauritanica her. Die mehr im Norden lebenden Buschmänner erfanden eine ähnliche Mischung, bei der sie zerstoßene Skorpione und Spinnen hinzufügten. Diese Methoden sind heute nicht mehr in Gebrauch.

Das am häufigsten genutzte Gift wird aus den Larven einiger Arten der Flohkäfer, besonders der Gattungen Diamphidia gewonnen. Die Buschleute bezeichnen die Larve mit »Ngwa, Ngria, Kaa oder Gai«. Sie ernährt sich nahezu ausschließlich von den Blättern der Stammsukkulente Commiphora africana. Treten diese Käfer in einer bestimmten Gegend in größeren Mengen auf, graben die Buschmänner die etwa 30–40 cm tief gelegenen Kokons, in denen die Larven stecken, in der Nähe der genannten Bäume aus und bewahren sie in einem Antilopenhorn für den späteren Gebrauch auf.

Sowohl die Larve als auch der sie umhüllende Kokon enthalten starke Toxine. Als Hauptwirkstoff gilt ein toxisches Protein mit einem Molekulargewicht von 60 000 Dalton, das möglicherweise der Hämolymphe entstammt. Dieses Diamphidia-Toxin wirkt sowohl stark hämolytisch und kardiotoxisch als auch neurotoxisch. Im kleinmolekularen Anteil des Larvenextraktes wurden toxische Eigenschaften festgestellt. Da es sich dabei um ein sehr labiles Toxin handelt, gelang die Reindarstellung bislang nicht. Die Herkunft des Toxins

* Grewia monticola.

der Käferlarve Diamphidia simplex ist bisher noch nicht bekannt (MEBS, 1982).

Will ein Buschmann einen Pfeil mit dem Gift der Ngwa-Larve präparieren, benötigt er dafür mehrere Kokons, die er aus dem Horn-Behälter auf ein Stück Fell schüttet. Die Kokons werden mit größter Vorsicht geöffnet und die Larven herausgenommen. Damit das Innere geschmeidig bleibt, wird jede einzelne in der Handfläche sorgfältig unter ganz leichtem Druck hin und her gerollt. Dabei ist äußerste Vorsicht geboten, damit die Haut der Larve nicht platzt. Nun wird die Larve mit den Fingernägeln geköpft oder ihr vorsichtig ein Vorderbein entfernt, damit die gelb-rötliche Flüssigkeit des Körpers in eine kleine Holzschale ausgedrückt werden kann. Die Buschleute zerkauen solange einige Rindenstücke der immergrünen Silber-Terminalia (Terminalia sericea), bis sich in Verbindung mit dem Speichel eine bitterschmeckende grüne Flüssigkeit gebildet hat. Diese vermischen sie mit dem Körpersaft der Larve in der Schale. Die Terminalia sericea enthält das Glykosid »Neriifolin«, das eine pulssteigernde Wirkung besitzt, wie wir durch eigene Erfahrung feststellen konnten.

Von deutschen Wissenschaftlern wurde verschiedentlich der Einwand gebracht, daß das Neriifolin im Blutkreislauf nur langsam zu wirken beginnt, so daß bei einem getroffenen Wild die letale Phase erst spät herbeigeführt wird. Bei unserer letzten Expedition entschlossen wir uns daher zu einem Eigenversuch, um dieser Behauptung nachzugehen. Einer der Autoren war mutig genug, die Terminalia-Blätter gut durchzukauen, wobei vorher die Pulsrate gemessen wurde, die bei 68 lag. Während der 2-minütigen Kauzeit erhöhte sich die Rate auf 86. Vom Zeitpunkt des Schluckens an wurden folgende Raten gemessen:

60 sek.	nach	dem	Schlucken	122	Pulsschläge
120 sek.	"	"	"	163	"
180 sek.	"	"	"	178	"
240 sek.	"	"	"	182	"
300 sek.	"	"	"	184	"
360 sek.	"	"	"	179	"
420 sek.	"	"	"	164	"
480 sek.	"	"	"	160	"
600 sek.	"	"	"	146	"
20 min.	"	"	"	138	"
25 min.	"	"	"	124	"
60 min.	"	"	"	120	"

Eine nennenswerte körperliche Tätigkeit fand nicht statt. Erst nach etwa 4 Stunden wurde wieder ein Pulsschlag von 78 gemessen. Ohne auf weitere Umstände wie Außentemperatur, Blattmenge, Bewegung usw. einzugehen, darf gesagt werden, daß die Wirkung des Neriifolins sichtlich meßbar ist und sich der Pulsschlag nur langsam wieder normalisiert.

Dieses Gemisch wird direkt hinter der Pfeilspitze aufgetragen und dann entweder über dem Feuer oder in der Sonne getrocknet. Oft wird nach dem Trocknen noch eine zweite, dickere Schicht aufgestrichen.
Das Gift wirkt nur, wenn es mit Blut in Verbindung kommt. Gelangt es aber erst einmal in den Blutstrom, ist schon eine winzige Menge davon für Mensch und Tier tödlich. Nach der Verletzung eines Tieres mit einem Pfeil treten ziemlich schnell Krämpfe, Bewegungs- und Atmungsstörungen auf, wobei gleichzeitig das Neriifolin der Pflanze zu einer Beschleunigung der Herz-Kreislauffunktion und damit zu einer schnelleren Ausbreitung des Giftes im Körper führt. Je nach Größe, Konstitution und Alter geht das Tier nach 12–36 Stunden zugrunde. Das Pfeilgift ist zwar eine wesentliche Hilfe im Leben der Buschleute, gleichzeitig aber auch eine Bedrohung. Die geringste Verletzung mit einem Giftpfeil führt auch bei ihnen zum Tode.

Der Missionar John CAMPBELL (1840) beschreibt eindrucksvoll in seinem vor 150 Jahren verfaßten Tagebuch die Wirkung des Pfeilgiftes auf Menschen, indem er erzählt, wie einer seiner Begleiter von einem Pfeil an der Schulter getroffen wurde:

> »Wir taten für den armen Verletzten alles, was in unserer Macht stand, schnitten das Fleisch rund um die Einschußstelle heraus, träufelten ›Eau de luce‹ auf die Wunde und versuchten, seine Schmerzen mit Opiumtinktur zu lindern. Er stöhnte aber die ganze Nacht hindurch. Am nächsten Tag gegen Mittag wurden seine Schmerzen so stark, daß wir anhalten und ihn unter einen Busch legen mußten, von wo er sich niemals wieder erheben sollte. Er sah schrecklich aus, besonders Kopf und Hals waren stark geschwollen. Sein ganzer Körper wirkte aufgedunsen. Er sagte, er fühle, wie das Gift sich langsam bis in die Zehenspitzen vorarbeite und dann in gleicher Weise in den Körper zurückflute. Dabei schwoll sein Körper immer mehr an ... Er glaubte schließlich, die größte Konzentration des Gifts in einer Wange zu spüren und forderte uns auf, ihm die Wange aufzuschneiden, was wir allerdings nicht taten, wußten wir doch, wie hoffnungslos der Fall war. Der Buschmann, der uns begleitete, sagte bereits morgens, der Verletzte würde sofort nach Sonnenuntergang sterben. Genauso geschah es. Kaum war die Sonne am Horizont verschwunden, tat er seinen letzten Atemzug. Sein Gesichtsausdruck war durch die Schwellung fürchterlich entstellt. Eine Augenbraue hatte die Größe eines Gänseeis.«

Wann die Buschleute den Nutzen des Giftes entdeckten und damit zu jagen begannen, läßt sich nicht genau nachweisen. Pfeilspitzen, die man an steinzeitlichen Lagerplätzen im südlichen Afrika fand, bestätigen aber, daß Giftpfeile, wie sie die Buschleute heute noch benutzen, schon vor mindestens 5000 Jahren bekannt waren. Früher klebten sie Quarzsplitter mit Pflanzenharz auf die Pfeilspitzen oder sie schnitzten sie aus Elfenbein und Knochen, die dann z. B. mit Gesteinssplittern oder angeklebten Spitzen von Stachelschweinborsten als Widerhaken versehen wurden. Heute, bedingt durch den Handel mit anderen Völkern, stellen die Buschleute ihre Pfeilspitzen meist aus Zaunspanndraht her oder schneiden sie aus Cola- oder Bierdosen.

Für geringe Jagdentfernungen benutzen die Buschleute anstelle von Pfeil und Bogen bisweilen auch vergiftete Wurfspeere. Aus fischreichen Teichen holen sie ihre Nahrung, indem sie das Wasser mit Euphorbia-»Milch«-Saft vergiften und damit die Tiere betäuben bzw. lähmen.

Außer der Jagd mit vergifteten Pfeilen oder Speeren benutzen sie, je nach Jagdwild, auch andere Jagdtechniken. Bei verschiedenen Besuchen kleiner Siedlungen in der Zentral-Kalahari fielen uns lange Stangen mit eisernen Dornen oder Widerhaken auf. Dieses Gerät wird als Springhasensonde bezeichnet und besteht aus einem dünnen elastischen Grewia-Buschast. Die Sonde kann eine Länge bis zu 5 m besitzen, wobei mehrere Astteile miteinander verbunden werden (Abb. 20).

Die Springhasen haben sich überwiegend in den durch Viehzucht überweideten Arealen angesiedelt — ähnlich wie in Australien die Kaninchen — und stark vermehrt. Die Tiere werden sowohl von den Buschleuten gegessen als auch gegen andere Waren bei den Bantu eingetauscht. 1988 sollen nach verschiedenen Informationen in der Kalahari über 3,2 Millionen Springhasen gefangen worden sein. Wenn man den Wert des Tieres als »Fleischlieferant« in Rechnung stellt, so kommt dieser Jagd eine besondere Bedeutung bei den Buschleuten zu.

Zum Erschlagen angeschossener bzw. in die Enge getriebener Tiere oder zum Werfen nach Vögeln verwenden sie aus Kameldornholz geschnitzte schwere Keulen. Für den Fang von kleineren Antilopen fertigen die Buschleute

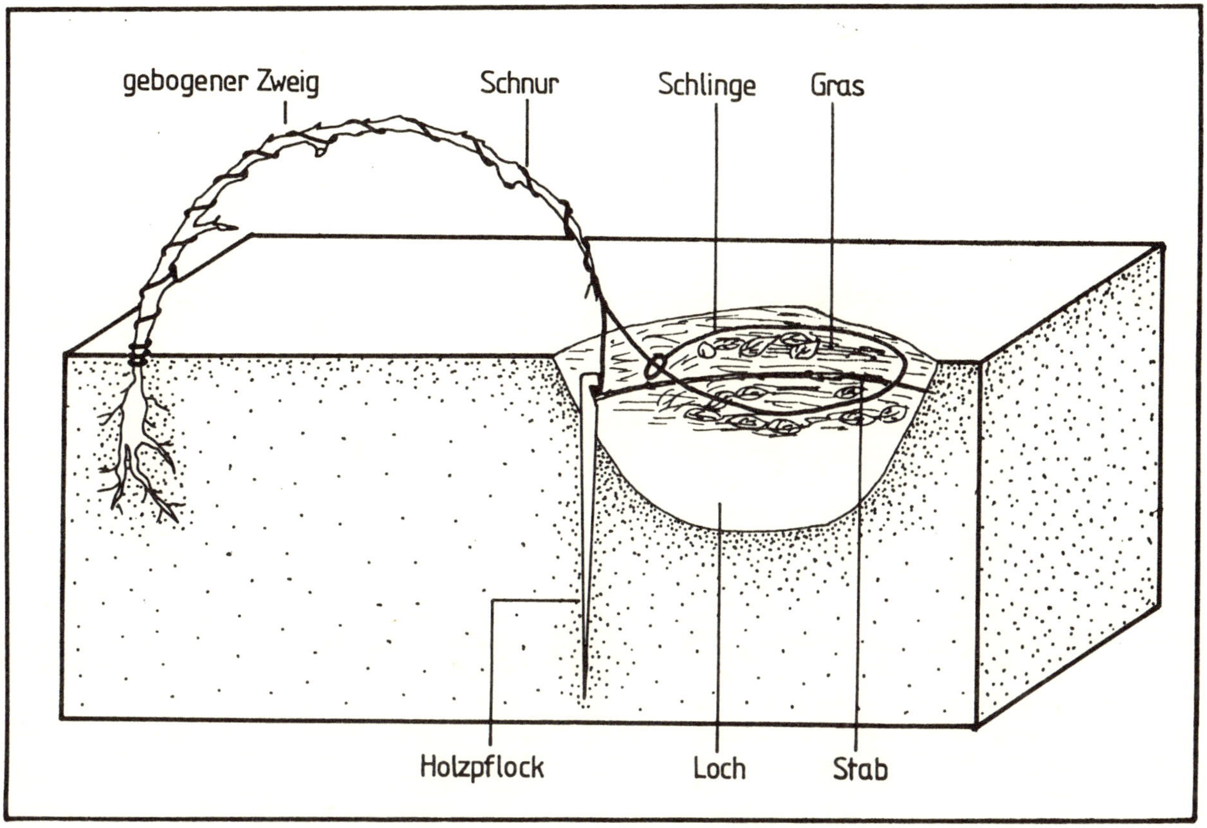

Abb. 21: Konstruktion einer Schwippgalgenfalle zum Fangen von Wildtieren

Schling-, Schwippgalgen- und Schlagfallen in den unterschiedlichsten Ausführungen an.
Die Schnüre von Schlingenfallen werden von den !Kung meist aus Blattfasern der Pflanze Sansiveria scabrifolia hergestellt (Abb. 21).
Die Elefantenjagd, wie sie in alten Zeiten üblich war, wird auch heute noch gelegentlich ausgeübt.* Dabei schleicht sich der Jäger von hinten an ein Einzeltier und zerschneidet ihm mit geschickten Axthieben die Fußsehnen der Hinterbeine, so daß der Elefant gelähmt oder zumindest behindert ist. Dann wird das Tier ohne Risiko mit Speeren getötet.
Sehr junge Antilopen werden manchmal in schnellem Lauf bis zur Erschöpfung gehetzt und dann gefangen oder mit der Wurfkeule erschla-

* Auf unserer Expedition im Sommer 1987 wurde uns von einem begleitenden Polizeioffizier mitgeteilt, daß es den !Kung im Buschmannland (Namibia) verboten sei, Großtiere wie Elefanten oder Giraffen zu jagen.

gen. Vögel und kleine Säugetiere fangen die Buschleute in kunstvoll angelegten Fallen; Stachelschweine, Ameisenbären und Warzenschweine treibt man mit Rauch aus ihren Bauen oder gräbt sie von oben her aus und erlegt sie mit dem Speer. Die große Leoparden-Schildkröte wird einfach auf den Rücken gerollt und vertrocknet so in ihrem eigenen Panzer in der Sonne. So bleibt sie liegen, bis sie gebraten wird.
Da die Buschleute zahlenmäßig nur wenige Jäger stellen und ihre Beute aus vielen verschiedenen Gliedern der Nahrungskette besteht, wird die Jagd so extensiv betrieben, daß darunter weder das natürliche Gleichgewicht leidet, noch dem Tierbestand in größerem Ausmaß geschadet wird.
Die Buschleute töten nur, was sie unmittelbar benötigen, und ihre Jagdmethoden sind so unauffällig, daß sie weniger stören als ein jagender Löwe oder ein Leopard, wobei sie die Tiere nicht einmal von ihren Weideplätzen verscheuchen.
Manchmal kommt es auch bei den Buschleuten zu Jagdunfällen, wie die Schilderung von MARSHALL-THOMAS (1959) eindrucksvoll beweist:

> »Short Kwi war berühmt als Jäger. Er erlegte oft mehr Wild in einem Jahr als andere Buschmänner in ihrem ganzen Leben; ein großer Jäger unter einem Volk von Jägern. Die anderen Buschleute erzählten Geschichten über ihn — über die Zeit, als er ein Eland, ein Wildebeest und ein Wildpig an einem einzigen Tag erlegt hatte. Er wußte, wann er in Gefahr war und wann sicher, und er war ebenso tapfer wie vorsichtig.
> Manchmal jagte er mit anderen Buschmännern zusammen, aber meistens war er allein. Er kannte jeden Busch und jeden Stein in dem Gebiet von Tausenden von Quadratmeilen, in dem er umherzog. Er lebte für die Jagd.
> Da er mehr an seiner Passion als an der Gemeinschaft hing, lebte er für lange Zeiträume alleine im Busch zusammen mit seiner Frau — jung, intelligent, fröhlich und hübsch —, die Short Kwi sehr ergeben war, seiner kleinen Tochter und seiner Schwiegermutter.
> Short Kwi war ein junger Mann, kleiner noch als seine Frau und so dünn, daß er fast wie ein Kind aussah. Mit langen, leichten Füßen, die ihn überallhin trugen, mit breiten Oberschenkeln, aber dünnen Waden — wie die leichten Unterschenkel eines Jagdhundes — und mit einer schmalen, tiefen Brust und Lungen, die nie außer Atem kamen. Er war offensichtlich für die Jagd geschaffen.
>
> Eines Tages war Short Kwi hinaus in den Busch zur Jagd gegangen und hatte es versäumt, darauf zu achten, wohin er seinen Fuß setzte.
> Er trat auf den Schwanz einer Puffotter, die aufschreckte und ihn in sein Bein biß, etwas unterhalb des Knies. Es war ein seltener und schrecklicher Unfall. Und seit diesem Tag hatten seine Verwandten kein Fleisch mehr gehabt.
> Als wir kamen, um Short Kwi zu sehen, wurden wir ans entfernteste Ende des Lagers geführt, hinter eine Ansammlung von Büschen. Er saß bei seiner Frau und seiner Tochter neben der Asche seines Feuers, und wir hielten den Atem an, als wir ihn sahen. Er sah sehr dünn aus, nicht größer als ein Kind, und seine fahle Haut spannte sich über seine fleischlosen Knochen. Sein Bein war unter einer Decke versteckt, seine Hände aber waren so dünn und zerbrechlich wie die eines Mädchens, und seine Augen wirkten riesig. Wir baten Short Kwi, uns das Bein zu zeigen. Er schlug die Decke zurück und wickelte die Fetzen ab, mit denen es verbunden war. Es sah noch schlimmer aus, als man es uns erzählt hatte. Alles war tot und schwarz bis zur Fessel, darüber war das Fleisch bis zum Knochen verfault, der nun grau aussah.
> Aber während der Fuß verfaulte und trocken war, verfaulte das Bein und war naß: Es setzte eine schwarze Flüssigkeit ab. Es war Brand. Wir mußten unsere Augen davon abwenden.

Als Short Kwi das bemerkte, schaute er leise zu Boden auf sein ruiniertes schwarzes Bein und bedeckte es dann wieder mit seiner Decke.
Jemand nannte ein ungewöhnliches und kaum bekanntes Wort. Das Wort hieß ›docteri‹, die Bezeichnung für einen europäischen Doktor. Kwis Frau hatte es nicht verstanden und fragte nach. Er antwortete ihr sanft auf eine männliche und herzliche Art: ›Ein Medizinmann der Europäer‹. ›So‹, sagte sie nur.
(Die Forschungsgruppe um die Marshall-Familie sorgte dafür, daß Short Kwi zusammen mit seiner Familie zum Arzt nach Windhoek gebracht wurde.)
Die Buschleute sagten, er wäre noch glücklich, mit dem Leben davongekommen zu sein. Ich fühlte, daß er glücklicher war als sie glaubten — wegen seiner Frau, dieser ruhigen, gütigen, sanften, schönen Frau und seiner ernsten kleinen Tochter, dem Ebenbild ihrer Mutter. Die anderen Buschleute hatten geglaubt, daß Short Kwis Frau ihn verlassen würde für einen besseren Mann, aber sie hatte es nicht getan und wird es auch nicht tun. Er war nach alledem immer noch derselbe Ehemann, nur trauriger.«

V.6. Lauf-, Flug- und Schwimmtiere als Fleischnahrungsquelle der Jäger

Eine große Anzahl von Tieren hat sich der kargen Umwelt ausgezeichnet angepaßt. Manche von ihnen sind physiologisch so ausgestattet, daß sie alle notwendige Feuchtigkeit durch ihre Nahrung beziehen (Felsen-Python). Andere Tiere entwickelten Gewohnheiten, die ihre Widerstandskraft vergrößern. Viele von ihnen können wasserhaltige Zwiebeln und Wurzeln mit ihren Sinnen wahrnehmen, die sie mit den Pfoten (Schakale) oder mit den Hufen ausgraben (verschiedene Antilopen). Andere besitzen die Fähigkeit, Regen auf große Entfernung zu wittern und ziehen dann sofort dorthin (Gnus). Wieder andere halten sich nur während der Regenzeit in der Kalahari auf und leben danach in der Nähe ständig wasserführender Quellen in den Randgebieten (Elen-Antilope).
Für die Buschleute bildet diese Tiervielfalt eine lebende Nahrungsreserve. Obwohl Fleisch auf ihrem Speisezettel nur ca. 10–30% der Ernährung ausmacht, wird es als Beigabe zur vegetarischen Grundnahrung hoch geschätzt.
Die früher häufigeren Elenantilopen ziehen immer seltener durch die Kalahari. Sie weiden in den Dickichten und gewinnen die für sie notwendige Flüssigkeit aus Gräsern, Blättern und Melonen.
Im Verhältnis zum Kraftaufwand bei der Jagd ist ein Elenbulle mit seinem Gewicht von rund einer Tonne eine lohnende Beute. Außerdem wird diese Antilope ihres Fettes wegen, von dem sie — im Gegensatz zu anderen Antilopenarten — viel besitzt, hoch geschätzt. Die Buschleute reiben sich dieses Fett in die Haut und auf die hölzernen Griffe ihrer Werkzeuge oder mischen es mit zerstoßenem rotem Sand zu Farbe, mit der sie auch das Gesicht einer Braut während der Hochzeit bemalen.*
Das kräftige Unterholz der Dickichte bietet Schutz und Nahrung für Insekten und Insektenfresser wie Spinnen, Skorpione, Eidechsen und Vögel. Bäume und Büsche locken große und kleine Pflanzenfresser an, angefangen bei winzigen Nagetieren und kleinen Antilopen wie etwa dem einzelgängerischen Steinböckchen, dem Ducker, und den in Rudeln lebenden Springböcken bis hin zur Oryx-Antilope. Greifvögel, Insektenfresser und kleine Fleischfresser wie Schakal, Löffelhund, Erdwolf, Karakal, Ginsterkatze und Wildkatze ernähren sich hier von Insekten, Mäusen, Erdhörnchen, Vögeln, Hasen und Schlangen.

---

* Eine andere rote Farbe wird aus einer Mischung aus Fett und zur Pulverform zerriebener kleiner Rindenstückchen des Msasa-Baums (Brachystegia spiciformis) hergestellt.

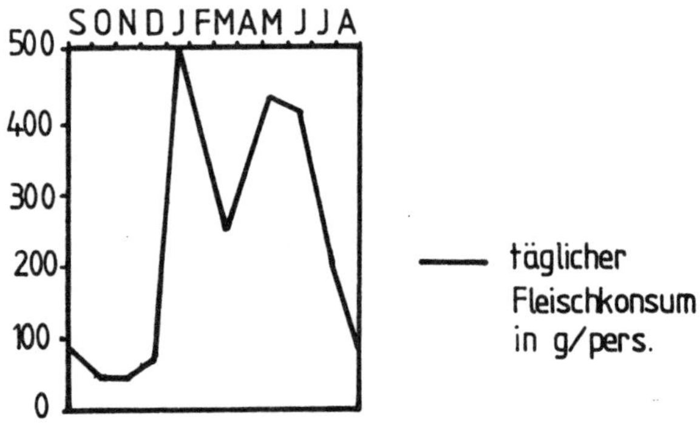

Abb. 22: Durchschnittlicher täglicher Fleischverbrauch in Gramm pro Person in den einzelnen Monaten bei den G/wi-Buschleuten (nach SILBERBAUER, 1972)

In eine solche Umwelt passen diese Menschen in vieler Hinsicht. Sie wetteifern mit den Tieren um Wasser, schnappen mit ihren Fallen den kleinen Fleischfressern die Beute weg, rivalisieren mit Löwen und anderen Raubtieren um Großwild und machen den Aasfressern die noch frische Nahrung streitig. Wenn Löwen Beute gerissen haben, wissen die Buschmänner genau, wann deren Hunger gestillt ist. Diesen Zeitpunkt nutzen sie, um die großen Katzen fortzutreiben und sich das restliche Fleisch selbst zu holen (Abb. 22).

In bezug auf den Nahrungserwerb herrscht bei ihnen Arbeitsteilung. Der Mann muß auf seinen Jagdausflügen das Fleisch für die Familie besorgen. Der tägliche Verzehr an Fleisch pro Kopf beträgt durchschnittlich ca. 300 g, wobei die Fleischversorgung in der Regenzeit wesentlich günstiger als in der Trockenzeit ist. Damit erreichen die Buschleute im Vergleich zu anderen Jäger- und Sammlerpopulationen Spitzenwerte. Vergleicht man das Verhältnis von pflanzlicher zu tierischer Nahrung, so ergibt sich jedoch etwa ein Verhältnis von 70:30 (!Kung). Dem Sammeln kommt daher die größere Bedeutung zu.

VI. NAHRUNGS- UND HEILMITTEL AUS DER VEGETATION DER KALAHARI

VI.1. Pflanzen, Knollen und Früchte dienen auf vielfältige Weise der Ernährung und bestimmen den Jahresablauf einer Gruppe

Die Kalaharivegetation ist sehr vielfältig und abwechslungsreich. Einzelne »Biotopinseln« ermöglichen den Buschleuten ein Leben als Jäger und Sammler, da eine Vielzahl von Pflanzenarten sich auf unterschiedlichste Art und Weise nutzen läßt.

So konnten wir insgesamt über 200 Wildpflanzen zur Ernährung feststellen und auch zu einem großen Teil ausprobieren. Diesen sind noch mehr als 28 Genußmittel-Pflanzen hinzuzuzählen. Für fast alle menschlichen Bedürfnisse, von der Ernährung über Heilmittel bis zur Anfertigung von Gebrauchsgegenständen, sind in der Kalahari-Vegetation entsprechende Pflanzen zu finden (KREMNITZ / KNIES / KREMNITZ, 1988).

Das Leben der Buschleute war eng mit den Abläufen in der Natur verzahnt und kulturprägend. Pflanzliche Nahrung bildete die Ernährungsgrundlage für die einzelnen Gruppen, wobei das Verhältnis von pflanzlicher zu tierischer Nahrung von Gruppe zu Gruppe variierte. Wenn auch, wie bereits erwähnt, in dem wildreicheren Gebiet der !Kung dieses Verhältnis 70:30 betrug, so müssen die in der Zentralkalahari lebenden G/wi zu 90 % auf pflanzliche Nahrung zurückgreifen. Das Sammeln von Pflanzen ist zum überwiegenden Teil der Frau vorbehalten.

Früh am Morgen ziehen die Frauen in Gruppen hinaus in den Busch, wobei sie die zur Sammeltätigkeit notwendigen Utensilien mit sich führen.

Das Besitztum der Frauen besteht aus drei wichtigen Dingen: Der Lederumhang (Karoß), der, wie schon erwähnt, eine Art Tragtasche für Wurzeln, Beeren, Holz usw. bildet, dient bisweilen auch als Tragtuch für die Kinder. Neben dem Lederumhang besitzen die Frauen noch Mörser und Stößel (beide aus dem Stamm eines sehr harten Holzes wie z. B. Peltophorum africanum), womit z. B. Nüsse und Samen zermahlen werden. Das wichtigste Arbeitsgerät der Frauen ist der Grabstock, der zum Ausgraben von Wurzeln und Knollen dient. Dieser zwischen 100 und 140 cm lange Stock ist ein geschälter und im Feuer gehärteter gerader Ast der Arten Grewia flava, Dichrostachys cinerea oder Rhigozum brevispinosum (Abb. 23).

Das Grabende des Stockes wird wie eine Schreibfeder angespitzt, das andere Ende kann mit einem Stein beschwert sein.

Kleine Beeren und Früchte werden an Ort und Stelle verzehrt, größere Früchte wie Stachelgurken oder Tsama-Melonen wandern in den umgehängten Tragebeutel aus Antilopenleder (Abb. 24).

Sehen wir uns einmal an, was der »Großmarkt« Kalahari alles zu bieten hat, wobei festgestellt werden muß, daß im Rahmen dieser Betrachtung nur ein Bruchteil des »Warenangebots« an Nahrungspflanzen und der wichtigsten Heilmittel- sowie Gebrauchspflanzen besprochen werden kann.

Beginnen wir mit den Wildpflanzen, die die Buschleute als Hauptnahrungsmittel, besonders auch zur Mehlgewinnung, verwenden. Hier ist die »Weißstamm-Boscia« (Boscia albitrunca) anzuführen, die in allen Gebieten der Kalahari verbreitet ist. Die Wurzeln, die das ganze Jahr zur Verfügung stehen, werden zuerst in der

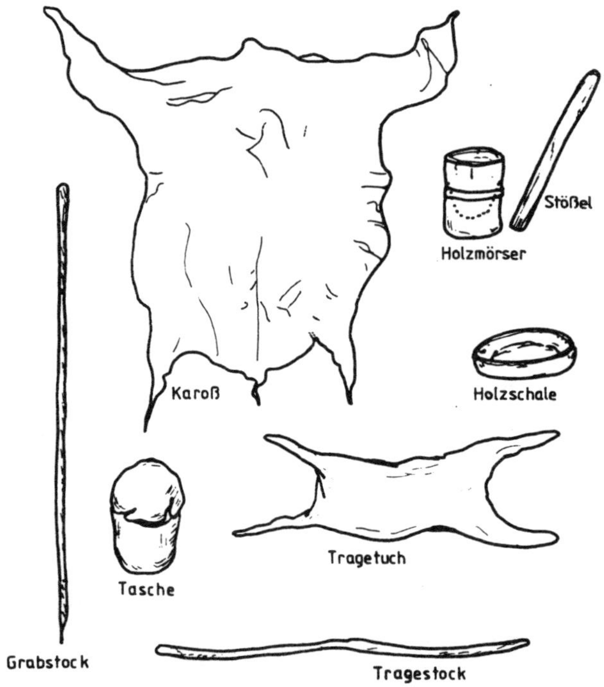

Abb. 23: Einfach, aber zweckmäßig sind die Gerätschaften der Frauen zum Sammeln von Feldfrüchten

Sonne getrocknet, dann vorsichtig in heißer Asche geröstet und nach dem Erkalten über einem Tuch (früher wird es ein gegerbtes Lederstück gewesen sein) mit den Händen zu Mehl verrieben. Dieses wohlschmeckende Mehl dient zum Verdicken und als Beimischung zu diversen, aus Blättern zubereiteten Gemüsen. Wir haben mehrfach ein aus den Blättern der »Silber-Terminalia« (Terminalia sericea) hergestelltes, mit Bosciamehl verdicktes Gemüse gegessen, das, mit einer Prise Salz versehen, äußerst wohlschmeckend und vor allem sättigend ist. Der bittere Geschmack, den rohe Terminalia-Blätter beim Kauen erzeugen, geht durch das Kochen fast vollständig verloren und damit offensichtlich auch die pulssteigernde Wirkung.

Abb. 24: Die Stachelgurke (Cucumis africanus) ist eine wichtige Nahrungspflanze der Buschleute (KOENEN, 1977)

Zur Herstellung von Mehl stehen den Buschleuten aus dem Bereich der Wildpflanzen noch andere Pflanzenarten zur Verfügung. So werden beispielsweise die gerösteten Samen des »falschen Mopanebaumes« (Guibourtia coleosperma) dazu verarbeitet. Als weitere Verwendungsmöglichkeit können die Samen und die relativ fleischigen Samenhülsen in Wasser gekocht und zu einer dicken Suppe zubereitet

werden. Im Dobe-Gebiet konnten wir eine solche Suppe probieren, die als »Schulspeisung« an Kinder von Buschleuten ausgegeben wurde.
Auch aus den gerösteten Samen der »weißen Bauhinia« (Bauhinia petersiana) und den luftgetrockneten Samenkernen des »Kamelfußblatt-Baumes« (Piliostigma thonningii) wird ein aromatisches Mehl gewonnen.
Dies sind aber nicht die einzigen Verwendungsmöglichkeiten der beiden vorher genannten Pflanzenarten. So wird durch »strenges« Rösten über in Asche gebetteten und leicht überdeckten glühenden Holzkohlestücken aus den Wurzeln der Weißstamm-Boscia ein Kaffeesurrogat gewonnen. Wird hierfür das Holz der »Purpurschoten-Terminalia« (Terminalia prunioides) verwendet, so erhält der »Kaffee« ein zimtähnliches Aroma.
Die Kalaharivegetation liefert auch hervorragende Speise-Öle. Insbesondere die Kerne der angekeimten Marulafrucht liefern ein sehr hochwertiges Öl.
Aus den Blättern, Zweigen und dem Holz des »Wachsbeerenbaumes« (Myrica serrata) wird ebenfalls ein verträgliches Öl ausgekocht. Bei den Buschleuten konnten wir diese Praxis jedoch nur einmal feststellen.
Die Anzahl der Wildpflanzen, deren Früchte von den Buschleuten roh oder gekocht verwendet werden, ist unerwartet groß. Eine Zusammenstellung ergab allein 76 Arten von Bäumen und Sträuchern. An erster Stelle stehen die fett- und proteinreichen Früchte des »Mongongobaumes« (Ricinodendron rautanenii), der nur in einigen Gebieten der !Kung wächst. Das Fruchtfleisch hat einen pflaumenähnlichen Geschmack und wird sowohl roh als auch zu Kompott gekocht genossen. Die großen mandelähnlichen und auch so schmeckenden Samenkerne bilden für die Buschleute ebenfalls ein wesentliches Nahrungsmittel. Sie werden als Vorrat aufbewahrt. Die Schalen sind jedoch so hart, daß sie mit den bei uns üblichen Nußknackern kaum geöffnet werden können. Allein für diesen Zweck besitzt jede Familie zwei »Nußknackersteine«, die zum wertvollen Familieninventar zählen und immer mitgeschleppt werden, da Steine in der Kalahari eine ausgesprochene Rarität sind.
Ebenso wichtig und wertvoll wie die Früchte des Mongongobaumes sind diejenigen des Marulabaumes. Diese Früchte ähneln unserer europäischen Pflaume. Das Fruchtfleisch und der Fruchtsaft schmecken köstlich süß und würzig, und die Fruchtkerne enthalten einen hohen Anteil an Öl und Proteinen.
Als weiterer Hauptlieferant der Buschmann-Nahrungsmittel sind die verschiedenen Arten der »Rosinenbüsche« (Grewia sp.) zu nennen. Von einigen Arten werden die Früchte roh oder in Suppen und manchmal auch als Porridge gegessen. Andere werden getrocknet; dadurch erhalten sie für Monate eine gewisse Lagerfähigkeit und dienen in der Winterzeit als willkommene Bereicherung des Nahrungsangebots.
Die Buschleute in der Kalahari müssen auch nicht auf gewisse »Genußmittel« verzichten. So ergibt der ausfließende Zellsaft der verschiedenen Akazien und Terminalien, besonders der des »Süßdorns« (Acacia karroo), beim Anritzen des Stammes oder eines Astes — an der Luft verdickt — eine Art »Gummibärchen«, das aromatisch und süß schmeckt. Im Caprivi-, Chobe- und Moremi-Gebiet kommt die kastanienblättrige »Schokoladenbeere« (Vitex payos) vor, deren etwa 2 cm große, im ausgereiften Zustand schwarze Frucht beinahe den Geschmack von Kaffeeschokolade aufweist.
Der Mopanebaum lockt in großen Scharen den sogenannten »Mopanewurm« (Gonimbrasia belina) an, der sich die Blätter als Lieblingsnahrung ausgesucht hat. Diese Raupen (einer Mottenart) lieben die Eingeborenen als besondere Delikatesse und Proteinspender. Sie werden geröstet gegessen oder für längere Lagerzeit getrocknet und haltbar gemacht. Die Blätter des

Mopanebaumes werden von Insekten heimgesucht, die an ihnen saugen. Aus den Anstichstellen tritt der Zellsaft aus, kristallisiert an der Luft zu Fruchtzucker und schmeckt dann wie ein Bonbon, welches auch die Expeditionsmitglieder probiert haben.
Die Buschleute der Kalahari gewinnen ihren eigenen Schnupftabak. Die Blätter zweier Aloe-Arten (A. littoralis und marlothii) werden verbrannt und die Asche fein säuberlich in einem kleinen Schildkrötenpanzer oder Ledertäschchen gesammelt und hierin für längere Zeit als Schnupftabakvorrat aufbewahrt.
Die heutigen Rezepte zur Alkoholherstellung aus Früchten wurden von den Bantu übernommen. Ob die Buschleute ursprünglich Alkohol gekannt haben, läßt sich bis heute nicht sagen. Erst die in neuer Zeit seßhaft Gewordenen brauen Bier und setzen Wein an.
In einer Buschmannsiedlung konnten wir gebrannten Marulaschnaps probieren, der ein vorzügliches Aroma hatte. Aus der »Wildmispel« (Vangueria infausta) werden die Früchte zu Branntwein destilliert. Gebrannt wurde der Schnaps jedoch meistens von Schwarzen, während von den Buschmännern heute aus den Früchten des »Brandybusches« (Grewia flava) lediglich vergorener Wein und Bier hergestellt werden. Der vergorene Wein besitzt einen brandyähnlichen Geschmack; jedoch ist der Geruch, den das Getränk ausströmt, für uns wenig »anregend«. Viele der selbsthergestellten alkoholischen Getränke sind für unsere verwöhnten Mägen nicht besonders verträglich, und der Genuß endet oft mit einem ausgiebigen Durchfall.
Den Buschleuten sind inzwischen drei Biersorten bekannt. Sie werden aus den Früchten der »Schakalbeere« (Diospyros mespiliformis) — bei uns besser unter dem Namen »Ebony« (Holz) bekannt —, der »Diamantblatt-Euclea« (Euclea divinorum) und aus dem bereits genannten »Brandybusch« (Grewia flava) hergestellt. Jedes dieser Biere hat einen speziellen Geschmack, der sowohl von dem verwendeten Wasser als auch vom »Herstellungsrezept« abhängt. Alle diese »Biere« erinnern mehr an den bei uns bekannten »Federweißen«. Ein sorgfältig gebrautes Bier aus den genannten Früchten, mit frischem Leitungswasser und in sauberen Behältern angesetzt, ist durchaus trinkbar und schmeckt sogar recht gut. Den heutigen Buschleuten genügt das abgestandene Regenwasser aus einem Baumstamm — bekannt als Wasserspeicher sind die hohlen Stämme der Boscia albitrunca — und ein mehr oder weniger sauberer Topf für den Ansatz. Die verwendeten Früchte werden nicht ausgesucht, d.h. faule Früchte werden genauso wie die Fruchtstiele in den Topf geworfen. Den Kalaharibewohnern scheint die Tatsache auszureichen, daß es sich um eine Flüssigkeit handelt, die den Durst »stillt« und eine berauschende Wirkung erzielt. Der Geschmack spielt dabei wohl nur eine untergeordnete Rolle.
Die Pflanzenkenntnis der Buschfrauen muß früher erstaunlich gewesen sein. Nach einer Untersuchung von HEINZ und MAGUIRE (1974) identifizierte eine !Ko-Frau 183 Pflanzenarten. Diese Leistung läßt sich auf die anderen Gruppen ohne weiteres übertragen. Die Kenntnisse sind aber in den letzten 15 Jahren erschreckend zurückgegangen. Den !Kung-Buschleuten boten wir einmal einige Wildorangen — dort auch »Affenorangen« (Strychnos madagascariensis) genannt — an, die als »giftig« zurückgewiesen wurden. Entsetzt sahen sie zu, wie wir das real nach Orangen schmeckende Fruchtfleisch aßen.
Die eßbaren Teile der verschiedenen Pflanzenarten stehen den Buschleuten nur zu bestimmten Jahreszeiten zur Verfügung. Daraus ergeben sich Präferenzen für einzelne Arten.

Am Beispiel der G/wi-Buschleute, deren Hauptlebensraum die Zentral-Kalahari ist, soll so ein jährlicher »Speiseplan« erläutert werden, obwohl gesagt werden muß, daß auch diese noch »wandernden« Buschleute schon weitgehend durch den Staat und die internationalen Hilfsorganisationen so mit Lebensmitteln versorgt werden, daß ihre Sammlertätigkeit nur als »Zubrot« bzw. als Bereicherung des Speisezettels bezeichnet werden kann.

Weiterhin muß angeführt werden, daß in der Kalahari zeitliche Aufeinanderfolgen — wie bei uns die Jahreszeiten — sehr unsicher sind, so daß in bezug auf die Pflanzen nicht exakt gesagt werden kann: Im Januar blüht dies und im Juli erntet man jenes. So sind nachstehende Angaben von der Zeitkomponente her auch nur im ungefähren Durchschnitt zu bewerten.

Beginnen wir bei den zum Teil kiloschwere Knollen bildenden Pflanzen — beispielsweise der Gattung Raphionacme —, von denen in allen Beschreibungen und Filmen über Buschleute berichtet und gezeigt wird, wie sie mit einem Grabstock aus einer Tiefe von etwa einem halben Meter ausgegraben und geschabt werden und der so erhaltene Brei in der Hand über dem Mund so gepreßt wird, daß die Flüssigkeit den Daumen entlang in den Mund tropft. In den insgesamt acht Expeditionen, die die Autoren zusammen oder einzeln in der Kalahari bei den Buschleuten verbracht haben, wurde eine solche Art der Flüssigkeitsaufnahme nie gesehen. Früher mag dies auf Jagdzügen sicherlich öfters vorgekommen sein, aber nur dann — und aus der Notwendigkeit heraus, schnell etwas Flüssigkeit zu bekommen —, weil man gerade so eine Pflanze fand. Wie wir selbst feststellen konnten, ist der Saft so bitter, daß auch ein Buschmann — auch wenn er die Knolle »Wasserwurzel« nennt — nur wenn unbedingt notwendig auf diese Art Flüssigkeit zurückgreift. Freilich, die originelle Art der »Wassergewinnung« beeindruckt jeden Betrachter, darum auch die Publizität, aber wie gesagt, heute findet man sie nicht mehr.

Von der Buschmann-Knolle — botanisch »Raphionacme burkei« oder »Raphionacme lanceolata« — haben wir Exemplare mit über drei Kilo Gewicht gefunden. Bekanntlich finden die Buschleute im Winter diese Knollen nur durch aufmerksames Beobachten der Erdoberfläche, denn lediglich ein etwa 5 – 10 cm langer unscheinbarer kleiner Stil der Knolle steht über den Erdboden hervor. Auch die Expeditionsmitglieder, die sich für die botanischen Belange interessierten, entdeckten sehr schnell die Fundorte solcher Knollen, die das ganze Jahr über geerntet werden können.

Wer oft und in wechselnden Jahreszeiträumen die Kalahari besucht hat, kommt zu der Überzeugung, daß die sogenannten »Jahreszeiten« innerhalb des Gesamtgebietes der Kalahari sehr unterschiedlich sind, und daß bei Berichten die jeweiligen Örtlichkeiten angegeben werden müssen. Die Verhältnisse beispielsweise im Norden sind völlig anders geartet als die im Süden oder Westen, diejenigen der Zentralkalahari sind deutlich unterschiedlicher als im Osten und Norden. Nicht unbeträchtliche »Verschiebungen« ergeben sich durch den stark wechselnden Beginn oder gar Ausfall der Regenzeiten. Die Autoren trafen Gebiete, in denen es 6 – 8 Jahre überhaupt nicht geregnet hatte, während andere Überschwemmungen hinnehmen mußten. Mit diesen Ausführungen soll verdeutlicht werden, wie hervorragend früher die Buschleute ihr gesamtes Leben an ihre Umwelt und Umweltbedingungen angepaßt haben. Sie sind immer den schlechten Bedingungen »ausgewichen« und unabhängig von Hab und Gut den jeweiligen »gedeckten Gabentischen« der Natur zugewandert.

Durch die heutige Seßhaftmachung und den damit verbundenen Verlust der persönlichen Entscheidungsfähigkeit führt schon die geringste Verspätung einer Regenzeit zu Hungerkatastrophen, dies um so mehr, als sie ihre früheren hervorragenden Pflanzenkenntnisse — wie bereits erwähnt — fast völlig verloren haben. Man darf nicht vergessen, daß das heutige Durchschnittsalter der Buschleute auch nicht annähernd so gestiegen ist wie in den meisten anderen Teilen der Welt, insbesondere in den sogenannten »reichen« Staaten. Damit soll gesagt sein, daß die Jugend der Buschleute an der »Neuzeit« orientiert ist und von den »Alten« — die sowieso mit durchschnittlich 45 Jahren relativ früh sterben — nur mehr sehr wenige etwas annehmen wollen und damit auch die Kenntnisse über ihre umgebende Natur verlieren.

In der Nähe von Xade Pan kamen wir zu einem seßhaft gewordenen Buschmann, der ein sehr beachtliches Areal gerodet und dicht mit Astwerk eingezäunt hatte. Er hatte darauf Tsamamelonen (Citrullus lanatus) angebaut und war gerade bei deren Ernte. An die tausend solcher Melonen lagen auf seinem Hof, und alle weiblichen Wesen waren damit beschäftigt, die Früchte in Schnitze zu schneiden und auszukochen. Der Saft wurde zu Sirup verdickt, die ausgekochten Fruchtschnitze auf Wäscheleinen zum Trocknen aufgehängt, um so für spätere Zeiten Trockengemüse zu erhalten, während die Samenkerne gesammelt und zur späteren Mehlherstellung in Säcke gefaßt wurden. Wir trafen den ersten seßhaften, geradezu modern »gemanagten« Buschmann-Bauernhof und konnten feststellen, daß die Melonen zwar voll ausgewachsen und sehr saftig, aber nicht voll reif waren, denn das Fruchtfleisch war noch bitter. Es war ja auch erst Mitte August. Die Vollreife mit leicht bräunlichem und süßem Fruchtfleisch erreichen diese Melonen erst ab November.

Von den eßbaren Knollenfrüchten ist die Art »Raphionacme burkei« bereits erwähnt worden. Solche Knollen können natürlich das ganze Jahr über geerntet werden. Eine weitere Knollenart in der Kalahari ist das Leguminosengewächs »Tylosema esculentum«, das häufig mehr als 10 kg wiegt. Wenn die Knolle zu Gemüse verkocht wird, entfernen die Buschleute die Knollenhaut, vorwiegend jedoch wird die Knolle mit der Haut auf dem Feuer geröstet. Aber auch die Samen dieser Art sind sehr wertvoll, denn sie sind nicht nur sehr reich an Mineralien, sondern enthalten auch Öl, das heute noch von den Buschleuten gewonnen und gebraucht wird. Wir probierten von dem Öl, es schmeckte etwas bitter und roch leicht nach Bittermandeln, es soll jedoch nicht giftig sein.

Abschließend soll noch kurz auf die »Gurkengewächse« in der Kalahari eingegangen werden. So werden die Früchte der Wildgurken »Coccinia sessilifolia« und »C. rehmannii«, die sich vorwiegend nach den ersten Frühlingsregenfällen im November, Dezember entwickeln, zu Gemüse gekocht. Einer der Autoren konnte an einem Januartag etwas von diesem Gemüse kosten und fand es recht schmackhaft, nachdem er etwas Salz dazugegeben hatte. Es schmeckte wie Gemüse aus Mangoldstielen.

Weitere oft zu findende und gesammelte Gurkenarten sind Cucumis africanus und Cucumis kalahariensis, die sehr leicht miteinander verwechselt werden können. Wir konnten bei unseren Funden oft nicht sagen, welche der beiden Arten wir gerade in der Hand hatten. Wie dem auch sei, bei beiden Arten war das reife Fruchtfleisch rötlich bis orange, saftig und hatte einen annehmbaren Geschmack, wobei es jedoch auch bittere Exemplare gab. Selbstverständlich wurde in unserer »Küche« grundsätzlich nichts »Bitteres« verwendet, denn eine Grundregel sagt: »Was giftig ist, ist bitter!«, und daran hielten wir uns.

Erwähnt werden muß noch die sogenannte »Gelee-Melone« (Cucumis metuliferus), die wir zwar fanden, über deren Verwendung wir aber von den Buschleuten keinerlei Hinweise erhalten konnten. Eine schwarze Lehrerin, die den Versuch unternahm, Buschmannkindern Schreiben und Lesen beizubringen, erzählte uns, daß ihre Landsleute in der Kalahari aus den Früchten und Blättern ein Gemüse kochen und dies zusammen mit dem Maisgriesbrei (mealies-meal) essen.

Man fragt sich zurecht, was die Buschleute in der herbstlichen und winterlichen Trockenzeit essen bzw. ernten, denn gerade in den Monaten zwischen Juni und Oktober fallen keine Niederschläge, und Nachtfröste herrschen vereinzelt bis -15° C. Aber auch in diesen Zeiten hält die Natur Nahrungsmittel für die Buschleute bereit. Dies sind einmal generell alle vorher erwähnten Knollenpflanzen und zudem die in der gesamten Kalahari weitverbreitete »Gemsbock-Melone«, die auch »Herero-Gurke« genannt wird. Pflanze und Frucht sind gut frostbeständig, und das Fruchtfleisch riecht und schmeckt genau wie unsere Salatgurken aus dem Garten.

Der Nährstoffreichtum der Nahrungspflanzen ist verschieden, wie unsere Analysen von Proben aus der Xade-Pan zeigen (Tab. 1).

untersuchte Früchte:		Melone (Cucumis Citr.)	Gurke (Cucurbita Sp. I)	Knollenfrüchte Dobe BM	Nüsse (Mongongo sp.)
Gewicht g		343	57,6	31	28,5
bezogen auf 100 g Frischsubstanz ergeben sich folgende Gehalte:	Trocken-substanz %	2,85	11,72	13,42	—
	Rein-Eiweiß %	0,16	—	0,88	—
	Fett (Rohfett) g/100 g	—	—	—	57,3
	Stärke %	—	—	1,1	—
	Gesamt-Zucker %	0,35	0,32	1,40	
	Monosach. %	0,14	0,22	0,59	
	Disach. %	0,21	0,10	0,81	

Tab. 1: Gehalt an Nährstoffen in einigen für die Ernährung der Buschleute wichtigen Knollen und Früchten (KENNTNER/KREMNITZ, 1986)

Die Buschleute der Zentralkalahari entnehmen zum größten Teil des Jahres ihren Wasserbedarf von 3 Litern am Tag aus Pflanzen. In der trockenen Jahreszeit sind vor allem Speicherwurzeln und Knollen begehrt. 6 kg Melonenfleisch decken in etwa den Tagesflüssigkeitsbedarf.
Nach Untersuchungen von SILBERBAUER (1972) werden durchschnittlich etwa 3,5–5 kg pro Tag an Knollen und Früchten über das Jahr hinweg von einer Buschfrau gesammelt, wovon täglich ungefähr 800 g feste Bestandteile pro Kopf verzehrt werden. Die größte Ausbeute an Nahrungspflanzen wird nach der Regenzeit aus der Natur gewonnen.
Daher darf gesagt werden: Eine Buschfrau arbeitet annähernd dreimal so effektiv wie ein jagender Mann. Dabei ist sie extremen körperlichen Belastungen ausgesetzt. Die Frauen marschieren täglich 15–20 km weit, wenn die Nahrungsquellen in unmittelbarer Nähe des Lagers erschöpft sind, wobei sie Kinder unter vier Jahren mit sich tragen — zusätzlich zu den eingesammelten Nahrungsmitteln. Das bedeutet, sie schleppen für mehrere Stunden bei oft hohen Temperaturen über ein Drittel ihres eigenen Körpergewichts. Solche Sammelausflüge unternimmt eine Frau etwa zwei- bis dreimal in der Woche, was eine durchschnittliche Wochenarbeitszeit von 12–19 Stunden bedeutet. Die Dauer

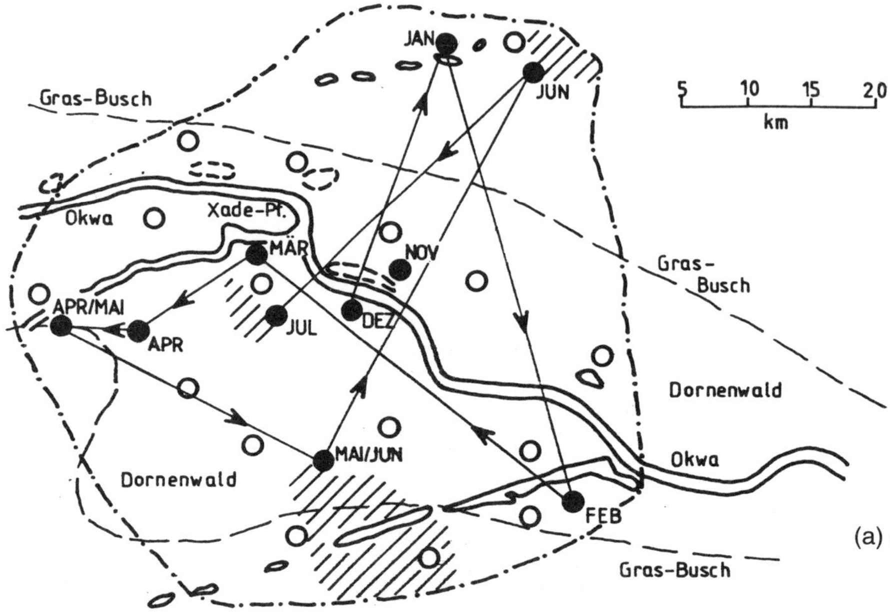

(a) Jahr mit guter Tsama-Saison

Abb. 25/26: Vergleich der Wanderungen einer Gruppe im Xade-Gebiet während einer guten (a) und einer schlechten (b) Tsama-Saison (SILBERBAUER, 1981)

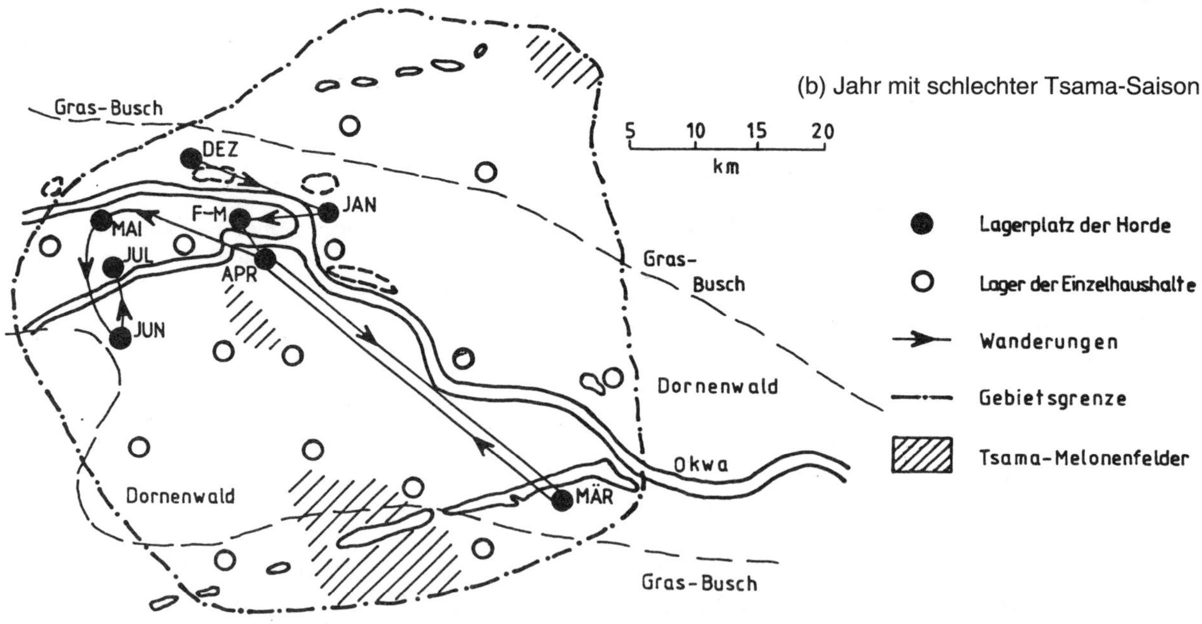

(b) Jahr mit schlechter Tsama-Saison

der Wanderungen zur Nahrungssuche ist jedoch entsprechend den örtlichen und jahreszeitlichen Bedingungen erheblichen Schwankungen unterworfen. Es wird geschätzt, daß eine erwachsene !Kung-Frau im Jahr etwa 2500 km auf ihren Wanderungen zurücklegt, dabei werden vor allem Tsama-Melonen gesammelt (Abb. 25/26).
Wegen jahreszeitlicher und örtlicher Unterschiede im Wachstum der Pflanzen wirkt es sich für die Buschleute ungünstig aus, wenn sie längere Zeit an einem Ort bleiben. Schnell sind die Nahrungsreserven im Umkreis eines Lagers erschöpft. So sind die Kalahari-Buschleute gezwungen, innerhalb von einer bis sieben Wochen weiterzuwandern. Solche Wanderungen stellen wohl eine der wichtigsten Tätigkeiten zur Nahrungsbeschaffung der Gruppe dar. Richtung und Zeitpunkt der Migration richten sich — außer bei den Buschleuten der Zentral-Kalahari (Verfügbarkeit von Nahrungspflanzen) — nach dem Vorhandensein von Wasserstellen. Das Vorhandensein von Jagdwild ist nicht so bedeutend, denn Fleisch stellt ja nur eine Ergänzungskost dar (10–30 %), und schließlich spielt bei der Jagd das Glück eine größere Rolle als beim Sammeln. Die Familiengruppen der G/wi im Xade-Gebiet besitzen einen Aktionsradius bezüglich des Wanderungsbereiches von jährlich durchschnittlich 300–600 km. Dabei werden die täglichen Jagd- und Sammelausflüge nicht einmal berücksichtigt.
Vorratswirtschaft spielt bei den Buschleuten kaum eine Rolle. Sie ist, von wenigen Ausnahmen abgesehen, aufgrund ihrer umherziehenden Lebensweise auch nicht sinnvoll. Konservierungsmethoden existieren praktisch nicht — außer einer einzigen Ausnahme: Fleisch, das nach einem Jagderfolg nicht unmittelbar verzehrt werden kann, wird in Streifen geschnitten und zum Lufttrocknen an Ästen aufgehängt. Dieses als »Biltong« bezeichnete Trockenfleisch wird sogar von den Weißen sehr gerne gegessen und gewissermaßen »importiert«.

In den Kalaharirandgebieten ist Ackerbau bei den Bantu und Buschleuten seit mindestens 2000 Jahren bekannt. Heute trifft man in den dichter besiedelten Ballungszentren um die größeren Orte Monokulturen für Getreide, Maniok usw. an. Die Stadt- und Dorfbevölkerung muß schließlich ernährt werden, wenn sie ihren speziellen Berufen nachgehen soll. Hier hat die »Marktwirtschaft« bereits begonnen. Wer arbeitet, hat Geld, und wer Geld hat, kann sich — zumindest theoretisch — etwas kaufen. Im größten Teil der Kalahari aber ist auch heute noch das »Sammeln« von Nahrungspflanzen erforderlich, wenn man nicht ausschließlich Maisgries-Brei als Kost haben will.*

VI.2. Pflanzen zur Heilbehandlung und Kosmetik

Solange die Buschleute noch ihre ursprüngliche Lebensweise beibehalten, sind sie als eine relativ gesunde Population anzusehen. Die bei uns häufig vorkommenden Herz- und Kreislauferkrankungen sind bei ihnen kaum vertreten.
Aus Tabelle 2 sind die in der Krankenstation »Xade« behandelten Krankheiten sowie deren mögliche Ursachen zu ersehen.
Gegen die verschiedensten Krankheiten liefert die Kalahari ein reiches Spektrum an sogenannten Heilpflanzen. Eine Reihe der nachstehenden Angaben über Heilwirkungen von Pflanzen beruhen auf mündlicher Wiedergabe und konnten daher nicht immer auf ihre Richtigkeit hin über-

* Bei dieser Gelegenheit sollte daran erinnert werden, daß noch bis Mitte der 30er Jahre unseres Jahrhunderts die armen Bauern im Ötztal, in Südtirol und Vorarlberg sich auch nichts anderes als ständige Nahrung leisten konnten, als morgens, mittags und abends Maisgries, der dort als »Polenta« oder »Ribbel« bezeichnet wurde.

Diagnostizierte Krankheiten	*Anzahl der Patienten*	*mögliche Ursachen der häufigsten Erkrankungen*
Erkrankungen des Atmungssystems (Brustschmerzen, Husten, Bronchitis, Tuberkulose, Asthma)	67	starkes Rauchen Schlafen im Freien bei großer Nachtkälte (Winter ca. – 10° bis – 15° C)
Erkrankungen des Muskel-Skelettsystems	35	Tragen von Lasten (Kinder, Wasser) auf Wanderungen
Hauterkrankungen, Hautinfektionen	10	mangelnde Hygiene
Verbrennungen	6	Unfälle am offenen Feuer
Pilzbefall (Kopf)	5	mangelnde Hygiene
Darmerkrankungen (Durchfall, Würmer, Blähbäuche)	5	Nahrungs- und Wasserverunreinigung
Ohrinfektionen	4	
Arbeitsunfall	4	
Mangelernährung (Vitamine)	3	
Vergiftung (Nahrung, Tiere)	3	
Augeninfektionen	2	
Syphilis	2	
Gonorrhöe	2	
Herzerkrankungen	1	wenig Streß
Blutdruckprobleme	1	gesunde Ernährung, wenig Salz
Zahninfektionen	1	

Tabelle 2: Art und Häufigkeit sowie mögliche Ursachen der vom 6.–20. April 1986 behandelten Krankheiten in der Krankenstation »Xade« (Zentral-Kalahari).

Tab. 2:
Art und Häufigkeit sowie mögliche Ursachen der vom 6.–20. April 1986 behandelten Krankheiten in der Krankenstation »Xade« (Zentral-Kalahari) (KENNTNER / KREMNITZ, 1986)

prüft werden (KREMNITZ / KNIES / KREMNITZ, 1988).
Gegen Entzündungen wird die geriebene Rinde der »wilden Weide« (Salix subserrata) verwendet. Nach einem alten Hottentotten- und Buschleute-Rezept wird die Weidenrinde gerieben, einige Minuten in Wasser aufgekocht und sodann getrunken. Es kann von uns bestätigt werden, daß dieses Mittel innerhalb von etwa 30 Stunden eine Entzündung geheilt hat.
Weidenarten sind auch bei uns als Heilmittel bekannt und werden seit dem Altertum verwendet. Denken wir nur an das weltberühmte und heute bei der Herzinfarktbehandlung so lebenserhaltende »Aspirin«, das wesentlich auf dem in der Weide enthaltenen Salicin basiert.
Augenkrankheiten gehören mit zu den häufigsten Krankheiten der in trockenen Gebieten lebenden Völker. Die Kalahari-Vegetation weist nicht weniger als 10 Pflanzen auf, die wirkungsvoll Augenkrankheiten lindern und auch heilen. Meistens handelt es sich um einen Sud aus zerdrückten Blättern. Zwei Pflanzen sind für die Behandlung von Augenentzündungen, besonders von Bindehautentzündungen, bedeutungsvoll. Ein Sud aus Blättern des überaus häufig anzutreffenden »Sichelbusches« (Dichrostachys cinerea) oder der »Buschweide« (Combretum zeyheri) wird zur Augenspülung verwendet. Dies bringt sofort Linderung und schon nach wenigen Wiederholungen eine Heilung.

Gegen Bilharziose werden aus drei Kalaharipflanzen Heilmittel gewonnen, deren Wirksamkeit jedoch angezweifelt werden muß. Vielleicht verschaffen sie Linderung, aber eine Heilung eines einmal Infizierten dürfte nie möglich gewesen sein; denn diese Menschheitsgeißel konnte seit Jahrzehnten nicht beseitigt werden. Eine wirkungsvolle Bekämpfung mit Hilfe der »Schotenmahagonie« (Afzelia quanzensis), deren getrocknete und pulverisierte Wurzeln mit einem Röhrchen in die Blase gepustet werden, sowie ein Sud aus deren Wurzeln, der zusätzlich getrunken wird, soll Abhilfe schaffen. Außerdem verhindert ein Brei aus den Wurzeln dieser Pflanze, zusammen mit den Früchten des »Fackelholzes« (Balanites maughamii), zumindest eine Verschlechterung des Gesundheitszustandes bei Leberbilharziose.
Buschleute leiden häufig an Kopfschmerzen. Daher ist es nicht verwunderlich, wenn hierfür viele Heilmittel hergestellt werden. Vom Wurzelsud bis zum Einreibebrei aus zerquetschten Blättern ist eine ganze Palette von schmerzlindernden Mitteln bekannt. In der westlichen Ka-

lahari wird der Sud aus den Wurzeln der »wilden Weide« (Salix subserrata) auch gegen Kopfschmerzen verwendet. Auf die Frage, wieviel von dem Sud getrunken werden muß, wurde auf 3–4 Becher verwiesen. Das aber sind gut drei Viertel Liter Flüssigkeit. Wenn man noch die durch das enthaltene »Salicin« herbeigeführte leichte Blutverdünnung in Betracht zieht, d. h. eine Reduzierung des Blutdruckes in den Arterien, dann dürfte eine Kopfwehbeseitigung mit diesem Mittel durchaus möglich sein.

Auch für Magen- und Darmkrankheiten sind zahlreiche Pflanzen hilfreich. So helfen roh gekaute Blätter des »Hornschotenbaumes« (Diplorhynchus condylocarpon), ein Hundsgiftgewächs, sofort eine Magenverstimmung zu beseitigen, und ein Sud aus zerstoßener Rinde der »Sumachbohne« (Elephantorrhiza burkei) heilt innerhalb eines Tages eine Diarrhöe.

Den Kalaharibewohnern sind eine ganze Reihe von Pflanzen bekannt, aus denen Mittel gegen Fieber, Malaria und Infektionen gewonnen werden können. Bei fast allen diesen Pflanzen werden Stücke der Wurzeln verwendet, die man in Wasser auskocht und den Sud trinkt. Über die spezielle Kochzeit konnte wenig erfahren werden. Bemerkenswert ist jedoch, daß die Ingredenzien nicht abgeseiht werden. Als besonders wirksam gilt ein Wurzelsud des »Blutholzes« (Pterocarpus angolensis). Dieser ist nicht nur gegen Malaria, sondern auch gegen Schwarzwasserfieber hilfreich. Auch der Wurzelsud der bereits erwähnten »wilden Weide« führt relativ schnell zu einer Fiebersenkung. Ethnomediziner haben festgestellt, daß gegen Malaria ein Aufguß der »Wildmispel-Wurzel« (Vangueria infausta) nicht weniger wirksam sei, als die bei uns verabreichten Medikamente. Allerdings wird der Sud nicht von allen Kranken gleichermaßen vertragen, so daß es verschiedentlich zu Erbrechen und Magenschmerzen kommen kann.

Bei den !Kung-Buschleuten im Gebiet zwischen den Tsodilo- und Aha-Bergen gibt es eine echte Malaria-Therapie, wie von einer Eingeborenen-Lehrerin zu erfahren war. Aus der gemahlenen bzw. zerstoßenen Rinde und den bohnenartigen Samen der feigenähnlichen, etwa 3 cm großen, holzigen Früchte der »Fieberbeere« (Croton megalobotrys) wird ein teigartiges Gebilde geknetet und dann gegessen oder das Gemisch in etwas Wasser geschüttet, umgerührt und dann getrunken. Diese Prophylaxe soll relativ regelmäßig zur »Malariazeit« im Dezember, Januar und Februar durchgeführt werden. Zu dieser Zeit sind auch die verwendeten Fieberbeer-Früchte reif. Wie von Wissenschaftlern der Botanischen Gesellschaft Südafrikas in Kapstadt/Kirstenbosch zu erfahren war, ist diese Therapie altbekannt und bereits zur Jahrhundertwende veröffentlicht worden.

Da die Buschleute mit »offenem« Feuer umgehen, kommt es zwangsläufig häufig zu Verbrennungen, insbesondere bei Kindern. Wieder liefert die »wilde Weide«, die übrigens bei den Eingeborenen der Kalahari auch »Saf-Saf« genannt wird, das Heilmittel zur Behandlung, denn ein Gemisch aus pulverisierter Rinde und Öl lindert sofort die Schmerzen und beschleunigt die Wundheilung. Bei der Begutachtung einer nach obigem Rezept behandelten und ausgeheilten Brandwunde konnten wir feststellen, daß die sonst übliche Brand-Narbe hier kaum erkennbar war. Dies soll auf die Wirkung der Rinde zurückzuführen sein.

Werden die Wurzeln der Kalahari-Sandterminalia (Terminalia brachystemma) gekocht und der Sud getrunken, so soll dies ein bitterschmeckendes aber wirkungsvolles Heilmittel gegen Magengeschwüre sein. Die Wirkung des Blattsaftes der Silber-Terminalia wurde bereits bei der Pfeilgiftherstellung beschrieben.

Bronchitis, Asthma und Erkältungskrankheiten werden, wie bei uns auch, durch Inhalieren von Kräuterdämpfen behandelt. Weit verbreitet ist die Inhalation der Dämpfe gekochter Blätter der »weißen Bauhinia« (Bauhinia petersiana), die

praktisch überall in der Kalahari anzutreffen ist. Bekannt ist auch die heilende Wirkung eines Wurzelsudes aus der »Wildmispel« (Vangueria infausta) bei Lungenentzündung.
Die Buschleute kennen wenige Mittel gegen ihr schreckliches Pfeilgift, das sie aus der Diamphidia-Larve gewinnen. Dasselbe gilt für das Pfeilgift, das sie aus dem milchigen latexähnlichen Ausfluß des »Tambooti-Baumes« (Spirostachys africana) herstellen.
Ob die in dem Latex des Baumes enthaltenen toxischen Lectine tatsächlich tödlich sind, wenn sie durch eine Verletzung, beispielsweise durch einen Buschmannpfeil, in die Wunde gelangen, konnte nicht eindeutig ermittelt werden.* Behandelt werden Pfeilgiftverletzungen durch Einreiben mit einem aus der Zwiebel der »Giftknolle« (Ammocharis coranica) gewonnenen Brei sowie durch Einträufeln des Saftes dieser Zwiebel in die Wunde. Gift wird durch Gift bekämpft, ein seit alters her bekanntes Prinzip. Die Giftknolle, ein Amaryllisgewächs, ist durch ihre Alkaloide mehr oder weniger toxisch, insbesondere durch das zu zentralen Lähmungen führende Lycorin.
Durch die immer weiter fortschreitende Vermischung der Buschleute mit der schwarzen Bevölkerung und dem sexuellen Kontakt mit Weißen sind Syphilis-Erkrankungen im Ansteigen. Über die Behandlung ist kaum etwas zu erfahren, denn gerade die Buschleute sprechen über sexuelle Beziehungen und alles, was damit zusammenhängt, nicht mit Fremden. Über einen Herero in Südwestafrika (Namibia) war zu erfahren, daß unreife Früchte des »Leberwurstbaumes« (Kigelia africana) ausgepreßt werden und der Saft bei Männern über ein Röhrchen in die Harnröhre »eingeblasen« wird. Bei Frauen ist die Behandlung des Genitalbereiches mit dem Saft problemloser.
Die Frage nach Behandlungsmethoden gegen Schlangenbisse ist bei Buschleuten sehr aktuell. Nicht selten werden vor allem Kinder von Schlangen gebissen. Gegen Puffotterbisse verwenden die Buschleute, aber auch die schwarzen Kalaharibewohner, die Rinde und das Baumharz der »Gift-Commiphora« (Commiphora africana). Die Rinde wird, nachdem sie frisch vom Stamm geschnitten wurde, pulverisiert und meistens zwischen zwei Steinen zerquetscht und zerrieben. Das aus einem Stammanschnitt fließende Harz sowie etwas Salz werden dazugemischt. Dieser Brei wird auf die Bißstelle und die bereits eingetretenen Schwellungen aufgepreßt bzw. verrieben. Dadurch werden die Gewebezerstörungen eingedämmt. Sind in der Umgebung die sogenannten »Konfettibäume« (Maytenus senegalensis) anzutreffen, so wird außerdem noch ein Sud aus deren Blättern getrunken.
Südafrikanische Ärzte sind fast ausnahmslos gegen jedes »Einschneiden« der Bißstellen, um durch den Blutfluß und Saugen oder Pressen soviel wie möglich von dem Gift aus der Blutbahn zu ziehen. Buschleute jedoch binden als erstes mit einer Liane oberhalb der Bißwunde ab, »verbinden« mit einem tiefen Schnitt die beiden Einstichstellen der Giftzähne, pressen »vom Herzen kommend« das Blut aus dem Körper und beginnen erst dann mit der Zubereitung der vorstehend beschriebenen »Streichpaste«.*
Die Natur liefert in der Kalahari ansehnliche Möglichkeiten, um sich Genußmittel zu ver-

* Leider landeten die gesamten Bestände dieser Baumart von Angola, Kenia, Tansania und Zimbabwe zwischenzeitlich auf dem Exportholz-Weltmarkt. In der Kalahari sind die Bestände jedoch zu gering, um für den Export nützlich zu sein.

* Bei dieser Gelegenheit sei auf ein in Kapstadt erhältliches Vakuum-Pumpgerät verwiesen, das innerhalb weniger Sekunden — schneller als jede Injektion — auf die Bißstelle aufgesetzt und aktioniert ist. Durch das Vakuum wird das injizierte Gift von Schlangen, Skorpionen, Spinnen etc. aus den »Blutkanälen« weitgehend herausgezogen.

schaffen. Wie bereits dargelegt, reichen diese vom täglichen Kaffee über Speisegewürze, Tonicwasser und Aromageber bis zu Wein, Bier, Brandy, Schnupftabak und Aphrodisiaka. Gerade letztere sind in ganz Afrika wesentlicher Bestandteil des täglichen Lebens, wo die Potenz des Mannes sowie die Fertilität der Frau den höchsten Stellenwert im Leben besitzen. Gerade im südlichen Afrika begehen relativ viele unfruchtbare Frauen Selbstmord, indem sie zerquetschte, möglichst frisch ausgegrabene Wurzelstücke des »Violet-Baumes« (Securidaca longepedunculata) vaginal einführen und unter furchtbaren Schmerzen, oft mehr als 24 Stunden, auf ihren Tod warten. Während des Todeskampfes einer solchen Frau verschwendet kein Familienmitglied auch nur einen Blick auf das geplagte Wesen. Es ist, als wollten sie dieses Organ bestrafen, das ihnen die Lebensberechtigung in der Gemeinschaft verwehrt. Eine unfruchtbare Frau ist gerade in Schwarzafrika das unwürdigste Lebewesen, das man sich vorstellen kann. Bei den Buschleuten konnten wir diese Ansicht nicht beobachten.

Wenn man Buschfrauen begegnet, so fallen einem sofort die kleinen Schildkrötenpanzer auf, die sie mit sich tragen. Diese Panzer sind nichts anderes als Puderdosen, in denen sie ihren Körperpuder verstaut haben. Es handelt sich in erster Linie um zerriebene Blätter von Bäumen und Sträuchern, häufig von verschiedenen Arten gemischt. So hat vor allem ein aus den Blättern und Samen des Mopanebaumes hergestellter Puder einen terpentinähnlichen Duft. Sehr wohlriechend ist auch der aus den Blättern der »Duftschoten-Akazie« (Acacia nilotica) und des »Lavendel-Croton« (Croton gratissimus) hergestellte Körperpuder. Selbstverständlich werden auch die frischen und getrockneten Blätter des »Kampferbusches« (Tarchynanthus camphorus) häufig verwendet. Sein Geruch ist so intensiv, daß sogar ein Europäer ihn noch auf größere Entfernung wahrnimmt.

Abb. 27: Frau mit Schmucknarben im Gesicht

Zusammenfassend läßt sich feststellen, daß das Land der Buschleute, die Kalahari, Pflanzen für alle Erfordernisse des menschlichen Lebens liefert. Dies gilt für die Ernährung, das Färben und Gerben von Fellen genauso wie für Magie und Zauber, Kleidung, Waffen und Gerät, Schminken und Tätowieren sowie zur Behandlung vieler Krankheiten (Abb. 27).

VII. KULTURPRÄGENDE FAKTOREN IM SOZIALLEBEN DER BUSCHLEUTE

VII.1. Die Rolle des Schmucks bei der Urbevölkerung der Kalahari

In vielen Bereichen der Ethnologie taucht die vielleicht gar nicht so überraschende Tatsache auf, daß der Schmuck bei den heute noch vorhandenen Urvölkern unseres überzivilisierten und von den vielfältigsten Kulturerscheinungen immer neu überschwemmten Planeten eine weit wichtigere Rolle spielt als die Bekleidung. Diese läßt man in tropisch-heißen Gebieten oft ganz beiseite und läuft sogar nackt umher, ohne die Empfindung der Scham zu haben, die den modernen westlichen Menschen so sehr aus dem seelischen Gleichgewicht zu bringen vermag. Es sind zwar auch in der westlichen Industriegesellschaft Ansätze einer Rückentwicklung (z. B. FKK-Strände) in den archaischen Naturzustand zu beobachten, diese haben jedoch nur sporadische Bedeutung und fallen gesellschaftspolitisch noch nicht ins Gewicht. Es ist nun nicht so, daß sich die Kalahari-Frauen nackt zeigen, sondern sie tragen den schon erwähnten Karoß und einen Schamschurz. In den Karoß sind Falten eingenäht, worin die Frauen ihren Schmuck aufbewahren. Dieser besteht hauptsächlich aus Hals- und Kopfbändern, die in ihrer Erscheinung schon eine gewisse Kunstfertigkeit der Hersteller verraten und von den Frauen bei bestimmten festlichen Gelegenheiten (etwa Initiationsritualen oder sonstigen Stammesfesten) mit Stolz, Anmut und Würde getragen werden. Die Frauen vertrauen ganz sicher auf die Erhöhung ihrer Schönheit, wenn sie diese Utensilien tragen, sie geben ihrer Persönlichkeit buchstäblich mehr Gewicht, atmosphärische Bedeutung und eine würdevolle Ausstrahlung. Dabei spielt die Farbe Weiß eine bedeutende Rolle, da insbesondere die Halsketten aus weißen Straußeneierschalen-Stückchen gefertigt werden. Oft werden viele verschlungene Exemplare gleichzeitig getragen, die weit über die Brüste herunterhängen. Daneben sind es Stränge bildende bunte Schnüre, die um den Hals geschlungen und dann quer über die Brust unter der Achselhöhle hindurch verlaufen, so daß frontal betrachtet die Form der Zahl neun entsteht. Als Kopfschmuck verwenden die Buschfrauen mit geometrischen Ornamenten versehene Stoffbänder, die über den Ohren um den Kopf geschlagen sind. Oft dominieren die Farben Grün und Orange, wobei fortlaufende Dreiecksmuster gebildet werden.

Bunte Arm- und Fußreifen vervollständigen die ornamentale Ausschmückung des Körpers, wobei hauptsächlich die Farbe Blau, und zwar in der Tönung, wie sie am Himmel erscheint, verwendet wird. Daneben kann man aber auch breitere gelbe und metallisch glänzende Reifen erblicken. Oft werden ganze Serien (manchmal bis zu sechs Stück) nebeneinander getragen. Zufriedenheit und Glücksgefühl der Trägerinnen werden dadurch ganz gewaltig erhöht, was uns mehrfach aufgefallen ist. Das Schmuckbedürfnis der Frauen und Mädchen ist groß, und daher ist die Schmuckherstellung ihnen vorbehalten. Neben den Straußeneierschalenketten gibt es noch andere Formen, z. B. werden mit einem einfachen Gerät Plättchen von zerschlagenen Straußeneierschalen durchbohrt und zusammen mit gefärbten Holzstückchen auf Tiersehnen gefädelt (Moletsaketten). Manchmal sieht man auch kunstvolle Perlenarbeiten, die die Buschleute besonders faszinieren. Durch Tauschhandel bekommen die Frauen Glasperlen und verbringen dann viel Zeit damit, die farbenprächtigen Halsketten, Anhänger, Arm- und Fußbänder

herzustellen. Besonders als Haarschmuck sind die bunten Perlen bei Frauen, Männern und Kindern beliebt.
Auch die bereits erwähnten, an Halsketten getragenen kleinen Schildkrötenschalen, die einen duftenden Gesichtspuder sowie eine kleine Puderquaste aus Kaninchenfell enthalten, belegen das Verschönerungsbedürfnis der Buschfrauen.
Der Schmuck erweist sich auch als ein wichtiges optisches Bindeglied in der geselligen Struktur der Buschleutegemeinschaft. Wenn sie abends erzählend am Lagerfeuer sitzen, zeichnet sich die Individualität eines jeden einzelnen Stammesmitglieds durch seinen besonderen Schmuck aus. Wichtig dabei ist auch, wie es ihn trägt. Dies gibt der Einzelperson eine Ausstrahlung, die anregend auf die Gemeinschaft wirkt und nicht zuletzt die erzählerische Phantasie wie auch das kommunikative Empfinden beflügelt. Da die Buschleute viel stärker als wir westlichen Kulturmenschen in ihrem Fühlen, Empfinden und Denken den Sinneswahrnehmungen verhaftet sind — denn infolge der einfachen Kulturstufe ist der rationale Denkprozeß kaum entwickelt —, wirken solche optischen Reize sicherlich viel stärker auf ihre Psyche als auf die unsrige. Außerdem sind wir durch die Vielfalt und Stärke der erlebten optischen Zivilisationserscheinungen eher gegen solche oft subtilen Reize abgestumpft und verwenden sie vielleicht des öfteren gar nicht.
Westliche Schmuckdesigner könnten sich möglicherweise in vielerlei Hinsicht Anregungen bei der Betrachtung des Buschmann-Schmuckes holen. Vielleicht könnte das zu einer erneuten Entdeckung und Wiederbelebung natürlicher Schönheit in Entwurf und Produktion europäischer Schmuckstücke führen. Jedenfalls ist in der Buschmannkultur viel eher eine Annäherung von Naturschönheit und Kunstschönheit zu finden als in unserer hochgezüchteten westlichen Industriekultur, die möglicherweise ihren Höhepunkt schon überschritten hat und im Abstieg begriffen ist. Somit könnte von dieser aussterbenden ethnischen Minderheit — kurz vor ihrem Untergang — vielleicht noch ein entscheidender Anstoß zur Veränderung unserer ästhetischen Vorstellungen und Wertbegriffe ausgehen, zumindest was den Bereich des Schmuckwesens betrifft.
Adorno hätte sicher seine Freude daran gehabt, wie Schmuck und das Gesicht seiner Trägerinnen die ursprünglich natürliche »apparition« des Kunstschönen zum Ausdruck bringt. Haben sich hier nicht Natur und Kunst gewissermaßen symbolhaft zur Versöhnung die Hände gereicht?
Buschleute haben intuitiv erfahren, daß sich Schönheit mit Nützlichkeit verbinden muß, um zu einer effektiv erfolgreichen Lebensgestaltung in der harten Natur zu führen; so zeigt sich hierin eine ungeahnte (urgeniale) Fähigkeit des Primitiven, die fast in allen niedrigen Zivilisationen zu finden ist. Ist es zuviel behauptet, wenn man hierin eine klare Verkörperung und Verwirklichung des Begriffes der platonischen »kalogatheia«* (Vereinigung des Schönen mit dem Guten) erblickt?
Es gibt allerdings auch diesem Ideal entgegengesetzte Tendenzen, nämlich dort, wo das Schmücken in gesundheitsschädliche Quälereien, oft verbunden mit bleibenden Schäden für den Körper, ausartet. Bei den dunkelblauen Mustern, Tätowierungen ähnlich, womit Männer und Frauen ihre Gesicher bemalt haben, kann man das allerdings noch nicht sagen. Wohl aber gilt das für die durch einen Schnitt entstandenen Schmucknarben, die ihre dunkelblaue Farbe dadurch erhalten, daß ein aus getrockneten Pilzen hergestelltes Pulver in die Haut geritzt wird (Abb. 27).
Sind diese Praktiken der Buschleute ein Zeichen von unvernünftigem Sadismus (bei Zufügung

* Kaliope ist die Muse der Dichtkunst. Obiger Begriff ist jedoch von »kalon« abgeleitet!

der Schmerzen durch andere) bzw. Masochismus, sofern die schmerzhafte Verschönerung durch eigene Hand geschieht, oder eine Verwirklichung des mythischen und philosophischen Prinzips, daß Leben in Leiden besteht? Dieser Grundsatz wurde im 19. Jahrhundert vor allem durch die Philosophie SCHOPENHAUERs (1908) hier in Europa betont. Er ist natürlich viel älter als die Methoden des Pessimismus. Beginnt nicht das Leben mit dem Leiden der Geburt und endet im Schmerz des Todes? Diese Grundtrauer des Daseins erscheint unweigerlich auch in der gesamten harten und grausamen Natur der Kalahari.

VII.2. Gruppenaufbau und Gebietsverwaltung

Die soziale Struktur der einzelnen Gruppen ist bei den Buschleuten nur schwer erfaßbar. Die Ebene der sozialen Integration liegt extrem niedrig, weshalb man von der Gesellschaft einer sogenannten »band-level-society« sprechen könnte.

Die Grundbausteine dieser »bands« bilden die Kernfamilien. Sie bestehen aus einem Ehepaar, Kindern und deren Großeltern. Die Kernfamilie bildet als kleinste Subsistenzeinheit die einzige Konstante innerhalb der verschiedenen Gesellschaftsstrukturen. Mehrere Kernfamilien schließen sich während bestimmter Zeiten zu größeren Gruppen zusammen. Die Entscheidung darüber, in welcher Gruppe eine Subsistenzeinheit leben möchte, hängt unter anderem davon ab, inwieweit die einzelnen Mitglieder miteinander auskommen. Bei Streitigkeiten oder bei Ressourcenengpässen verändert sich die Gruppenzusammensetzung. Die Familie ist die wirtschaftliche Basiseinheit, die, je nach den Fähigkeiten ihrer Mitglieder, unterschiedliche Quantitäten und Qualitäten an Nahrung einbringt. Durch die Praxis des Nahrungsmittelteilens — Geben ohne direkte Erwartung einer Gegengabe — wird innerhalb der Gruppe diese Ungleichheit wieder beseitigt (FEINMAN, 1979). Vor allem das Verteilen von Fleisch spielt eine große soziale Rolle.

Jede Gruppe besitzt ihr eigenes »Territorium«. Mehrere miteinander verwandte Gruppen können sich zu einer »Allianz« zusammenschließen, innerhalb deren Grenzen jede Gruppe uneingeschränkt jagen und sammeln kann. Das Gebiet gehört immer einer ganzen Kernfamilie bzw. Gruppe. Es gibt keinen Gruppenführer, und die Struktur der Gesellschaft ist mehr oder weniger als egalitär zu bezeichnen. Die Kontrolle der gruppeneigenen Gebiete gegenüber fremden Gruppen erfolgt mit Hilfe der »social boundary defense«, d. h., nur Mitglieder der Gebietsgruppe haben Nutzungsrecht. Fremden kann in Ausnahmefällen ein »Durchzugsvisum« erteilt werden. Diese Art der Kontrolle vermindert den Aufwand für eine Gruppe bei gleichzeitig hoher Effektivität.

Der Zwang zum Umherziehen setzt der Tragfähigkeit eines Gebietes, bezogen auf die Bevölkerungszahl in diesem Raum, Grenzen. Doch die Buschleute haben die Ressourcennutzung und damit die Tragfähigkeit ihres Gebietes durch verschiedene Migrationsmuster optimiert. SILBERBAUER (1981) hat diese zu vier Gruppen zusammengefaßt:

a) Wanderung der ungeteilten »band« oder Gruppe innerhalb ihres eigenen Gebietes **(Synökische Migration)**,*

b) zeitlich begrenzte Wanderung zu einem benachbarten »band«-Bereich **(Synökische Emigration)**,*

c) notwendige Aufenthalte für die »band« innerhalb bestimmter Abschnitte des Gebietes aufgrund von Dürre und

---

* Synökie bedeutet die regelmäßige Vergesellschaftung zweier Personen oder Gruppen ohne gegenseitige Förderung oder Benachteiligung.

d) saisonale Aufspaltung der Gruppe oder zeitliche Zerstreuung **(Reduktion auf die Kernfamilie).**

Die Flexibilität in der Zusammensetzung der Gruppen bedeutet eine bessere Raum- und Ressourcenausnutzung.

VII.3. Musik, Gesang und Tanz zur Aufrechterhaltung sozialer Kontakte und als Ausdruck von Lebensfreude

Neben Alltagsgegenständen und Schmuck fertigen die Buschleute auch Musikinstrumente an. Der Buschmann drückt seine Gedanken und Gefühle in Gesängen aus, die er mit einfachen Instrumenten selbst begleitet. Aus hohlen Stengeln stellen die Buschleute Pfeifen und eine Art Panflöte her, mit denen leise und zarte Töne hervorgerufen werden können.
Eine Vorliebe haben sie vor allem für Saiteninstrumente. Um z. B. eine Art »Geige« herzustellen, verwenden sie den Panzer einer Wüstenschildkröte als Schallkörper. Daran binden sie einen Ast, über den eine Antilopensehne gespannt wird, die die bei uns gebräuchlichen Saiten ersetzt. Die Sehne wird mit einem kleinen Bogen gestrichen. Je nachdem, ob man nun den Panzer einer kleinen Schildkröte, einer großen Bergschildkröte, eine Straußeneierschale oder gar eine Blechdose als Schallkörper benutzt, kann der Klang der Geige variieren (Abb. 28).
Daneben wird als weiteres Musikinstrument ein Jagdbogen verwendet. Dabei wird die Sehne mit dem Bogenholz durch eine Schnur verbunden. Der Jagdbogen wird mit dem Fuß gegen eine ausgehöhlte Tsama-Melone gedrückt, welche als Resonanzkörper dient.
Der Jagdbogen als Spielbogen ist ein traditionelles Instrument der Buschleute. Durch Anschlagen der Bogensehne mit einem Stäbchen werden Töne erzeugt.

Abb.28: Die sogenannte Buschmanngeige ist ein beliebtes Musikinstrument der Buschleute

Bisher ist kaum bekannt geworden, daß die Buschmänner ein ausgesprochenes Wissen über die Naturmaterialien haben, die sich für die Musikinstrumenten-Herstellung besonders eignen. Sie kennen »musikalische Hölzer«, wobei allerdings die Autoren nicht in Erfahrung bringen konnten, ob diese Kenntnis weit in die Vergangenheit zurückreicht oder von schwarzen Einwanderern übernommen worden ist. Für die Herstellung einer Gwashi wird das Holz des sogenannten »Blutholzes« (Pterocarpus angolensis) verwendet, das die Buschleute selbst »kiaat«

nennen. Auch eine Reihe von Bantustämmen benutzen diese Bezeichnung für diese Baumart.
Als Resonanzkörper dienen die getrockneten »Affen-Orangen« (Strychnos spinosa), deren hölzerngewordene Schale, je nach Rauminhalt, einen speziellen Ton hervorbringt. Einige Bantustämme verbinden jeweils zwei gleichgroße Früchte mit einem Brett des »Nießholzes« (Ptaeroxylon obliquum) und gewinnen so einen »Tonerzeuger« für ein Xylophon oder ein entsprechend ähnliches Gerät. Je nach Durchmesser der Früchte kann man so eine ganze »Tonleiter« erhalten.
Ihre Empfindungen und Gefühle beim Zuhören beschreibt MARSHALL-THOMAS (1959) auf folgende Weise:

> Als die meisten Leute eingeschlafen waren und auch wir uns anschickten, das Buschmannlager zu verlassen, nahm Ukwane seinen Jagdbogen und steckte die Spitze in eine trokkene Melonenschale. Dann tippte er die Sehne mit einem Stück Ried an, was einen leisen Ton hervorrief.
> Bald darauf begann er ein Lied zu spielen. Er murmelte eine Melodie und spielte die Begleitung dazu auf seinem Bogen. Er kauerte allein an seinem Feuer, seine Augen waren auf die Funken seines Feuers gerichtet, und er hielt ein Ende des Bogens mit den Zehen fest. Mit den Fingern der einen Hand berührte er die Saite, und wenn er die Tonhöhe ändern wollte, drehte er leicht seinen Kopf, das andere Ende der Saite mit seinem Kinn fassend.
> Sein Lied war ein Stimmungsstück, wie alle Buschmannlieder außer den Medizingesängen. Es war ein Lied aus reiner Musik ohne Worte, ein Lied, das Gefühle oder eine Stimmung ausdrückte, die der Komponist bei seiner Erschaffung gehabt hatte.
> Solche Stimmungslieder haben Namen oder Titel, aber diese sagen nur etwas über das Thema des Stückes aus, über den Augenblick, der die Komposition inspiriert haben mag. Ukwane sang von Zeit zu Zeit die Worte »bittere Melonen«.
> Wir lauschten, gefangen im Netz aus Musik, das Ukwane in die Luft gewebt hatte, und es war ein leises, trauriges Lied, das er summte und spielte, ein Lied in Moll, das einem das Herz drückte, das einen dazu brachte, an ferne Orte zu denken und zu weinen.
> Als Ukwane sein Lied beendet hatte, legte er seinen Bogen nieder. Wir fragten ihn, wovon das Lied handele, und er erzählte uns: »Wenn du im Busch wanderst und dich daran erinnerst, wo ein Melonenfeld wächst und du dorthin gehst und sie findest und wenn du sie versuchst, sind sie so bitter, daß man sie nicht essen kann, dann gehst du wieder; davon handelt dieses Lied.«

Der Buschmann benutzt auch bisweilen kleinere Bögen als Musikinstrumente. Beim Spielen nimmt er ein Ende des Bogens in den Mund und schlägt die Sehne mit einem Stock. Die Schwingungen der Sehne fangen sich im geöffneten Mund, und je nachdem, wie weit der Mund geöffnet ist, werden sie dort in verschieden hohe Töne verwandelt. Die Musik, die mit dem Musikbogen erzeugt wird, ist nur für den Spieler zu hören. Daher spricht PASSARGE (1907) von »interner Musik«.
Das beliebte Daumenklavier wurde wahrscheinlich von den Bantu übernommen, wird aber heute von den Buschleuten selbst hergestellt. Es besteht aus einem Holzbrettchen, auf dem schmale, nach oben gebogene Metallstreifen befestigt sind. Durch Drücken dieser elastischen Tastatur entstehen blecherne Töne.
Das Lieblingsinstrument der Buschleute jedoch ist die »Gwashi« oder Kahnlaute (Abb. 29). Auch sie wurde wahrscheinlich von den Bantu übernommen, wird heute aber ebenfalls in Eigenarbeit hergestellt. Dieses Instrument besteht aus einem kurzen ausgehöhlten Holzblock, der auf der Oberseite geglättet ist. An dem einen Ende des Klangkörpers sind vier oder fünf geboge-

ne Hölzchen angebracht, über die die Saiten des Instruments gespannt sind. Von der Länge, der Dicke und der Spannung der Saiten, welche aus Pflanzenfasern hergestellt wurden, hängt die Höhe und Lautstärke der Töne ab. Dieses primitive, harfenartige Instrument wird mit den Fingern gezupft, wobei auch komplizierte Melodien mit sanften und lieblich klingenden Tönen gespielt werden können.

Abb. 29: Die Gwashi wurde vermutlich von den Bantu übernommen

Soziale Bedürfnisse sind bei den Buschleuten stark ausgeprägt. Die gemeinsamen Gespräche, das Singen und Tanzen sowie die Spiele bedeuten ihnen sehr viel und haben einen hohen Wert für die Gesellschaft. Da die durchschnittliche Wochenarbeitszeit der Buschleute nur zwischen 12–19 Stunden (!Kung) und 32,5 Stunden (G/wi) (TANAKA, 1980) beträgt,* bleibt dieser »museintensiven« Gemeinschaft von Individualisten ohne soziale Rangordnung noch viel Zeit für ihre höchstgeschätzte Beschäftigung: die Pflege sozialer Kontakte.

So sind in der Kultur der Buschleute Musik und Tanz die Hauptausdrucksformen für ihr künstlerisches Empfinden. Der Tanz spielt dabei eine besondere Rolle. Das Erlernen der Tänze, insbesondere der rituellen Tänze (s. u.), beginnt schon bei den Jugendlichen. Diese Ausbildung findet täglichen Eingang in das Spiel der Kinder.

Die besondere Spielfreude in der Buschmannkultur äußert sich durch zahlreiche Bewegungsspiele. »Ich kenne keine andere Menschengruppe, bei der Kinder und Erwachsene auf so vielfältige Weise spielen, sowohl improvisiert als auch nach festen Regeln« (EIBL-EIBESFELDT, 1976). Neben explorativen Spielen, in denen die Jugendlichen Geschicklichkeit im Umgang mit Gebrauchsgegenständen erwerben und gleichzeitig bestimmte Sozialrollen einüben (Jagen, Knollen sammeln), bieten eine Vielzahl von Bewegungsspielen die Möglichkeit, besonders die Körperbeherrschung zu trainieren.

Eine weitere Gruppe umfaßt Spiele, die durch genaue Regeln bestimmt sind, und die auch von Erwachsenen mit Eifer gespielt werden, wie z. B. der Heuschrecken-Spieltanz der Männer oder das Melonentanzspiel. Dies ist ein typischer Tanz der Frauen, wobei eine Tsamamelone von einer Tänzerin zur anderen weitergereicht wird. Diese Kategorie von Spielen baut Aggressionen ab und bindet die Spielgruppe zusammen. Männer und Knaben spielen häufig auch ritualisierte Kampfspiele wie z. B. das Spießbockspiel.

* Etwa 60 % der Gruppe sind Versorger und 40 % Abhängige (Kinder und alte Leute).

Dabei wird der Kampf zwischen einigen Jägern und einem Spießbock dargestellt, wobei Angreifer und Verteidiger einander mit großem Geschick herausfordern. Geschlechtsspezifische Interessen werden vor allem deutlich, wenn man die prozentuale Verteilung verschiedener Spiele bei Jungen und Mädchen vergleicht. Aufgrund einer Untersuchung an 60 Jungen- und 48 Mädchengruppen ergab sich nach SBRZESNY (1976) folgende Aufteilung:

Verteilung der Spiele:	*Jungen* %	*Mädchen* %
Spielerisches Verfolgen / Sich-Balgen, Scherzen	16,55	6,25
Experimentierspiele	45,00	4,16
Kampf- und Wetteiferspiele	15,00	—
Melonentanzspiele	—	56,25
Melonensteinspiel (ein Geschicklichkeitsspiel)	—	16,55
Puppenspiel	—	12,50
Spiele mit Sand	5,00	4,16
Spiele mit totem Getier	1,66	—
Imitationen von Tieren	5,00	—
Sonstige Spiele	11,79	—

Tab. 3: Prozentuale Verteilung verschiedener Spiele bei Jungen und Mädchen (SBRZESNY, 1976)

VII.4. Die Glaubensvorstellungen der Buschleute

Die Buschleute haben ihre Gedanken und Empfindungen über sich und die Welt oft in Form von Geschichten und Märchen ausgedrückt.
Die Herkunft der Buschleute wird in folgender Geschichte erzählt (RADOWITZ / HEINE, 1983):

> Eine Pavianmutter, eine Giraffenmutter und eine Schakalmutter waren die einzigen Tiere, die sich vor einem großen Regen auf einen Berg retteten und überlebten. Sie beklagten ihr Schicksal und weinten um ihre ertrunkenen Kinder. »Wären wir doch auch umgekommen«, schluchzte die Schakalmutter. »Wenn ich nur meine prallen Brüste leeren könnte!« klagte die Pavianmutter. Die Giraffenmutter überlegte: »Nur der Mond kann uns retten. Er macht das Wetter. Wir müssen versuchen, ihn zu finden und ihn um Hilfe bitten«. Die anderen waren einverstanden und warteten, bis die Sonne unterging. Die Giraffe recke ihren Hals, die Pavianmutter putzte ihre Augen blitzblank, und die Schakalmutter stimmte ihre Stimmbänder, um ihr Schicksalslied zu singen. Der Mond fand sie und hörte ihnen aufmerksam zu. »Ihr müßt warten, bis das Wasser wieder zurückgelaufen ist«, sagte der Mond. »Aber ich werde euch ein kleines Tier schikken, das eure Milch saugt. Gebt ihm genug zu trinken, dann wird es groß und stark werden.« Damit verschwand der Mond wieder hinter einer Wolke. Vor ihnen lag das kleine Tier. Wie der Mond ihnen geraten hatte, boten sie ihm ihre Zitzen an, die es gierig leertrank.
> So geschah es nun jeden Tag. Das fremde Geschöpf blieb bei ihnen und wurde mit jedem Tag kräftiger. Vom Schakal bekam es die Klugheit, vom Pavian erhielt es die scharfen Ohren und Augen, und von der Giraffe nahm es den stolzen, aufrechten Gang an. Als es größer wurde, ernährte es sich mit der Giraffe von den Pflanzen, teilte das Fleisch mit dem Schakal und sammelte Nüsse, Beeren und

Wurzeln mit dem Pavian. Es lebte von nun an im Feld und nannte sich Buschmann (Abb. 30).

Abb. 30: Pavian (RADOWITZ/HEINE, 1983)

Geschichtenerzählen und Gespräche sind sicher eine der Lieblingsbeschäftigungen der Buschleute. Im Zusammenhang mit der inneren Empfindung und Gefühlswelt steht auch ihr Gedankengut über die Entstehung der Welt, in der sie leben. Diese Vorstellungen sind zwar gruppenspezifisch unterschiedlich, doch über weite Bereiche ähnlich. So glauben beispielsweise die !Ko an einen Gott, der die Welt und die Menschen erschaffen hat:

In ihrer Vorstellung sahen zunächst alle Menschen gleich aus, später erschuf ihr Gott die verschiedenen Rassen, zuerst die Weißen, dann die Schwarzen und aus dem Rest die Buschleute, die deshalb auch so klein geblieben sind. Er formte auch die Tiere, zuerst die großen, dann aus dem Überbleibsel in seinem Topf die kleinen Tiere.

Ihr Gott führte die Buschleute zu den Antilopenherden, lehrte sie Pfeile und Bogen für die Jagd herzustellen und zeigte ihnen eßbare und giftige Knollen und Pflanzen. Er bestraft die Menschen für all ihre Vergehen, er ist immer gegenwärtig, und wenn die Buschleute Böses anrichten, bringt er ihnen dafür Krankheiten und Tod. Ihr Gott kann ihnen aber auch helfen, böse Geister zu vertreiben, die in ihre Körper eindringen und ihnen Unglück bringen. Die Seelen der Toten leben überall im Himmel und auf der Erde. Windhosen sind die Seelen böser Menschen, die rastlos über die weite Landschaft wandern. Man fürchtet sich vor ihnen. Die Sonne ist in den Augen der Buschleute etwas Böses, weil sie die Menschen verbrennen will. Der kühle Mond dagegen wird geliebt, weil mit seinem Erscheinen angenehme Linderung von der Tageshitze auftritt. Sonne und Mond werden jeden Tag von Geistern aufgegessen und dann wieder neu geboren. Die Sterne am klaren Nachthimmel werden als die Augen der Toten oder die Lagerfeuer der Seelen angesehen.

Warum der Mond am Himmel wohnt? (RADOWITZ u. HEINE 1983):

> Vor langer, langer Zeit war der Mond noch ein Buschmann. Er lebte im Feld und suchte sich tagsüber Knollen und Wurzeln zum Essen, und er schlief allein in seiner Hütte aus trockenem Gras.
>
> Eines Tages kam ein Buschmann und fragte erstaunt: »Warum lebst du hier so einsam ohne Sippe?« »Ich kenne niemand, der mich aufnehmen würde«, erwiderte der Mond, »aber du hast recht, es wäre besser, nicht allein zu sein und Frau und Kinder zu haben.« Und er seufzte tief.
>
> Der Buschmann hatte Mitleid mit ihm und zeigte ihm den Weg zu einer Sippe auf der an-

Abb. 31: Mondverehrung durch einen Buschmann

deren Seite des Flusses. Der Mond ging zu ihnen und bat, die älteste Tocher heiraten zu dürfen. Die Leute betrachteten ihn zögernd und flüsterten: »Noch nie haben wir einen so häßlichen Buschmann gesehen. Sein Kopf ist kugelrund, er hat weder Nase noch Ohren, und Augen scheint er auch nicht zu besitzen« (Abb. 31).
»Ich sehe Augen«, flüsterte die Mutter des jungen Mädchens. »Ich glaube, sie sitzen auf den großen Zehen, wo sonst die Fußnägel wachsen. Ich werde mir eine List ausdenken um herauszufinden, ob es so ist.«
»Komm, Sohn«, schmeichelte sie darum freundlich, »geh mit uns auf Knollensuche. Grabe sie aus und röste sie, damit ich sehe, ob du meine Tochter ernähren kannst.« Den ganzen Tag sammelte der Mond Wurzeln und Knollen, und am Abend entzündete er ein Feuer. Die alte Frau tat, als wollte sie helfen, verschüttete aber glühende Funken über seine Füße.
»Au, meine Augen«, schrie der unglückliche Mond, »du hast meine Augen verbrannt!« Er war überlistet worden von der Alten, die kreischte: »Du häßliches Wesen. Wie kannst du es wagen, mit diesem Gesicht, das überhaupt kein Gesicht ist, meine schöne Tochter heiraten zu wollen! Scher dich fort!«
Traurig kehrte er zurück in seine Hütte, und er brannte auf Rache. Niemand durfte sich ungestraft über ihn lustig machen! So ersann auch er eine List. Am nächsten Morgen bedeckte er seinen Kopf mit einem Ziegenfell, so daß sein Gesicht nicht zu erkennen war, überquerte den Fluß und bat noch einmal, das schöne Mädchen heiraten zu dürfen. Ihr gefiel der mutige und kräftige Buschmann, und so feierten sie bald Hochzeit. Unter seinem Ziegenfell versteckt, sah er seine junge Frau an und war glücklich, nicht mehr allein in seiner Hütte zu leben.
Nur die Mutter wunderte sich, warum der Fremde sein Gesicht verhüllte. Sie wurde neugierig. Als sie ihn nach alter Sitte mit geweihtem Wasser wusch, riß sie ihm plötzlich das Fell vom Kopf. Wie erschrak sie, als das häßliche Gesicht ohne Mund, Nase und Ohren zum Vorschein kam!
Durch ihr Geschrei stürzten alle Männer herbei, und sie klagte über den Betrug. Böse schlugen sie auf ihn ein, bis einer von ihnen blind vor Wut einen knolligen Knüppel ergriff und ihm einen so gewaltigen Schlag versetzte, daß der runde Kopf in den Himmel flog. Dort blieb er stehen. Er kam nie wieder zurück.

Die Menschen nennen ihn Mond. Immer wenn er groß und rund ist, setzt er seine Augen ins Gesicht, um auf das schöne Mädchen herabzusehen. Manchmal ist er traurig über seine junge Frau, die unerreichbar für ihn bleibt. Er weint bittere Tränen, und am Ende solcher Nächte ist das Feld mit Tau bedeckt (Abb. 32).

Abb. 32: Der Mond ist in der Vorstellung der Buschleute ein lebendiges Wesen

Von großer Bedeutung ist für die Buschleute auch der Blick in die Zukunft. Um ihr Schicksal und die Geschehnisse der Zukunft voraussagen zu können, pflegen sie ihre aus Leder hergestellten und mit verschiedenen Zeichen versehenen runden Orakelscheiben auszulegen. Dieses Deuten der Zukunft wird nur von bestimmten Personen, die meistens schon älter sind und die nötige Reife und Erfahrung mitbringen, in Form einer Geschichte, die das Vorausgesehene beinhaltet, durchgeführt (Abb. 33).

VII.5. Initiationsfeiern als kulturprägende Bestandteile

Wie bereits oben dargestellt, weisen die Buschleute eine bestimmte Sozialstruktur auf, die durch rituelle Abläufe und Gepflogenheiten aufrecht erhalten wird. Als wichtigste Rituale

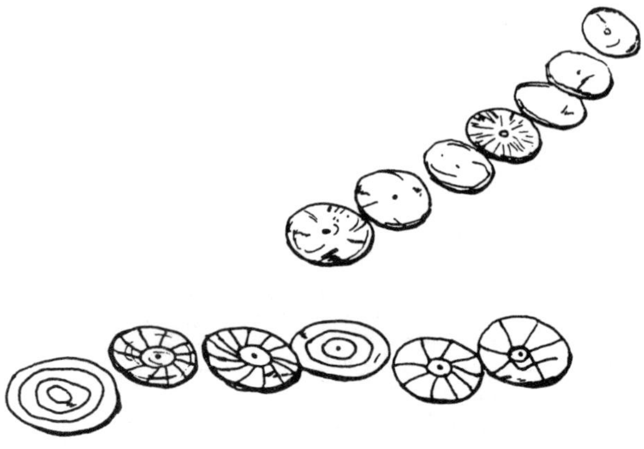

Abb. 33: Orakelscheiben der !Kung-Buschleute

gelten die Trancetänze in Verbindung mit den Initiationsfeiern der Mädchen und Jungen. Dies bedeutet gleichzeitig das Aufgenommenwerden in die Gruppe der Erwachsenen und damit das Übernehmen einer sozialen Rolle.

Die Jugendlichen lernen von den Erwachsenen — besonders im Zusammenhang mit der Initiation — die zeremoniellen Tänze. Die Initiationstänze dauern oft mehr als 24 Stunden, bis die Tänzer in einen Trancezustand verfallen und mit bloßen Füßen durch das Feuer gehen oder die Glut in die ungeschützten Hände nehmen. Alle Sinnesorgane scheinen dabei ausgeschaltet zu sein. Der Tanz wird nicht von Musik begleitet, sondern nur rhythmisch unterstützt. Dazu klatschen die Frauen in die Hände, und Männer und Frauen stampfen einheitlich mit den Füßen. Manche Tänze sind nicht rituell, sie werden nur aus Freude an der Bewegung ausgeführt.

Auf einer unserer Expeditionen zu den !Ko-Buschleuten wurden wir Zeugen einer Initiationsfeier:

> Fast unerträglich lastete die nachmittägliche Hitze auf uns, als wir mit dem Landrover die schmale Piste entlangfuhren, die von der Trans-Kalahari-Route gerade vor wenigen Mi-

nuten nach Nordwesten abgezweigt war. Unser Tagesziel war die kleine Buschmannsiedlung Takatshwane.

Wir waren alle zufrieden, denn unsere Fahrt in diesen abgelegenen Landstrich Nordwest-Botswanas hatte sich gelohnt. Mehrfach konnten wir Herden von 30–40 Schwarzfersenantilopen beobachten, die gemächlich äsend zwischen den aufgelockert stehenden Mopanebüschen langsam dahinzogen.

Das dröhnende Geräusch unseres starken Landrovers schien sie bei ihrer Nahrungssuche überhaupt nicht zu stören.

Von Zeit zu Zeit huschte ein aufgescheuchter Schwarm Perlhühner mit kreischender Stimme über die Piste. Ein stolzer Sekretär mit hoch aufgerichtetem Kopf hielt sich in respektvoller Fluchtentfernung und verfolgte mit seinen aufmerksamen Blicken unseren Weg.

Plötzlich wurden wir auf Geräusche aufmerksam, die uns veranlaßten anzuhalten und den Motor abzustellen. — Nein, das waren keine Tierlaute, die uns aufhorchen ließen; das dumpfe, monotone Geräusch kam aus der Richtung des Weges, der sich vor uns in das dichter werdende Buschfeld hineinzog.

Neugierig fuhren wir langsam weiter, dem immer stärker werdenden Lärm entgegen. Mit einem Mal gab das Mopanegestrüpp eine etwa 30 Meter breite und noch etwas tiefere Lichtung frei. Eine dünne Staubwolke stand über dem weiten Platz. In der Mitte brannte ein großes Feuer, das von 6–8 kräftigen, kurzen Eukalyptusstämmen, die kreuzweise übereinander geschichtet waren, genährt wurde.

Nach und nach konnten wir im dichten Rauchschleier etwa 15–20 menschliche Gestalten ausmachen. Wir hielten am Rande des Platzes an, wo mehrere Hütten und einige Windschirme standen. Davor flackerten einige kleine Feuer. Der Geruch von angebranntem Antilopenfleisch schlug uns entgegen. Durch die Öffnung einer kleinen Grashütte erkannten wir den mit schwarzen Streifen bemalten und mit bunten Ketten verzierten Körper eines etwa 12jährigen Mädchens, dessen Rücken immer wieder von einer alten Frau, deren ausgetrocknetes Gesicht von unzähligen Runzeln und Falten bedeckt war, mit einer grünlichen Paste eingerieben wurde.

Hier war offensichtlich gerade eine Initiationsfeier im Gange.

Fasziniert schauten wir auf die Masse der sich um das Feuer bewegenden Tänzer. Ihre nackten, muskulösen Oberkörper waren ebenfalls mit schwarzen Strich- und Punktmustern versehen und glänzten durch die starke Schweißbildung in der untergehenden Sonne. Die Männer bewegten sich langsam mit stampfenden Schritten. Um die Waden gewundene Tanzrasseln aus Insektenkokons, die mit Steinchen angefüllt waren, gaben dabei gedämpfte Geräusche von sich. Die schweißgebadeten Tänzer erschienen uns wie aus einer anderen Welt. Gefangen vom Banne ihres Tanzes fiel plötzlich eine besonders hagere Gestalt aus ihrer Mitte in einen völligen Trancezustand. Mit nackten Füßen stieg sie über die glühende Holzkohle und ließ einige kartoffelgroße Glutstücke durch ihre Hände gleiten. Die übrigen klatschten bewundernd Beifall.

Mehrmals wiederholte sich das grausige Schauspiel, indem sich die Tänzer immer wieder im Durchschreiten der Glut ablösten. Von Zeit zu Zeit machten die Männer eine kurze Pause; dann setzte sich die Gruppe auf ein Kommando hin wieder in Bewegung.

Mehr als 24 Stunden, bis zur völligen Erschöpfung der Tänzer, dauert im allgemeinen das Ritual. Die nicht sehr freundlichen Blicke der eng gedrängt um das Feuer sitzenden Zuschauer in Richtung der fremden Eindringlinge bewogen uns, in den Landrover zu steigen und weiterzufahren. Erleichtert atmeten wir auf, als die monotonen Tanzgeräusche hinter uns langsam verstummten und wir feststellen konnten, daß uns niemand folgte.

Die Vorbereitung auf die Hochzeit eines Mädchens geschieht zunächst durch kleine Einschnitte, die auf seinem Rücken angebracht werden. In die Schnitte wird dann die Asche magischer und medizinischer Wurzeln verrieben. Die

Asche soll die vereinigende Wirkung des vermischten Blutes stärken und helfen, das Gedeihen und das Glück des Paares zu sichern.

Dann nimmt eine Frau das Mädchen bei der Hand, führt es ins Freie und stellt ihm das Territorium der Gruppe des künftigen Ehemannes vor. Danach laufen die jüngeren Frauen der Horde mit ihm im Kreis herum, was man einen »Regensturm« nennt. Dann geht das Mädchen mit seinem Bräutigam zurück in die Hütte, wo beide mit gleichen Mustern aus rotem Ocker und Fett bemalt werden. Schließlich kommen auch die anderen Männer zur Hütte. Der Vater der Braut nimmt sie sanft bei der Hand — man stellt sie sich nun blind vor — und führt sie zu den Waffen ihres Ehemanns, die sie alle berührt, »damit diese ihn nicht verletzen sollen«. Danach stellt ihr der Vater die Mitglieder der Gruppe namentlich vor. Damit sind die Augen des Mädchens »geöffnet«.

Anschließend schmücken die Leute das Paar mit ihren eigenen Perlen, Bändern, Straußeneierschalen und anderem Schmuck. Die meisten Gaben werden am Ende des Tages wieder zurückgegeben, nur einige Lieblingsstücke behält das Paar auf unbestimmte Zeit.

Wenn die junge Frau das nächste Mal menstruiert, wird die Zeremonie wiederholt. Das kann auch noch ein drittes Mal geschehen.

Die Fortsetzung des Rituals besteht darin, daß der Ehemann ein Paar kleine Stäbe abschneidet und sie mit Mustern dekoriert, die eingraviert und eingebrannt werden. Dann fädelt er sie auf einen Riemen auf und reicht sie seiner Frau, damit sie diese um den Hals trage. Man sagt, dies zeige seine Wertschätzung und seine Freude, daß sie nun kein Mädchen mehr ist. Diese religiösen Zeremonien bedeuten so etwas wie eine Kennzeichnung ihres neuen Standes.

Männliche Jugendliche werden — wenn sie als reif genug befunden werden — in Gruppen von bis zu zehn Knaben im Herbst oder Winter gemeinsam initiiert. Die älteren Männer nehmen sie mit in den Busch, wo eine Hütte speziell für diesen Zweck errichtet wird. Hier bleiben sie zehn Tage und Nächte, wobei man ihnen u.a. einen geheimen Tanz und geheime Zeremonien beibringt. Die meiste Zeit wird jedoch damit verbracht, verschiedene Jagdmethoden sowie korrektes freundliches Betragen gegenüber ihresgleichen, Verwandten, Gruppenmitgliedern und Fremden zu erlernen. Hierbei handelt es sich um eine Zusammenfassung von allem, was sie während ihres bisherigen Lebens gelernt haben.

Der Status der Knaben hat sich nach diesen zehn Tagen im Busch nicht geändert, sie bleiben immer noch Kinder oder junge Männer und müssen erst durch ihr Verhalten unter Beweis stellen, daß man sie als Erwachsene betrachten kann (SILBERBAUER, 1972).

VII.6. Die Rolle des Todes in ihrer Kultur

Neben den Initiationsfeiern und dem damit verbundenen Eintritt in die Welt der Erwachsenen spielen der Tod und all die Dinge, die unmittelbar damit verknüpft sind, eine wesentliche Rolle im Leben der Buschleute.

Über das Sterben eines alten gebrechlichen G/wi-Buschmannes gibt MARSHALL-THOMAS (1959) folgenden Bericht:

> Ukwane, ein alter G/wi-Buschmann, öffnete uns eines Abends sein Herz:
> »Ich bin nun alt und blind. Meine Frau und ich, wir können einander nicht mehr ernähren und sind deshalb von den Verwandten abhängig.«
> Als sie Ukwanes gebrochene Stimme diese traurigen Dinge sagen hörte, stand seine Frau von ihrem Lager auf und setzte sich sachte neben ihn. So saßen die beiden alten Leute da, zusammengekauert neben dem Feuer, und ihre Augen starrten über seine Flammen hinweg hinaus in die Dunkelheit.

Dann sagte die Frau: »Es ist schlimm zu sterben, denn wenn man stirbt, ist man ganz einsam.«

Nach einem Moment des Schweigens erzählte uns Ukwane, wie verschiedene Mitglieder seiner einst zahlreichen Horde starben, so daß nur noch die wenigen übrig waren, die nun mit ihm zusammen lebten. Sein Vater und seine Mutter starben vor Durst, seine Kinder, seine jungen Nichten und Neffen sind ebenso wie seine Enkel in einer Pockenepidemie vor drei Jahren ums Leben gekommen.

Das war eine schreckliche Jahreszeit gewesen, und in der heißesten Zeit, als die Sonne sie alle austrocknete und der Boden zu heiß war, um darauf zu laufen, waren die Pocken gekommen, und die Krankheit »ging in die Münder der Menschen«, so daß sie nicht mehr essen konnten.

Die Kinder starben alle an einem Morgen, und ihre jungen Mütter waren noch vor Einbruch der Nacht tot.

Die alten Leute, die Überlebenden, die nie erwartet hatten, ihre Kinder und Enkel zu überleben, mußten diese nun begraben. Sie hoben flache Gräber aus und legten die Körper hinein, dann bedeckten sie die Gräber mit Ästen. Sie blieben noch für Monate in der Nähe, aus Trauer und um die Körper vor Tieren zu schützen.

Es war eine gräßliche Zeit gewesen, eine Saison des Todes, und die alten Leute mochten auch jetzt noch nicht daran zurückdenken. Wir sahen ihre traurigen Gesichter, als sie darüber sprachen, und wir sahen darin, daß sie sich selbst dem Tod sehr nahe fühlten; den Tag voraussehend, an dem die wenigen noch lebenden jungen Leute sie verlassen würden, wenn die Melonen vertrockneten, sie verhungern müßten.

Die Frau sagte noch einmal: »Es ist schlimm zu sterben, aber am Ende sterben wir doch alle.« Und Ukwane sagte, daß er nicht erwarte, noch eine neue Jahreszeit zu erleben. Dann fragte er uns, wann wir das Lager verlassen müßten. Wir antworteten, daß wir in einigen Tagen aufbrechen würden, und er war sehr traurig darüber.

Er sagte, er wolle danach neben unserer Fahrspur leben, auf den Tag wartend, an dem wir zurückkehrten.

Die Totenbestattungen sind unterschiedlich geregelt. Bei den G/wi-Buschleuten werden regelrechte Gräber ausgehoben, der Leichnam wird in gehockter Stellung beigesetzt und das Grab teilweise mit Grabbeigaben (Waffen, Schmuck etc.) versehen. Während der Trockenzeit, wenn die Gruppen ständig mobil sein müssen, dienen auch natürliche Höhlen (z. B. Termitenbauten) als »Grabkammer«, in die die Leiche zum Schutz vor Aasfressern gebettet wird.

VIII. DIE KALAHARI — VERBREITUNGSRAUM ZAHLREICHER ZEUGNISSE FRÜHERER FELSKUNST

VIII.1. Die Felskunst und ihre Bedeutung für die Wissenschaft

Ungezählte Felsmalereien und Felsgravierungen zieren die Gebirgstäler des südlichen und südöstlichen Afrikas sowie die Geröllblöcke des offenen Landes. Mehr als 150000 Einzeldarstellungen gibt es allein in der Republik Südafrika. Diese Felskunstwerke Süd- und Südostafrikas könnte man als eine Art bildlicher Enzyklopädie betrachten, die in überaus eindrucksvoller Art und Weise das traditionelle Leben des uralten Volkes der San in einer längst vergangenen Zeitepoche schildert (Abb. 34).

In einem solchen steinernen Nachschlagewerk finden sich in unzähligen Felsgalerien bildhafte Schilderungen von Jagd- und Sammelausflügen, von Spielen und Kämpfen, von Tänzen und Zeremonien sowie von Trachten und Ausrüstungsgegenständen. Die heute von den Nachfahren größtenteils verlassenen Orte stellen eine einzigartige Quelle ständiger Bewunderung für den unbedarften Besucher dar. Mit der Inbesitznahme des ehemaligen Gebietes der San durch Bantu und weiße Siedler ging der Verlust eines Großteils der alten Traditionen, Sitten und Gebräuche sowie der Erinnerung an Felskunsttechniken einher, so daß diese Felsgalerien heute für den Wissenschaftler eine nahezu unversiegbare Informationsquelle darstellen.

Durch Untersuchungen steinzeitlicher Skelettfunde von Menschen sind zwar Rückschlüsse auf Körpergröße, Schädelkapazität, Hebelwirkung und Muskelkraft möglich, jedoch nur bedingt auf die Haut und ihre Farbe, die Haare, das Gesicht sowie das gesamte Erscheinungsbild des Toten. Hier — aber auch bei der Frage nach der Handhabung bis dato unbekannter Werkzeuge und Geräte — kann das Studium der naturgetreuen bildlichen Darstellungen in der Felskunst Abhilfe leisten. Ein ausgegrabener Bogen sagt dem Archäologen eben nicht, ob dieses Gerät nur als Jagdwaffe oder vielleicht auch als Musikinstrument gedient haben könnte.

Um den traditionellen und materiellen Besitz der San, ihr tägliches Leben, ihre Folklore, ihre Zeremonien und Gebräuche, ihre Mythen und Glaubensvorstellungen richtig kennenlernen und ganz verstehen zu können, ist es notwendig, auf die ältesten zur Verfügung stehenden zeitgenössischen Zeugnisse ihrer Kultur zurückzugreifen. Dies sind, da die San als schriftloses Volk keinerlei derartige Aufzeichnungen hinterlassen haben, neben den — nicht immer objektiven — Schilderungen früherer Reisender, den mündlich überlieferten Volkserzählungen und den Grabfunden, vor allem die Felsbilder.

In den ältesten Felsmalereien und Felsgravierungen Südafrikas ist wohl insbesondere das den Buschleuten Ureigene dargestellt, da sie über einen langen Zeitraum hinweg die einzigen Bewohner des südafrikanischen Subkontinents waren.

Die jüngeren Malereien und Gravierungen zeigen dagegen verstärkt die Unterschiede zwischen dem Volk und der Kultur der San und den fremden Eindringlingen, die anscheinend körperlich, materiell und »kulturell« überlegen waren. Der wissenschaftliche Wert der in den Fels »geschriebenen« Überlieferungen kann im Hinblick auf ihre historischen und zeitgeschichtlichen Aussagen nicht hoch genug eingeschätzt werden. Die große Bedeutung der südafrikanischen Felskunstrelikte für die Beantwortung der vielen noch offenen Fragen zur Vorgeschichte Südafrikas tritt aber wohl erst dann zu Tage, wenn es gelingt, die Gesamtheit dieser gemalten und gravierten zeitgeschichtlichen Dokumente hinreichend genau zu datieren und zu interpretieren. Zur Beantwortung der Fragen nach der Besiedlungsgeschichte Südafrikas und nach den — bislang nur unbefriedigend erforschten — Wanderungsbewegungen der gegenwärtig in Südafrika lebenden Bevölkerungsgruppen, ist vor allem die Altersdatierung und Interpretation der Felskunstrelikte unseres Jahrtausends von eminenter Bedeutung. So könnte die Felskunstforschung als Ergänzung zu den Untersuchungen der Skelettfunde dazu beitragen, ein lückenloses Bild der Geschichte Südafrikas und seiner Einwohner bis zu dem Zeitpunkt zu zeichnen, an dem die ersten Europäer ihren Fuß auf südafrikanischen Boden setzten.

Die Geschichte der Felskunstforschung Südafrikas beginnt im 18. Jahrhundert. Die frühesten Hinweise auf die Existenz von Felskunst im südlichen Afrika verdanken wir einem portugiesischen Geistlichen aus Mozambique, der 1721 von auf Felsen gemalten Tieren berichtete. Die ersten Kopien von Felsmalereien stammen aus den Jahren 1776 oder 1777. Sie wurden von Johannes Schumacher angefertigt, der Ende des 18. Jahrhunderts das Innere Südafrikas bereiste und Buschmannhöhlen in den »Sneewbergen« des Kaplandes beschrieb.

Während diese älteren Nachrichten Felsmalereien beschreiben, stammen die frühesten einwandfreien Berichte über Felsgravierungen aus der Mitte des 19. Jahrhunderts. Erst zu Beginn des 20. Jahrhunderts entstanden ausführliche Monographien zur Felskunst. Bis heute sind einige hunderttausend Einzeldarstellungen im gesamten süd- und südostafrikanischen Raum bekannt. Man geht jedoch davon aus, daß es wohl noch zwei oder drei Generationen intensiver Nachforschungen bedarf, um mit einiger Sicherheit den gesamten Umfang der Felskunstrelikte zu erfassen.

Seit den ersten Felskunstentdeckungen stellt sich bereits die Frage, wer diese Kunstwerke erschaffen hat. Wenn auch die Ursprünge der Felsmalerei noch sehr im Dunkeln liegen, so ist man sich doch heute im allgemeinen darin einig, daß die Buschleute für lange Zeit die Träger dieser Kunst und Kultur im südlichen Afrika waren und für ihren Fortbestand gesorgt haben. So war HAHN (1870) noch Zeuge dieser Kunstausübung. Nach seiner Aussage waren es eindeutig »munter malende Buschleute«, die er bei der Arbeit beobachtete. Er beschrieb sogar Einzelheiten über die Gewinnung der Farben.

Noch 1865 wurden bei einem erschossenen Buschmann — vermutlich ein Maler — zehn mit verschiedenen Farben gefüllte Antilopenhörner gefunden. Der letzte Hinweis kam von einem Zulu, der im Jahre 1931 behauptete, Buschleute beim Malen von Felsbildern gesehen zu haben. Die Buschleute selbst können heute jedenfalls keine Auskunft mehr über diese Seite ihrer Vergangenheit geben, denn in ihrer Kultur fehlt das notwendige Interesse an Ereignissen, die vor der Zeit ihrer Großeltern stattfanden.

VIII.2. Felsgravierungen und Felsmalereien als Ausdruck vergangener Kultur der Buschleute

Die bekannten Fundstellen prähistorischer Felsbilder sind über den gesamten afrikanischen Kontinent verstreut. Vom marokkanischen Atlasgebirge im Norden Afrikas über das Tassili-, Ahaggar- und Tibestigebirge, das ostafrikanische Grabensystem und die Drakensberge bis zum äußersten Süden, dem Kap der Guten Hoffnung, findet man Hunderttausende auf Stein gemalte oder eingravierte Bilder, die oftmals von hohem technischen Können und künstlerischem Wert zeugen.

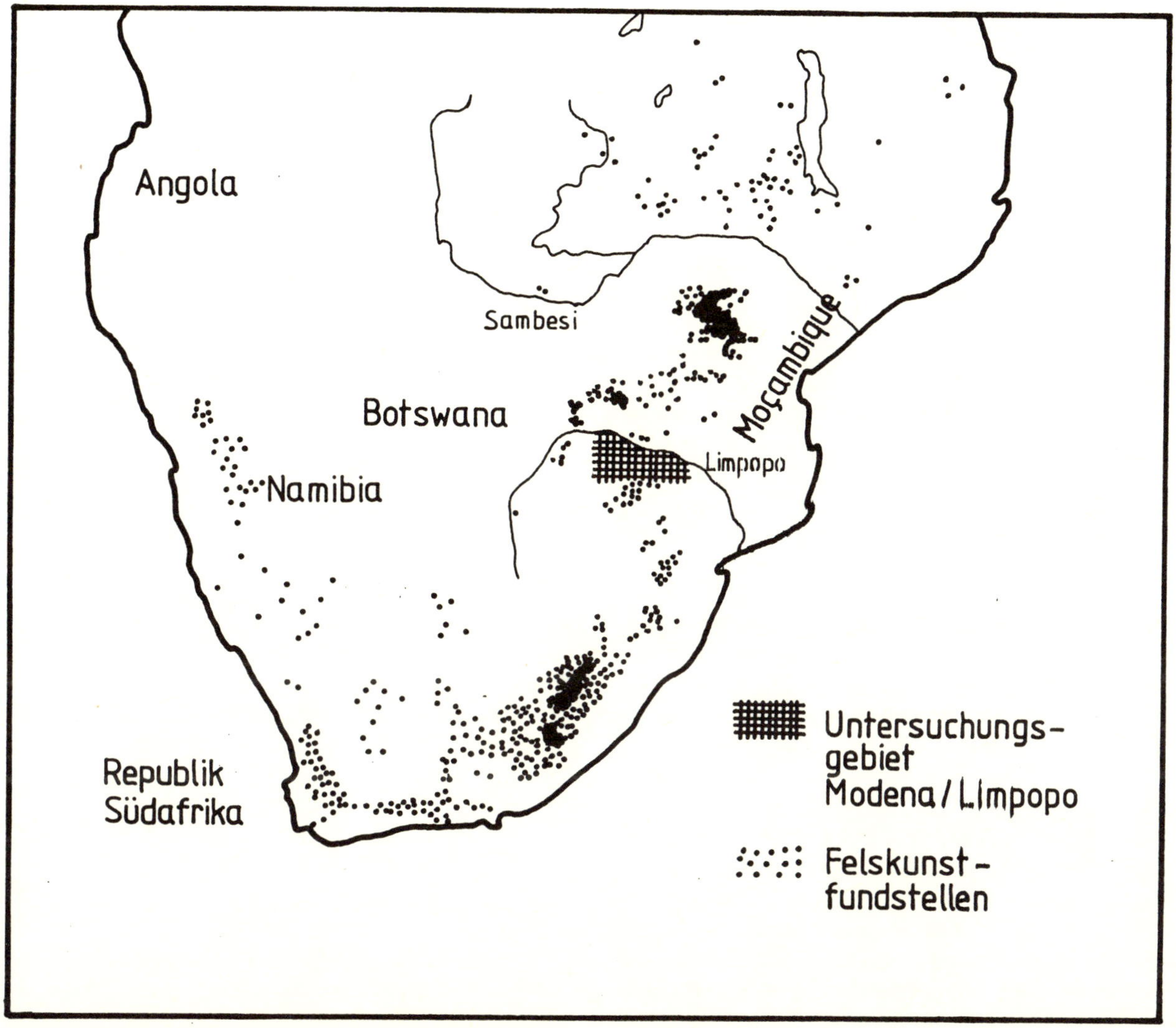

Abb. 34: Felskunstfundstellen im südlichen Afrika

Da sich die Felsmalereien und Felsgravierungen hinsichtlich des Stils und der Exaktheit der Ausführung beträchtlich unterscheiden, sollen sie gesondert Beachtung finden.
Der größte Teil der bislang entdeckten Fundstellen der Felsgravierungen (Petroglyphen) im südlichen Afrika liegt auf den Territorien der Republik Südafrika und Namibias (Abb. 34). Darüber hinaus gibt es einige, zahlenmäßig geringere Vorkommen in Angola, Zimbabwe, Mozambique, Sambia und Botswana, die jedoch in der gängigen Literatur nur beiläufig Erwähnung finden. In der Republik Südafrika ist das Verbreitungsgebiet der Felsgravierungen fast völlig

von den Felsmalereien getrennt. Überlappungen von beiden Felskunsttechniken gibt es kaum. Die Hauptfundstellen der Petroglyphen befinden sich im Bereich des südafrikanischen Zentralplateaus. Dieses umfaßt den größten Teil der Kapprovinz sowie die westlichen Gebiete der Provinzen Oranje Freistaat und Transvaal.

Die wichtigsten Fundregionen Namibias liegen nordöstlich und südwestlich der Hauptstadt Windhuk; da hier jedoch das Verbreitungsgebiet der Felsgravierungen stark mit Felsmalereien durchsetzt ist, ist hier eine Trennung beider Areale unmöglich.

Die südafrikanischen Felsgravierungen werden nach der Gravierungstechnik in fünf Kategorien eingeteilt, die in einigen Fällen auch kombiniert vorkommen können; zudem sind auch Felskunstfundorte bekannt, wo entweder bemalte Gravierungen oder nachträglich gravierte Malereien auftreten.

Flächenhafte Wirkungen wurden mit den Techniken des **Abschabens** unterschiedlich dicker und gefärbter Patina-Schichten einer Felswand (mit spitzen Steinen) oder des **Polierens** einer in den Stein getriebenen Abbildung erzielt. Bei der **Geritzten Gravierung** sind die dargestellten Motive mit einem harten, spitzen Stein in den Fels geritzt worden. Die einzelnen Linien, die von sehr großer Feinheit sein können, sind bei dieser Technik deutlich unterscheidbar.

Die im südlichen Afrika am häufigsten auftretenden Darstellungen entstanden dadurch, daß mit Hilfe eines Steines Löcher nebeneinander in den Fels »gepickt« wurden. Solche **Gepickten Felsbilder** können Umriß- oder Flächendarstellungen oder eine Kombination von beiden sein. Ähnlich zeigt sich auch die Technik der **Gehackten Gravierung,** nur wurde hier nicht so sorgfältig und gleichmäßig gearbeitet.

Drei Hauptmotivgruppen lassen sich bei den Felsgravierungen unterscheiden: die Darstellung von Menschen oder einzelnen Körperteilen, von Tieren oder Tierfährten sowie von schematischen, abstrakten Mustern. Innerhalb dieser drei Hauptgruppen ist die Gewichtung der Darstellungen bezüglich der einen oder anderen Motivgruppe von Ort zu Ort verschieden. Im allgemeinen dominieren Einzeldarstellungen, gelegentlich treten jedoch auch Kompositionen aus den verschiedenen Motiven auf (Abb. 35).

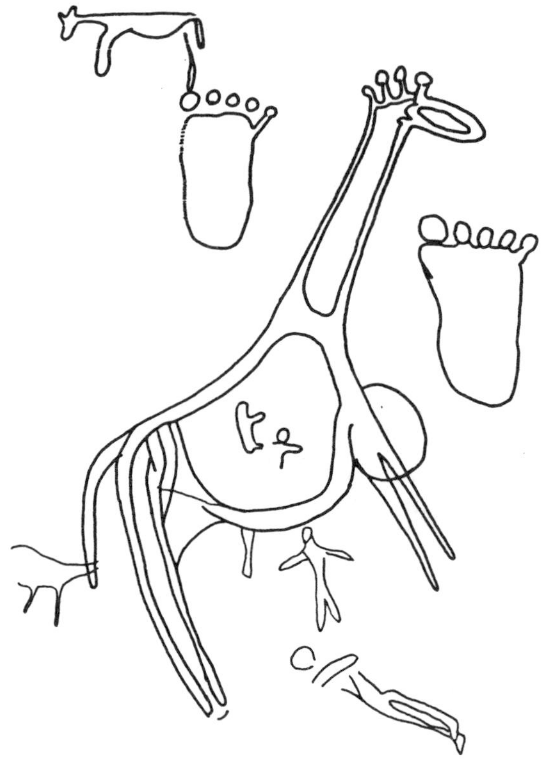

Abb. 35: Felsgravierungen aus Namibia, die Tiere, Menschen und Fußabdrücke zeigen

Nach den Tiergravierungen nehmen die Gravierungen von Menschen den größten Teil der Petroglyphen ein. Charakteristisch für die Darstellung von Menschenfiguren im südlichen Afrika ist die Unkenntlichkeit der abgebildeten Gesichter. Der Grund hierfür ist in erster Linie

die bei der Felsgravierung schwierige Bewerkstelligung der Ausführung feiner Linien.
Meist wurden die Menschen auf den Abbildungen nackt dargestellt; allerdings gibt es auch einige Gravierungen, deren Detailtreue Rückschlüsse auf die »Kleidung« zuläßt. Die Auswertung bezüglich eventuell vorhandener Kleidungsstükke läßt den Schluß zu, daß traditionell wohl nur ein Karoß getragen wurde, entweder vom Hals bis zur Hüfte oder von der Taille bis zu den Knien, und daß als Kopfbedeckung Fellmützen, spitze Mützen, Kappen und Tierhörner dienten.
An Schmuckgegenständen sind Schnüre oder Ketten dargestellt, die um Hals, Taille, Arme und Beine getragen werden. Gelegentlich finden sich unter den Gravierungen auch Darstellungen von Menschengruppen, die bei Jagd, Tanz oder, wie in einigen Abbildungen, als saltoschlagende Akrobaten graviert sind. Die abgebildeten Waffen, mit denen sich die Männer ausrüsteten, lassen sich als Pfeile und Bogen, vereinzelt auch als Speere und Springhasensonden interpretieren; Tänzer sind durch Tanzrasseln an den Beinen charakterisiert.
Tiere stellen das zahlenmäßig am stärksten vertretene Motiv in den Felsbildern dar. Sie erscheinen einzeln, aber auch in Gruppen — etwa als Rudel. Die Felskünstler haben uns jedoch nicht nur leblose Bilder hinterlassen, sondern sie erzählen uns auch Geschichten mit ihren Darstellungen, wie verschiedene Jagdszenen beweisen: Da sehen wir einen Leoparden, der gerade eine Oryxantilope reißt oder Jäger, die auf das Verenden des von ihnen angeschossenen Wildes warten oder sich als Strauße tarnen. Bei den Tieren sind in den Felsgravierungen die charakteristischen Eigenarten und besonderen Artmerkmale stark übertrieben dargestellt; so bildeten die Künstler z. B. Giraffen mit einem überlangen Hals und ebensolchen Beinen ab (Abb. 36).
Das Großwild, und hier vor allem Antilopen, Elefanten, Giraffen, Nashörner und Zebras, nimmt bei den Petroglyphen einen besonders breiten Raum ein. Zwei Gründe sind hierfür wahrscheinlich maßgebend: Einerseits die Faszination, die von großen und mächtigen Tieren ausgeht, und andererseits sicherlich der Umstand, daß die Größe der Tiere die Umrißform leichter erfaßbar macht, was wiederum die Gravierung erleichtert.
Die Abbildungen von kleinerem Jagdwild wie Affen, Hasen und Schweinen sind selten, wohingegen Raubtiere relativ häufig auftreten, vor allem Geparden, Hyänen, Leoparden, Löwen und Schakale.
Bei den Vogeldarstellungen dominiert der Strauß aufgrund seiner Größe und der Bedeutung, die er bzw. sein Gelege für die Buschleute hat (Straußeneier als Wasserbehälter). Seltener wurden Adler, Eulen, Flamingos, Rebhühner, Trappen und Vogelgelege als Motiv benutzt.
Eidechsen, Fische, Insekten und Schildkröten bzw. die »Jagd« auf diese Tiere sind nur auf wenigen Petroglyphen zu finden; vielleicht lag es unter der Würde der Jäger, diese »niederen« Tiere abzubilden.
Wegen der relativen Ungenauigkeit der Gravierarbeiten plazierten die Künstler neben die vielen Tierabbildungen noch zusätzlich die dazugehörigen Tierfährten, um die Aussagekraft und Eindeutigkeit ihrer Werke zu erhöhen. Oftmals ist es heute erst unter Zuhilfenahme der Tierfährtenabdrücke möglich, die dargestellten Tiere eindeutig zu identifizieren.
Neben den reinen Menschen- und Tierdarstellungen finden wir auch die recht zahlreich auftretenden anthropomorphen Darstellungen, Phantasiefiguren, die sowohl menschliche als auch tierische Merkmale aufweisen. Über den Sinn und die Bedeutung derartiger Fabelwesen liegen bislang noch keine gesicherten Erkenntnisse vor, möglicherweise handelt es sich jedoch um Wesen, die der Mythologie der Künstler entstammen.
Floristische Motive bilden die große Ausnahme. In der Literatur wurden vereinzelt gravierte

Abb. 36: Gravierte Tierdarstellung (Namibia)

Abbildungen von Blumen, nicht näher bestimmbaren Bäumen und Gebüsch erwähnt. Darstellungen von Pflanzen in einem größeren Zusammenhang, etwa in Form einer Landschaft, sind jedoch nicht bekannt. Auch Menschen und Tiere wurden nicht in ihre biotische Umwelt eingebunden. Sie wurden isoliert abgebildet oder im kulturellen Umfeld gezeigt, nicht aber in bezug zu Topographie oder Vegetation.
Zahlreiche schematische Gravierungen konnten durch Vergleiche mit ähnlichen, zusammen mit Tieren abgebildeten Formen als Fallen identifiziert werden. Viele Darstellungen wurden als Sammeltaschen, die im täglichen Leben einer Jäger- und Sammlergesellschaft eine besondere Bedeutung haben, interpretiert. Des weiteren kann man in anderen schematischen Mustern Jagdgeräte, Kleidungsstücke, Tassen, Schalen und Näpfe, ein Tsamamelonensieb, Hütten und eine Vorrichtung zur Herstellung von Lederriemen erkennen.
Die Frage nach dem Alter der Gravierungen ist bislang noch nicht geklärt. Untersuchungen von Felsgravierungen in der »Wonderwork Cave« in der nördlichen Kapprovinz ergaben ein Alter von mindestens 10 000 Jahren. Es wurden einige Gravierungen gefunden, die aufgrund der Darstellung längst ausgestorbener Tiere sogar 44 000–48 000 Jahre alt sein könnten. Diesen hohen Altersangaben setzt man allerdings den Einwand entgegen, daß Felsgravierungen im allgemeinen höchstens 1 000 Jahre alt sein

könnten, da nach Ablauf einer derart langen Zeitspanne die Oberfläche der Gesteine auf das Niveau der Einritzungen degradiert sein müßte (gesteins- und witterungsabhängig), womit die ganze Gravierung eingeebnet wäre. Diese Ansicht scheint durch C^{14}-Datierungen älterer Felskunstrelikte jedoch widerlegt zu sein. Die jüngsten Arbeiten sind erst ca. 100 Jahre alt. So geht die Anlage der letzten Petroglyphen sowie der Malereien zeitlich einher mit der Vertreibung der San aus den großen südafrikanischen Felsmassiven durch Bantu und Buren im 19. Jahrhundert. Im letzten Drittel des 19. Jahrhunderts ging damit in Südafrika eine viele tausend Jahre währende Kunstepoche abrupt zu Ende.

Ebenso wie die Felsgravierung ist auch die andere Darstellungstechnik in der Felskunst — die Felsmalerei — im gesamten südlichen Afrika verbreitet. Während jedoch Gravierungen infolge ihrer größeren Wetterbeständigkeit von den Künstlern auch an Stellen in den Fels getrieben wurden, die wenig oder überhaupt keinen Schutz vor Regen oder Wind haben, sind die empfindlicheren Malereien überwiegend an wettergeschützten Felswänden und Felsüberhängen angebracht. Dunkle, unterirdische Höhlen sind in der Regel nicht mit Malereien geschmückt.

Malerei und Gravierung unterscheiden sich vor allem in der Exaktheit und Naturtreue voneinander. Während die Felsgravierungen doch teilweise recht ungehobelt in den Fels gehauen sind, was dazu führt, daß ihre Interpretation allerhand Spekulationen Raum läßt, zeichnet sich die Malerei infolge der Feinheit der Malwerkzeuge sowie der farblichen Gestaltung durch eine größere Genauigkeit aus. Obwohl die Masse der Felsmalereien in Südafrika jünger als 2000 Jahre alt ist, wird in der Fachliteratur von Malereien berichtet, deren Alter auf 24000–26000 Jahre oder sogar auf älter als 27500 Jahre geschätzt wird.

In herrlich leuchtenden Farben sind die Felsmalereien dargestellt, manchmal auch in einer einzigen Farbe als monochrome Abbildung angelegt oder aber als polychrome Darstellung, unter Verwendung mehrerer Farbtöne.

Quantitativ herrscht in den Felsmalereien Südafrikas ganz eindeutig die Farbe Rot, vor allem in der Schattierung Rotbraun vor. Daneben wurden in geringerem Umfang Ocker, Gelb, Braun, Weiß und Schwarz benutzt. Nur wenige Male fand man Abbildungen in Blau und Grün, wobei man sich heute jedoch noch nicht sicher ist, ob Grün als Farbe aufgetragen wurde oder nur durch eine chemische Veränderung einer anderen Farbe entstanden ist.

Bemerkenswert ist die Haltbarkeit dieser Farben: Hunderte, in manchen Fällen Tausende von Jahren überdauerten die Gemälde. War es Zufall, daß die Künstler solche hervorragenden Farben schufen, oder hatten sie verschiedene Experimente zur Haltbarkeit vorgenommen?

Bei der langwierigen Herstellung der Farben wurden pulverisierte Erdpigmente mit Bindemitteln vermengt. Diese haben die Aufgabe, die einzelnen Farbpigmente untereinander zu verbinden und die Farben auf dem Felsuntergrund haften zu lassen. Die Künstler benutzten als Bindemittel Stoffe, die sie in ihrer täglichen Umgebung vorfanden, vor allem Knochenmark, Tierfett, Euphorbiensaft, Eiweiß, Milch, Honig, Blut und Urin.

Die Farbe Weiß wurde z. B. aus Zinnoxyd, dem Latex der Euphorbie und Kaolin oder Vogelexkrementen hergestellt. Für die schwarze Farbe benötigte man Kohle und/oder Mangan. Gelb, Rot und Braun wurden überwiegend aus Eisenoxyden wie Ocker oder Hämatit hergestellt. Zum Auftragen der Farben verwendeten die Künstler offensichtlich schon verschiedene Gegenstände. Es wurde mit Knochenspachteln, Federn, ausgefaserten Hölzchen und Gnu-Pinseln — angefertigt aus den Haaren des Weißschwanzgnus — oder aber mit den eigenen Fin-

gern als Malwerkzeug gearbeitet, so daß Kunstwerke von großer Präzision entstehen konnten.
In den Felsmalereien sind die gleichen Hauptmotivgruppen, wenn auch in anderer Gewichtung als bei den Gravierungen, vorhanden (Abb. 37).
Bei den gemalten Menschendarstellungen wurden, neben kompletten menschlichen Körpern, auch einzelne Gliedmaßen, vor allem Hände, abgebildet. Hierfür sind unterschiedliche Techniken zum Einsatz gekommen. Eher seltener wurden die Hände an die Wand gemalt. Häufiger hat man nur mit Farbe bestrichene Handflächen auf den Fels gedrückt. Das Studium dieser Handabdrücke erlaubt Rückschlüsse auf die Urheber der Felskunst; so kam man aufgrund der Abmessungen der Handflächen zu dem Ergebnis, daß die Urheber nur Buschleute gewesen sein können.

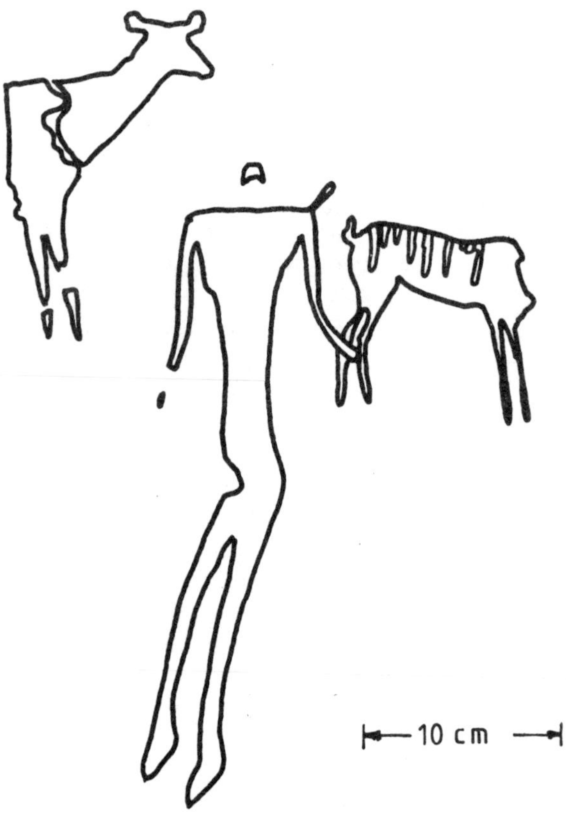

Abb. 37: Unvollständige Darstellung eines Menschen und zweier Tiere in Modena (Nord-Transvaal)

Männer wurden sehr viel häufiger als Frauen oder gar Kinder abgebildet. Frauenfiguren sind durch große Brüste und stark ausgeprägte Steatopygie (Fettsteißbildung) gekennzeichnet. Bei der Darstellung der Männer wird in der Regel der Penis überbetont.
Die Menschendarstellungen zeigen jedoch nicht immer nur sanide Jäger. Es gibt daneben noch eine ganze Reihe von Abbildungen, die Hottentotten, Bantu oder weiße Siedler zeigen. Die Unterschiede wurden durch charakteristische Hautfarbe, Größe, Kleidungsstücke und Ausrüstungsgegenstände sowie sonstigen materiellen Besitz hervorgehoben. So sind Bantu zumeist mit Schild und Lanze, Weiße mit Gewehren und Hottentotten mit ihrem Vieh abgebildet. In der Regel treten die einzelnen Menschenfiguren nicht isoliert auf, sondern in einer größeren Gruppenkomposition, die häufig Tanz-, Jagd-, Wanderungs- oder Kriegsszenen zum Inhalt hat.
Daß die Felsmalerei der Felsgravierung hinsichtlich der möglichen Detailtreue überlegen ist, lassen einzelne Figuren, Körperformen, Gesichtszüge, Körperbemalungen und sogar kleinste Schmuckgegenstände deutlich erkennen. Trotz dieser Möglichkeiten ist die detaillierte Abbildung menschlicher Figuren beileibe nicht die Regel. Es überwiegen auch hier vielmehr die abstrakten und stilisierten Fassungen durch Linien oder die uniforme Ausmalung der gesamten Figur — ohne auf charakteristische Züge Rücksicht zu nehmen (Abb. 38).
Infolge der schon mehrfach angesprochenen besseren Möglichkeiten für Natur- und Detailtreue, sind in den Abbildungen der südafrikanischen Felsmalereien Tierfährten als zusätzliche

Identifikationsmerkmale weniger bedeutungsvoll und daher seltener dargestellt. Bei den wenigen Tierfährten herrscht die Tendenz zur »Schlamperei« vor. Oftmals machten es sich die Felskünstler sehr einfach, indem sie schlicht zwei Finger in die Farbe tauchten und damit über die Felswand »liefen«. Andere Tierfährtendarstellungen fallen ebenfalls weniger durch Detailtreue als durch ihre wechselnde Spurbreite auf.

Die Tiere sind im allgemeinen vollständig abgebildet. Sieht man einmal von den oft fehlenden oder verunstalteten Extremitäten ab, häufig im Laufen, Lauschen, Äsen, Lagern, Zusammenbrechen oder auch tot. Dabei findet man die letzten beiden Darstellungsformen am seltensten. Allgemein sind Tierdarstellungen naturalistischer als Abbildungen von Menschen. Es wurde offensichtlich besonders darauf geachtet, durch die gesamte Haltung, die Stellung der Ohren und die Betonung der Rückenlinie den Spannungszustand des Tieres deutlich zu machen. Die malerische Umsetzung derartiger Charakteristika — dazu gehört auch die Hervorhebung typischer Jungtierschemata — setzt beim Künstler ein ungemein geschultes Auge voraus, da er

Abb. 38: Menschengruppe: Vier Jäger mit ihren Jagdwaffen und zwei Frauen

die Tiere aus dem Gedächtnis heraus malen mußte.
Besonders eindrucksvoll ist die Vielzahl der dokumentierten Antilopenarten, die anscheinend zu den Lieblingsmotiven der prähistorischen Felskünstler zählten. Neben allen größeren im südlichen Afrika beheimateten Säugetieren findet man Abbildungen von Vögeln, Kriechtieren, Amphibien und sogar Insekten wie z. B. der Biene. Letztere wurden zumeist in Zusammenhang mit der Tätigkeit des Honigsammelns dargestellt. Haustiere sind ebenfalls vertreten. Die jüngeren Malereien beinhalten Hunde-, Kühe-, Pferde-, Schafe- und Ziegenabbildungen, wobei der Betrachter sogar aufgrund der eindeutigen Farbgebung und Heraushebung bestimmter Charakteristika einzelne Rassen unterscheiden kann.
Wie schon angedeutet, sind Pflanzenabbildungen auch in der Malerei sehr selten. Bislang kennen wir nur wenige Einzeldarstellungen. So sei hier die Abbildung einer Blume und die Abbildung von Bäumen erwähnt. Zwei Baumarten, Aloe dichotoma (Köcherbaum), aus dem die Buschleute ihre Pfeilköcher herstellen, und Acacia caffra wurden identifiziert.
Die schematischen Muster konnten in der Felsmalerei aufgrund der großen Detail- und Naturtreue zu einem beträchtlichen Teil eindeutig als Gebrauchsgegenstände bestimmt werden. In der Ndedema-Schlucht wurden folgende Utensilien nachgewiesen: Pfeil und Bogen, Köcher, Keule (Kirri), Grabstöcke (teilweise zur Arbeitserleichterung mit Steinen beschwert) und Sammeltaschen. Darüber hinaus fanden sich noch andere Gebrauchsgegenstände, die aber nicht den San zugeordnet werden konnten: Fliegenwedel, Speere, Schilde und Äxte. Besonders Speer und Schild wurden in der Malerei oft benutzt, um die Bantu von den San zu unterscheiden. Weitere materielle Besitztümer der San sind der Musikbogen und die Gorra, die ebenfalls in der Felsmalerei Erwähnung finden. Als offensichtlich sehr gebräuchliche »Kleidungsstücke« sind der Schamschurz, das Cape und der kurze, mittlere und lange Karoß zu deuten. Erwähnenswert erscheinen auch die Darstellungen von Hütten oder von Windschirmen. Leitern waren anscheinend beim Honigsammeln in Gebrauch. Als Rarität unter den schematischen Mustern, deren Bedeutung entschleiert ist, sei die Darstellung eines Schiffes oder Bootes erwähnt. Dabei handelt es sich wahrscheinlich um ein Boot der fischfangtreibenden San am Ufer des Okavango (Abb. 39).
Als weitere Besonderheit sind an dieser Stelle die Abbildungen von Wolken und Regen zu nennen. Trotz der eminenten Bedeutung von Wasser für Flora und Fauna, und dadurch letztendlich auch für den Menschen, wurde dieses Motiv erstaunlicherweise selten gewählt.
Aufgrund der verschiedenen Darstellungsqualität, der Motive und der Farben untergliedert RUDNER (1970 und 1978) die Felsmalereien des südlichen Afrikas in drei Stilrichtungen:
Die **Formale Schule** ist als die älteste Stilepoche anzusehen. Ihre Verbreitung erstreckt sich über Zimbabwe, Namibia und das südwestliche Kapland. Typisch für diese stilisierte Malepoche ist die sparsame Verwendung von Bewegungsformen und die monochrome, rote Darstellung der Figuren. Die menschlichen Gestalten sind oftmals durch sichelförmige Köpfe gekennzeichnet (»Hook-headed-Style«). Diese Kopfgestalt resultiert in einigen Fällen aus der Auswaschung bzw. Ausbleichung der helleren Gesichtsfarben im Laufe der Zeit, wogegen die schwarze Haartracht erhalten blieb. In anderen Bildern wurde die Kopfform jedoch bewußt gewählt. Die Schultern der portraitierten Figuren sind immer von vorne dargestellt, Kopf, Arme und Beine von der Seite. Diese Art der Darstellung führt zu der typischen keilförmigen Gestalt der Oberkörper. In der Endphase dieser Malepoche kamen mehr Bewegung und Farbe in die Malereien; oftmals wurde auch nachträglich

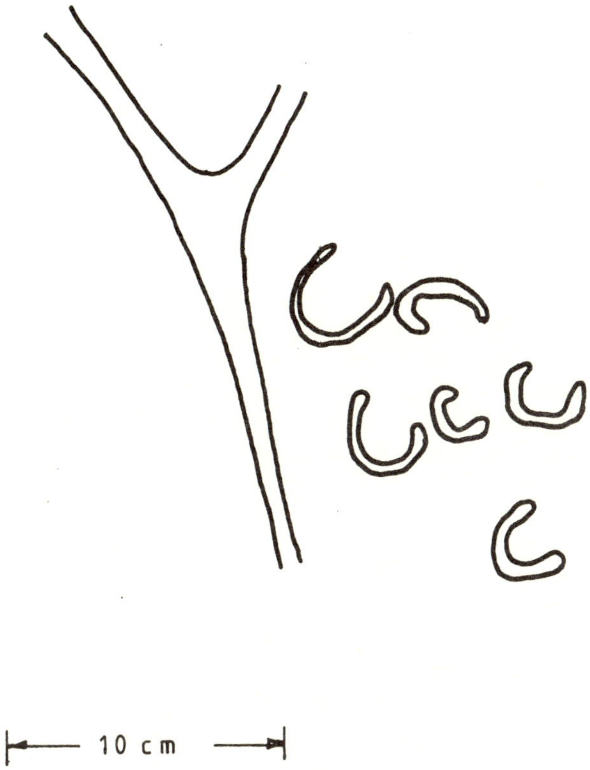

Abb. 39: Auffallende, stark abstrahierte Zeichnung. Wahrscheinlich ist hier der Grundriß einer Buschmannsiedlung mit 6 Windschirmen wiedergegeben. Das große, in vielen Darstellungen auftauchende Zeichen ist möglicherweise ein Symbol für den Fischfang

weiße Farbe aufgetragen. Die Figuren, die in der Blütezeit der Formalen Schule ziemlich groß waren, glichen sich in der Endphase bezüglich ihrer Größe, aber auch bezüglich der polychromen Farbgebung der aufkommenden Dynamischen Malepoche an. Sehr wahrscheinlich wurden die Bilder der Formalen Schule von frühen Khoisan-Völkern angefertigt.
Die naturalistischen Felsmalereien der **Dynamischen Schule** findet man vor allem im östlichen Kapland und in den Drakensbergen. Lebendigkeit, farbliche Ausgereiftheit sowie ein gewisser Sinn für Humor zeichnen die Figuren aus. Das bevorzugte Tiermotiv der recht experimentierfreudigen Felskünstler war die Elen-Antilope. Durch extreme Übertreibung wurden Bewegungen deutlich gemacht, ein Zeichen für die hohe Kunstfertigkeit der Maler. Die Dynamische Schule brachte durch Farbschattierungen herrliche, naturgetreue Darstellungen hervor, die durch diese Schatteneffekte einen dreidimensionalen Eindruck bewirkten. Diese Malereien werden den Buschleuten zugeschrieben, da die morphologischen Rassenmerkmale und Gebrauchsgegenstände in den Abbildungen mit denen der Buschleute identisch sind.
Bei der **Schematischen Schule** handelt es sich um eine einfache und wenig entwickelte Maltechnik. Sie ist besonders im Innern des Kaplandes zu finden und wird dort den San zugeschrieben. Darüber hinaus sind die abstrakten Malereien dieser Malschule auch in einem quer durch Afrika reichenden Gürtel nördlich des Sambesi zu finden, wobei diese allerdings eher den Bantu zugeordnet werden.
Die Malereien und Gravierungen des südlichen Afrikas sind mit das Schönste, was die Prähistorische Kultur hervorgebracht hat, und man sollte sich bewußt sein, daß ein Großteil der Abbildungen, gleich wie differenziert sie ausgearbeitet sind, ein hohes Maß an künstlerischem Gespür, technischem Können und, nicht zu vergessen, Liebe zur Natur erkennen lassen, was uns heute nur in Staunen versetzen kann.

VIII.3. Beziehungen der Felskunst des südlichen Afrikas zu anderen Gebieten

Neben den Felskunstfundstätten im südlichen Afrika kennt man weltweit noch andere bedeutende Fundstellen wie z. B. Nordafrika, Nord-

und Südeuropa, Australien und Nordamerika (Arizona).
Aufgrund verschiedener Stilmerkmale zwischen diesen Gebieten und dem südlichen Afrika kam es zu Spekulationen über Beziehungen zwischen den einzelnen Völkern, Wanderungen und einem entsprechenden Kulturaustausch.
Betrachten wir zuerst die verschiedenen Felskunstgebiete:
Die Hauptgebiete der Felskunst Nordafrikas sind die Bergmassive der Zentralsahara. Hier stammen die meisten Malereien vom Ende des Pleistozäns, einer Epoche, die in Europa dem Magdalénium entspricht. Zu dieser Zeit herrschte ein relativ feuchtes Klima, was sich in den Abbildungen widerspiegelt. So finden wir Bilder von Wildtieren wie Elefant, Nashorn, Büffel, Giraffe, Strauß, Löwe, Antilope u.a., Tiere, die heute aufgrund des Klimas in der Sahara nicht mehr vertreten sind. Wie im südlichen Afrika wurden die Malereien mit Erdfarben angefertigt und auf offenen Steinflächen und unter überhängenden Felsen angebracht; seltener sind sie, im Gegensatz zu Südafrika, in engen Schluchten der Bergmassive exponiert.
Besondere Bedeutung kommt auch der südeuropäischen Felskunst zu, die viele Ähnlichkeiten mit der südafrikanischen Kunst aufweist.
Die Felskunst Südeuropas läßt sich in zwei Hauptgruppen einteilen: Die franko-kantabrische Kunst, auch »hispano-aquitanische Kunst« genannt, und die Levante-Kunst.
Die franko-kantabrische Felskunst entstand ca. 15000–30000 v.Chr. Ihre Verbreitung ist auf einen engen Raum Südfrankreichs und Nordspaniens begrenzt. Die Zentren liegen auf französischer Seite in der Umgebung der Stadt Les Eyses im Tal der Vézère, in den benachbarten Departements und den Pyrenäen-Gebieten sowie auf der spanischen Seite im kantabrischen Raum Nordspaniens und einigen zusätzlichen Höhlen außerhalb dieses Raumes wie z.B. die Höhle La Pileta in Andalusien. Die bekanntesten Fundstätten sind Altamira (Abb. 40), Lascaux, Trois-Frères, Rouffignac und Pech-Merle.
Unterschiede zwischen den Kunstwerken des südlichen Afrikas und des franko-kantabrischen Raumes bestehen vor allem im Bildinhalt. Während in Südafrika auch oft der Mensch abgebildet wurde, überwiegen in Europa Darstellungen von Tieren wie Bison, Pferd, Wildschwein, Hirsch, Steinbock, Rentier, Wisent, Mammut, Wollhaar-Nashorn, Bär und Riesenhirsch. Da viele dieser Abbildungen ausgestorbene Tiere der Eiszeit wiedergeben, ist dadurch, im Gegensatz zur südafrikanischen Felskunst, oftmals eine Datierung möglich. Auch die Orte, an denen Malereien angebracht wurden, sind zwischen der franko-kantabrischen Kunst und der südafrikanischen Kunst verschieden: Während in Europa in Höhlen, die als Wohnstätten dienten, gemalt wurde, nutzten die Künstler auf dem afrikanischen Kontinent überhängende Felswände, die vor Regen und Sonne schützten.
Gemeinsamkeiten lassen sich bei den Farben finden: Als Grundlage der Farbstoffe dienten beiden Gruppen Holzkohle (Schwarz) und Ocker, der den Künstlern Rot, Gelb und Braun lieferte.
Mit diesen Farben schufen sie entweder monochrome oder polychrome Felsmalereien, die in Europa jedoch eine ausgereiftere Farbmodellierung aufweisen.
Ebenso läßt die Motivation zur Malerei Parallelen erkennen. Die gemeinsamen Züge zwischen der prähistorischen Buschmann-Kultur und den jungpaläolithischen Kulturen Europas lassen sich in wenigen Sätzen zusammenfassen (LEBZELTER, 1934):

> »Beide Gruppen stellen vor der Jagd die ersehnte Beute als Bild dar und erlegen es symbolisch. Die europäischen Jäger, indem sie Pfeile auf das Tier zeichnen, die Buschleute, indem sie auf das in den Sandboden gezeichnete Tier mit Miniaturpfeilen schießen. Auch anthropomorphe Gestalten sind in beiden

Kulturen zu finden, die mythologischen Szenen entspringen.«

Die zweite Hauptgruppe der südeuropäischen Kunst ist die Levante-Kunst. Darunter versteht man die Felskunst des Ostens der Iberischen Halbinsel (Ostspanische Kunst). Ihr Beginn liegt in der Nacheiszeit, um 8000 v. Chr. (Mesolithikum) und reicht bis ca. 1000 v. Chr. In den Abbildungen gibt es Tier- und Menschendarstellungen, meist in expressiver Bewegung. Rötliche Erdfarben, die mit den gleichen Bindemitteln hergestellt wurden wie im südlichen Afrika, dominieren, wohingegen Schwarz und Weiß selten sind; trotz des Farbangebotes wurden hauptsächlich monochrome Darstellungen angefertigt. Die Menschenfiguren sind nur wenig bekleidet, was darauf schließen läßt, daß die Zeichnungen nicht aus der Eiszeit stammen, sondern aus einer Wärmeperiode des 4. und 3. Jahrtausends v. Chr. Es handelt sich wahrscheinlich um eine postglaziale Kulturform im Anschluß an das späte Magdalénium.

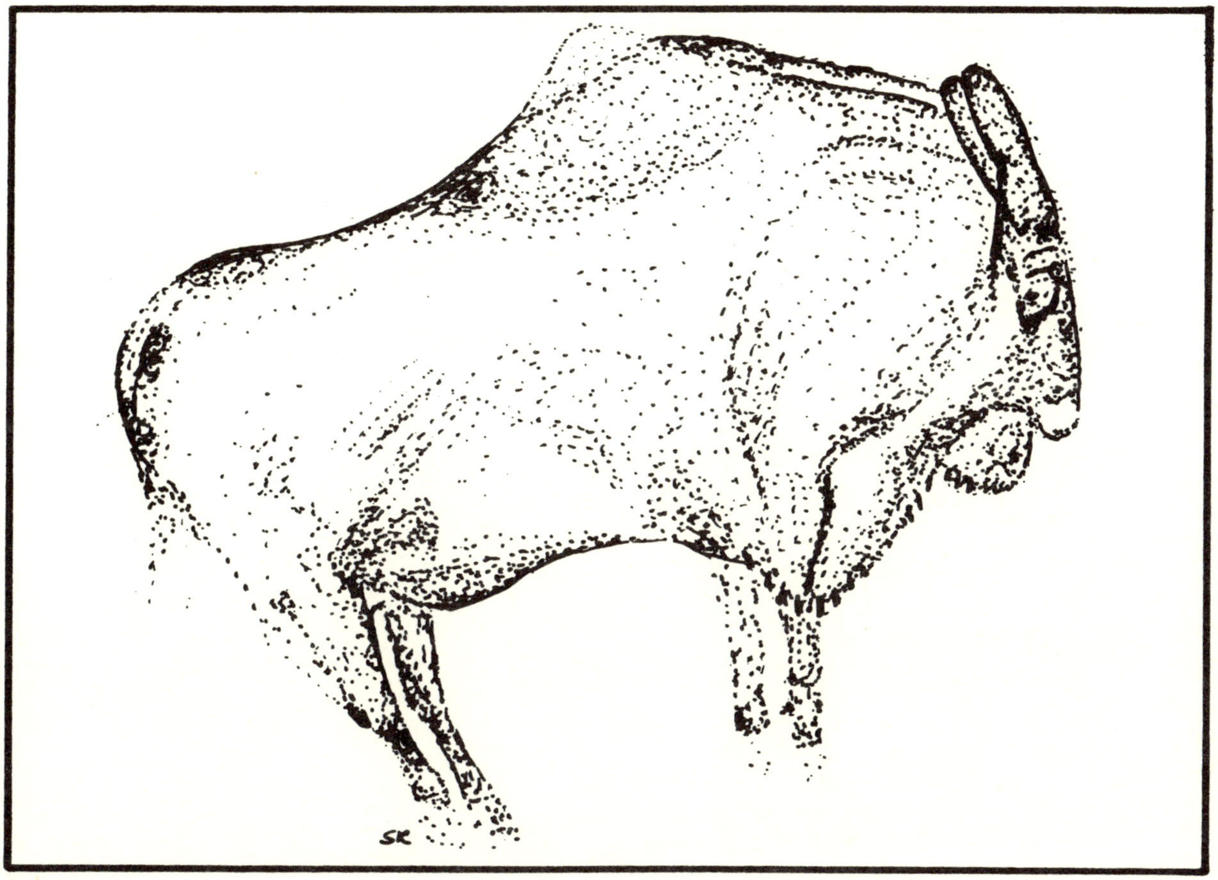

Abb. 40: Stier. Nordspanien, Altamira (nach ZERBST, 1983)

Die Levante-Kunst ist keine homogene Stilrichtung, sondern gliedert sich in verschiedene Phasen: Zu Beginn wurde in naturalistischem Stil gemalt, im Laufe der Zeit erfolgte jedoch eine fortschreitende Schematisierung und Vereinfachung. Sie nimmt somit im Bereich Europas eine Sonderstellung ein, da sie sich sowohl vom Bildthema als auch vom Stil her eher mit der afrikanischen Felskunst vergleichen läßt (Abb. 41).

Im Gegensatz zu anderen Felskunstgebieten wird in Australien teilweise noch heute Felskunst angefertigt, vorwiegend Malereien. Die ältesten Felsbilder dürften ca. 25 000 Jahre alt sein, jedoch ist es oft kaum möglich, das Alter der Felskunst zu bestimmen, da viele Bilder von Zeit zu Zeit zum Zweck der Geisterbeschwörung wieder farblich aufgefrischt werden.

Ähnlich der Felskunst Südafrikas finden sich die Fundstätten überwiegend unter überhängenden Felsen, wie etwa am Ayers Rock. Verschiedene Themen werden in der Felskunst dargestellt. Neben den Abbildungen von Fischen, Vögeln, Schlangen, Krokodilen und Stachelschweinen kommen auch Tiere vor, die, wie das Känguruh, für Australien charakteristisch sind. Besonders häufig sind Schlangen dargestellt. Sie treten

Abb. 41: Punktierte Hirsche. Spanische Levante, Los Covalos (nach ZERBST, 1983)

überwiegend in Vergesellschaftung mit Geistergestalten auf und scheinen, wie auch im südlichen Afrika, eine mythologische Bedeutung zu besitzen.

Viele Tierbilder Nordaustraliens sind im Röntgenstil angelegt. Es handelt sich dabei um eine Stilisierung, die nicht nur die äußerlich sichtbaren Körper, sondern auch innere Organe der dargestellten Wesen wiedergibt. Meistens werden die Wirbelsäule, das Herz und das Eingeweidesystem abgebildet.* Im Laufe der Zeit wurden die Organe immer weiter stilisiert, bis sie schließlich zu einer dekorativen Ornamentierung der dargestellten Wesen wurden. So zeigen Schraffuren, Rippen und Spiralen die Eingeweide der Tiere. Der Röntgenstil ist Ausdruck der magischen Vorstellung von der Wiederbelebung lebenswichtiger Teile von Tieren und gehört zu einer Grundanschauung, aus der sich später der Schamanismus entwickelte (Abb. 42).

Neben den Tierbildern und anthropomorphen Malereien finden wir auch Abbildungen von Bäumen und Pflanzenteilen, die jedoch nur selten bestimmbar sind, sowie Handnegative und geometrische Muster wie Kreise, Bögen und Linien.

Die vorangehend aufgeführten Ähnlichkeiten der Felsbilder — in bezug auf Motive und Techniken —, sowohl innerhalb des gesamten afrikanischen Verbreitungsgebietes als auch mit den Felskunst-Vorkommen in Franko-Kantabrien, den Pyrenäen und der ostspanischen Levante bezüglich der Stile, gab immer wieder zu kühnen Spekulationen Anlaß.

Die **Kulturkreistheorie** geht davon aus, daß Wanderungen in Zusammenhang mit der Ausbreitung der Felskunst standen. Einige Forscher führten die Urbevölkerung Südafrikas auf den negroiden Grimaldimenschen zurück, der vor etwa 50 000 Jahren von Südeuropa aus bis nach Südafrika vorgedrungen sein soll. Möglicherweise waren es die Cro-Magnon-Menschen, die von der Levante nach Nordafrika gezogen sind und sich dann weiter in Richtung Süden ausgebreitet haben. Gleichzeitig gibt es eine Diskussion darüber, ob die Urbevölkerung Afrikas auf dem ganzen Kontinent verbreitet war und die zunehmende Dürre im Neolithikum sowie die Entwicklung der ursprünglich fruchtbaren Sahara zur Wüste den Anstoß zur Südwärtswanderung gaben.

Andere Theorien gehen dahin, den Ursprung der Felskunst im nordafrikanischen Raum zu suchen, von wo aus die Ausbreitung einerseits in Richtung Iberischer Halbinsel bis zu den Pyrenäen und andererseits in Richtung Südafrika erfolgte. Demnach hatten sich die nordafrikanischen Vorfahren der Hottentotten gegen Ende des Paläolithikums im Zuge ihrer Südwärtswanderung mit ostafrikanischen Hamiten und Boskopmenschen des Südens vermischt, was dann schließlich zur Entwicklung der Kultur der Buschleute geführt hat (ZERBST, 1983).

PASSARGE (1907) wiederum vermutet, daß die Völkerwanderung von der Iberischen Halbinsel und Südasien aus erfolgte (Abb. 43).

Gegen eine Verbreitung der Felskunst durch Völkerwanderungen — etwa von Nordafrika aus — spricht jedoch die fehlende Kontinuität zwischen den sehr alten (über 14 000 Jahre) Malereien in Südeuropa und Nordafrika sowie den sehr jungen, zum Teil erst 100–200 Jahre alten Kunstwerken im Süden Afrikas. Entsprechende Malereien oder Gravierungen in Zentralafrika, die zwischen diesen beiden Extremen vermitteln würden, wurden bis jetzt nicht gefunden. In neuerer Zeit neigen spanische Forscher sogar dazu, Beziehungen zwischen den Kunstwerken der Levante und dem franko-kantabrischen Raum abzustreiten und beide Gebiete als eigen-

---

* Der Röntgenstil ist jedoch keine spezielle australische Stilrichtung, sondern findet sich, wenn auch seltener, in der franko-kantabrischen Kunst, in der nacheiszeitlichen subarktischen Kunst Skandinaviens, in Sibirien und in Nordamerika wieder.

ständig entwickelt anzusehen. Ebenso sind südafrikanische Forscher der Ansicht, daß die Ursprünge der südafrikanischen Felskunst bei den Buschleuten selbst zu suchen sind.

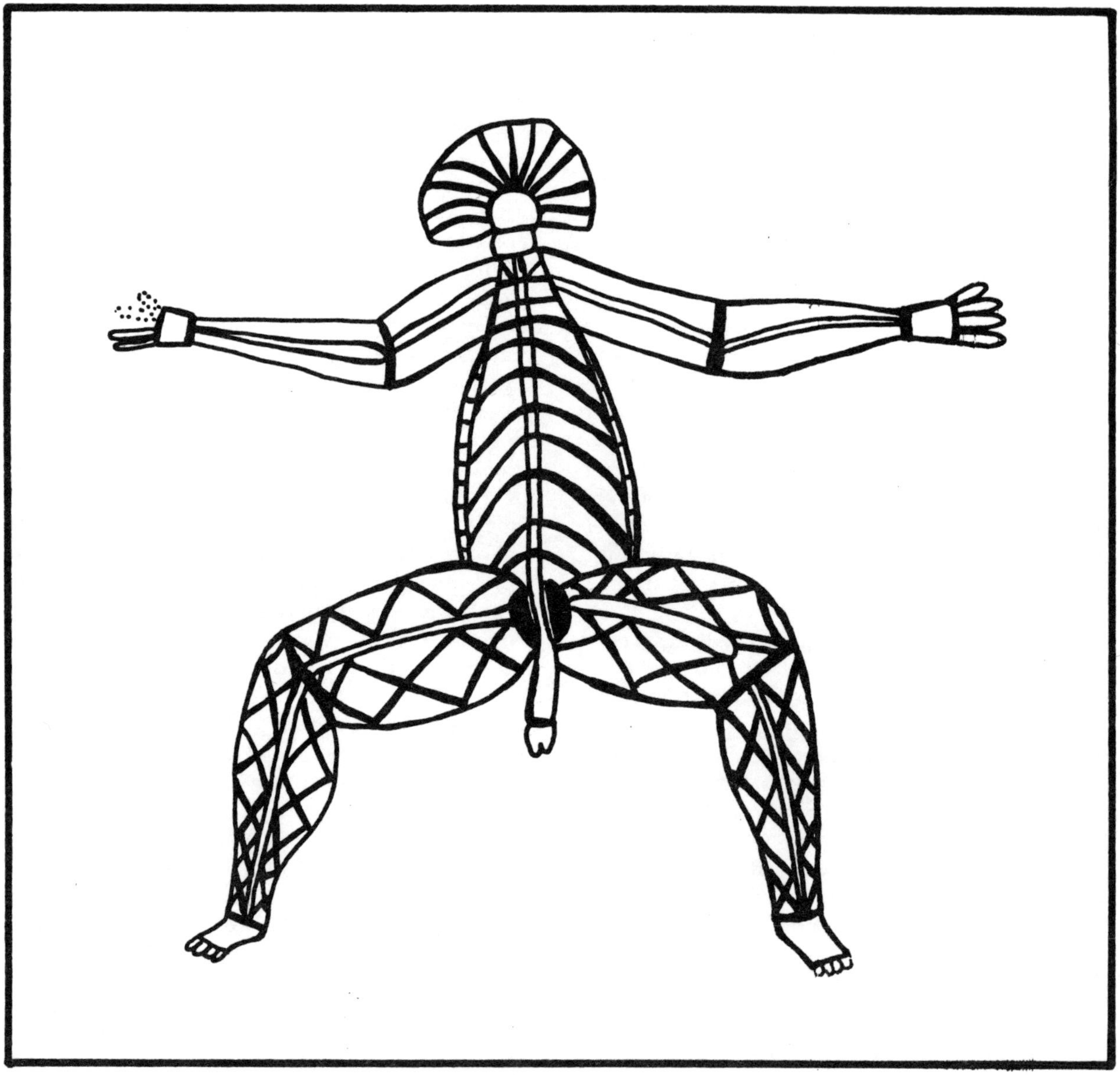

Abb. 42: Im Röntgenstil dargestellter Mann (Kakadu National-Park, Nordostaustralien)

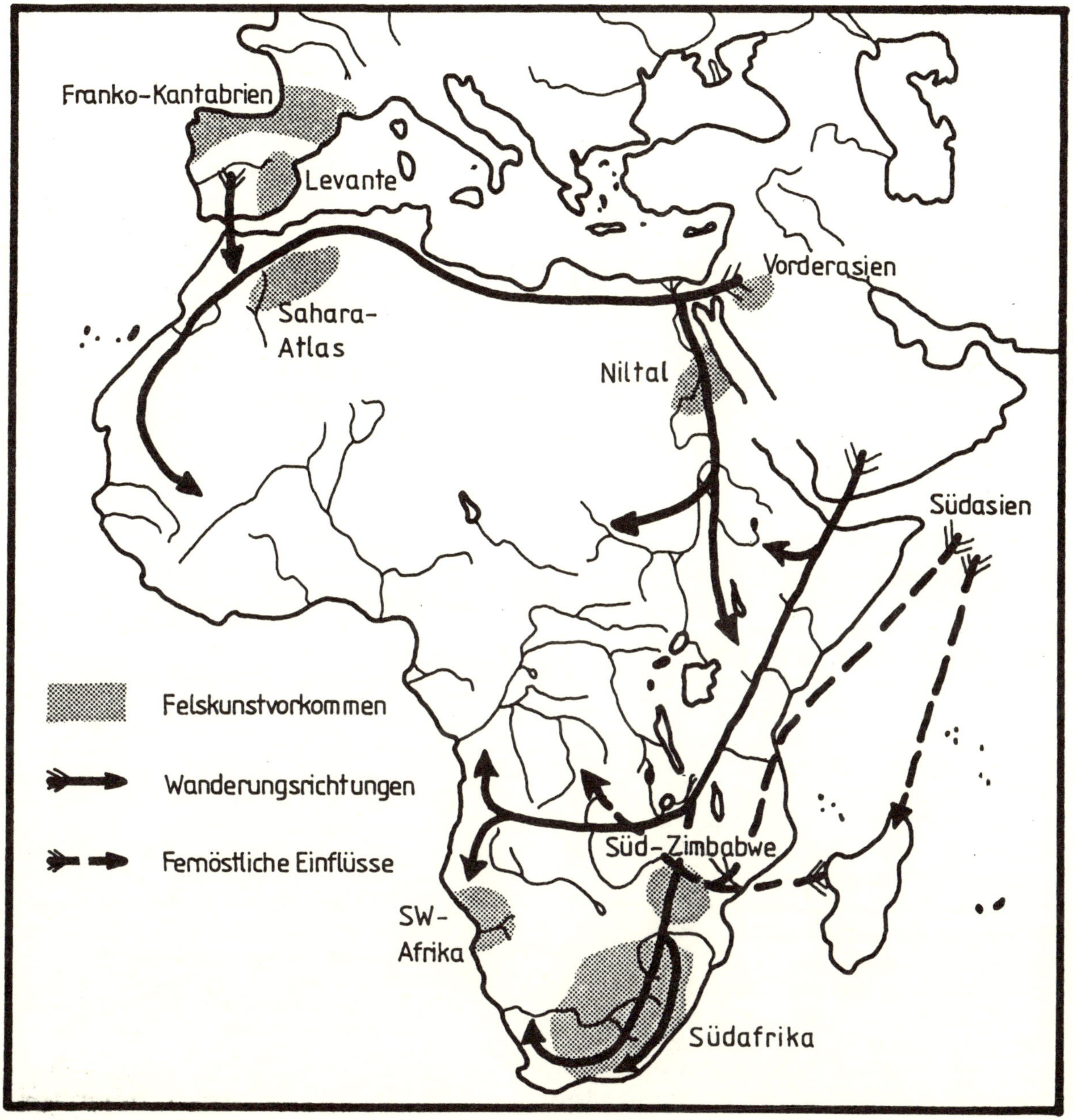

Abb. 43: Fundorte von Felskunst in Europa und Afrika sowie vermutete Wanderungsbewegungen (PASSARGE, 1907)

Diese verschiedenen Vorstellungen sind vielleicht eine Bestätigung der **Kulturstufentheorie,** nach der sich die Entwicklungen der malenden Kulturen parallel und unabhängig voneinander an verschiedenen Stellen der Erde vollzogen haben sollen.
Die Kulturstufentheorie führt die Ähnlichkeiten zwischen der spanischen und der südafrikanischen Kunst darauf zurück, daß beide Völker zum Zeitpunkt der Kunstausübung auf der gleichen Entwicklungsstufe standen, mit den gleichen Werkzeugen und vielleicht auch aus der gleichen Motivation heraus arbeiteten. Gleiches gilt für die Kunstentwicklung bei anderen Jägern und Sammlern auf der Erde, deren Entwicklung lediglich phasenverschoben ablief (z. B. Australien).

VIII.4. Unterschiedliche Methoden zur Altersdatierung bei Felsbildern

Die Datierung von Felsbildern ruft Probleme hervor, für die es keine generellen Lösungsmöglichkeiten gibt. Vielmehr muß die Felsbildforschung als »interdisziplinärer« Wissenschaftszweig verschiedene Methoden aus anderen Bereichen zur Altersbestimmung nutzen.
Die Datierungsmethoden lassen sich in direkte und indirekte Methoden aufteilen. Während bei den direkten Methoden wie der Bindemittelanalyse und C^{14}-Datierung die Proben unmittelbar von der Felskunst stammen und direkt datiert werden können, handelt es sich bei den indirekten Methoden — wie der Datierung durch Fundschichten, Dendrochronologie, Superimposition, Datierung nach Bildinhalt und Verwitterung — um Methoden, die erst durch einen Vergleich mit anderen datierbaren Medien einen Rückschluß auf das Alter der Felskunst zulassen.
Eine neue Methode zur Altersdatierung, die **Bindemittelanalyse**, entwickelte DENNINGER in den 60er Jahren. Er stellte die Theorie auf, daß sich das Alter einer Felszeichnung anhand der Aminosäurenanzahl ihres Bindemittels bestimmen läßt.
Durch umfangreiche analytische Untersuchungen an Felsmalereien in Europa und Afrika konnte er feststellen, daß es sich beim Bindemittel der verwendeten Farben in den allermeisten Fällen um Blut oder Blutserum, also ein eiweißhaltiges Bindemittel, handelte.

DENNINGER (1971) wandte für seine Altersdatierungen die bereits bekannte Methode der Papierchromatographie an, mit der sich u. a. Eiweißverbindungen trennen lassen. Das Prinzip der Papierchromatographie besteht darin, chemische Verbindungen, die als Lösungen vorliegen müssen, in ihre einzelnen Bestandteile aufzutrennen. Dazu werden die Lösungen auf vorbereitete Chromatographie-Papierplatten aufgetragen und in Gefäße gestellt, die mit »Fließmitteln« gefüllt sind. Diese Fließmittel (verschiedene Flüssigkeitsgemische) werden von den Papierplatten aufgesaugt und transportieren auf ihrem Weg nach oben die aufgetragenen Lösungen mit. Gleichzeitig werden die Lösungen in ihre Einzelbestandteile aufgetrennt, d. h. jeder Bestandteil legt auf der Papierplatte einen für ihn charakteristischen Weg mit dem Fließmittel zurück. Über die zurückgelegten Strecken lassen sich die Einzelsubstanzen berechnen.
Dieses Verfahren wurde von DENNINGER benutzt, um die eiweißhaltigen Bindemittel in einzelne Aminosäuren aufzutrennen. Ihm ging es nicht darum, eine qualitative, sondern eine quantitative Analyse zu erstellen. Nach seiner Theorie nimmt die Aminosäurenanzahl der Bindemittel mit zunehmendem Alter ab, wobei die zeitliche Abnahme in charakteristischer Weise erfolgt. Während bei einer Malerei mit frischem Bindemittel 10 Aminosäuren mit Hilfe der Papierchromatographie nachweisbar sind, treten bereits nach 100 Jahren nur noch 5 Aminosäuren auf. Nach einer von DENNINGER erstellten Kurve verringert sich die Aminosäu-

renanzahl mit zunehmendem Bindemittelalter, bis nach einem Zeitraum von etwa 1800 Jahren keine Aminosäure mehr nachweisbar ist. Das Verfahren ist demnach nur bis zu einem Bindemittelalter von 1800 Jahren anwendbar.
Die Ursache des zeitlichen Verfalls der Aminosäuren in eiweißhaltigen Bindemitteln ist bis heute noch ungeklärt. Aus diesem Grund wird das Verfahren von der Fachwelt angezweifelt. An Felsmalereien aus der Kapprovinz, die zeitlich eingegrenzt werden konnten, führte er weitere chromatographische Analysen durch. Eine Nachprüfung und Bestätigung seiner erstellten Zerfallskurve war in diesen Fällen möglich, da die Malereien datierbar waren. Es handelte sich um Bilder einer Galeone — ein Schiffstyp, der im 18. Jahrhundert üblich war — und von Burentrecks mit Personen in der Kleidertracht des 18. Jahrhunderts.

Eine weitere wichtige Methode zur Altersbestimmung naturgeschichtlicher Funde ist die **Radiokarbonmethode** oder **C^{14}-Methode.**

Die C^{14}-Methode ermöglicht eine Altersbestimmung mit einem verhältnismäßig hohen Genauigkeitsgrad bei ehemals belebten (z. B. Holz, Knochen, Zähne, Torf) oder Karbonate (z. B. Muschelschalen) enthaltenden Gegenständen. Die Radiokarbonmethode beruht auf der Zerfallsgeschwindigkeit des in jedem organischen Material vorkommenden Kohlenstoffisotops C^{14}. Es wird in Form von Kohlendioxid zusammen mit dem stabilen Kohlenstoffisotop C^{12} vom lebenden Organismus aufgenommen. Nach dessen Tod hört dieser Aufnahmeprozeß auf, und der C^{14}-Anteil verringert sich durch radioaktiven Zerfall in der Form, daß nach ca. 5730 Jahren nur noch die Hälfte des betreffenden Isotops vorhanden ist. Dabei vermindert sich der Gehalt des radioaktiven Isotops gesetzmäßig, so daß das Alter errechnet werden kann. Die Radiokarbonmethode ermöglicht Altersbestimmungen für Zeiträume von 1000–40000 Jahren (ab 30000 Jahren wird die Datierung ungenau). Neuerdings erscheint sogar eine Ausdehnung bis zu 100000 Jahren möglich. Der Nachteil bei der Untersuchung mit der Radiokarbonmethode besteht darin, daß zur Untersuchung 3 g Kohlenstoff benötigt werden. Da die Felsmalereien in ihren Pigmentfarben jedoch nur Spuren von Kohlenstoff (z. B. von Holzkohle als schwarze Farbe) enthalten, ist diese Methode zur direkten Datierung von Felskunst nicht geeignet. Sie ist jedoch in der Felskunstforschung als indirekte Datierung von Fundschichten anwendbar, wenn eine bemalte oder mit Petroglyphen geschmückte Felswand von Fundschichten mit datierbarem Inhalt ganz oder teilweise verdeckt wird. Die organischen Rückstände in der Bodenschicht sind mittels C^{14} datierbar. Die Felskunst, die von diesen Schichten bedeckt ist, muß naturgemäß älter als die Fundschicht sein, so daß anhand der C^{14}-Datierung ein Mindestalter für die Felskunst ermittelt werden kann (BIEDERMANN, 1976).

Oft wird die **Dendrochronologie** zur Datierung herangezogen. Sie ist eine Methode der Altersbestimmung mit Hilfe der vergleichenden Auswertung von Jahresringen an Baumquerschnitten. Die Dendrochronologie ermöglicht es, mehrere Jahrhunderte Klimageschichte zu rekonstruieren.*
Im Frühjahr und Sommer entsteht der helle Ringteil, am Ende der Vegetationsperiode der dunkle Teil. Die unterschiedlichen jährlichen Wachstumsbedingungen beeinflussen Aufbau und Breite des Ringes. Dürre und kalte Jahre lassen schmale Ringe entstehen, während üppige Jahre zu überdurchschnittlicher Ringbreite führen. Eine Folge von 50 und mehr Jahresringbreiten kehrt niemals in gleicher oder ähnlicher Weise wieder und erlaubt durch diese Anordnung eine Datierung.
Bei der Untersuchung der Felskunst ist die Dendrochronologie zur Altersbestimmung

* In den USA konnten z. B. Altersdatierungen von 4600 Jahren durchgeführt werden.

nutzbar, wenn Bäume die Felskunst überlagern. Sofern sichergestellt ist, daß die Kunstwerke nicht nachträglich zwischen Baum und Felswand angebracht worden sein können, muß das Kunstwerk mindestens das Alter des Baumes aufweisen. Da für das südliche Afrika keine historischen Standardkurven von Bäumen vorhanden sind, sind nur Datierungen, bei denen allein die Jahresringe ausgezählt werden, möglich. Diese Methode zur Altersdatierung wurde von uns auf der Farm Modena angewandt, bei der ein Baum der Art Ficus abutilifolia über eine Tierzeichnung gewachsen war.

Weiterhin stehen zur wissenschaftlichen Altersbestimmung von Bildreihen die Systeme der **Superimposition** und **Superposition** zur Verfügung. In der Felskunst finden sich häufig Übermalungen bereits bestehender Bilder. Steht die Schichtenfolge der Übermalungen fest, spricht man von Superimpositionen. Ist es jedoch nicht geklärt, welche Elemente älter und welche jünger sind, handelt es sich um Superpositionen. Superimpositionen können somit eine relative Datierung ermöglichen, indem man die Bilder bezüglich ihrer Entstehungszeit untereinander vergleicht oder eine Datierung anhand einer Stilentwicklung vornimmt.

Eine andere Möglichkeit der indirekten Datierung bietet die Einbeziehung von Nachbarwissenschaften bei der Interpretation der Felskunst. Die **Faunengeschichte** kommt zur Anwendung, wenn sich unter den Motiven der Felskunst Tierformen aus früheren Epochen befinden. Im Gegensatz zur europäischen Felskunst, bei der die indirekte Datierung durch die Faunengeschichte eine der wichtigsten Methoden darstellt, finden sich in der südafrikanischen Felskunst fast nur Tiere, die entweder heute noch vorkommen oder erst in den letzten 200 Jahren ausgestorben sind. Zu letzteren zählen das Burchell'sche Zebra, das Quagga und der Blaubock. Eingeführte Tiere, deren Datum des ersten Auftretens im südlichen Afrika bekannt ist, ermöglichen ebenfalls eine Altersdatierung. Treten diese Tiere in den Abbildungen auf, so kann man davon ausgehen, daß die Zeichnungen und Gravierungen höchstens das Alter des ersten Vorkommens der Tiere im Gebiet aufweisen. Bereits im 12. Jahrhundert brachten Sabäer, Perser und Abessinier mit Hochseeschiffen große Viehbestände und Futterpflanzen zu den Hottentotten. Diese erhielten im Tauschhandel für Mineralien wie Gold, Zinn und Kupfer Fettschwanzschafe und Zebu-Ochsen-Kreuzungen. Angoraziege und Esel wurden 1689 von Persien zum Kap gebracht, wohingegen Pferd und Merinoschaf erst um 1800 hier eintrafen. Anhand dieser Tiere konnten schon viele Felsbilder im südlichen Afrika datiert werden.

Die **prähistorische Objektforschung** macht aufgrund der Darstellungen von Pferd und Reiter, Schiffen, Ochsenkarren, fremder Kleidung oder Waffen eine Datierung insofern möglich, da die Bilder erst zu einem Zeitpunkt entstanden sein können, als die ersten weißen Siedler ins südliche Afrika kamen, also nachdem der Holländer Jan van Riebeck am Kap der Guten Hoffnung im Jahre 1652 gelandet war.

Trotz all dieser Möglichkeiten zur Datierung konnte bisher nur bei einem geringen Teil der Felskunst das Alter ermittelt werden, so daß in Zukunft noch viele Fragen über die Urheberschaft der Bilder zu klären sind.

VIII.5. Unsere speziellen Untersuchungen zur Felskunst im Limpopo-Tal

Herrliche Malereien, verteilt auf unzählige Felskunstfundstätten im Limpopo-Gebiet (Nord-Transvaal), veranlaßten uns zu eingehenden Untersuchungen der Bilder. Stellvertretend für die unzähligen Fundorte in diesem Raum, wurden die parallel zum Fluß, auf der südafrikanischen Seite liegenden Farmen Balerno, Machete, Halcyon, Little Muck und Modena untersucht.

Obwohl das Flußbett des Limpopo in den trokkenen Wintermonaten vollständig ausgetrocknet ist, dürfte das verschwenderische Wasserangebot in den Sommermonaten wie ein Magnet auf die Tiere und die ihnen nachstellenden Savannenjäger, die Buschleute, gewirkt haben, so daß der Reichtum an Felskunst in diesem Gebiet nicht verwundert (Abb. 44).

Die späteren Ausführungen beziehen sich speziell auf den Sachverhalt der Farm Modena, da

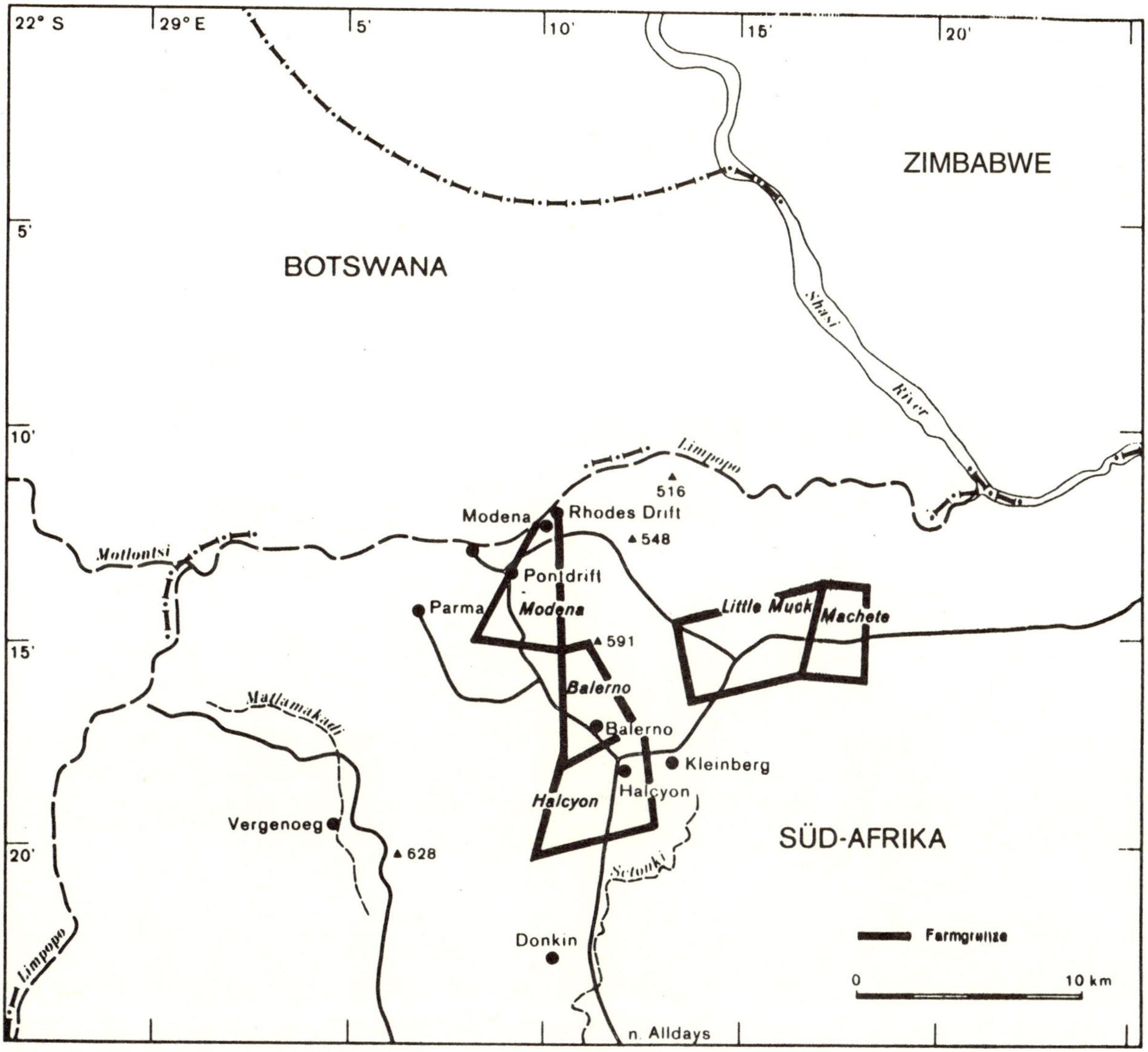

Abb. 44: Felskunstfundorte in unserem Untersuchungsgebiet (Nord-Transvaal)

diese Fundstelle bislang noch wenig wissenschaftlich untersucht wurde. Das ca. 25 000 ha große Farmgelände, das überwiegend mit Mopanewald, Palmen, Dornbüschen und Trockenrasen bewachsen ist, wird im Norden vom Limpopo begrenzt, der bei Pontdrift die Grenze zwischen der Republik Südafrika (RSA) und Botswana bildet. Die Jagdfarm Modena gehört administrativ zum Distrikt Southpansberg (Transvaal) und wird durch die asphaltierte

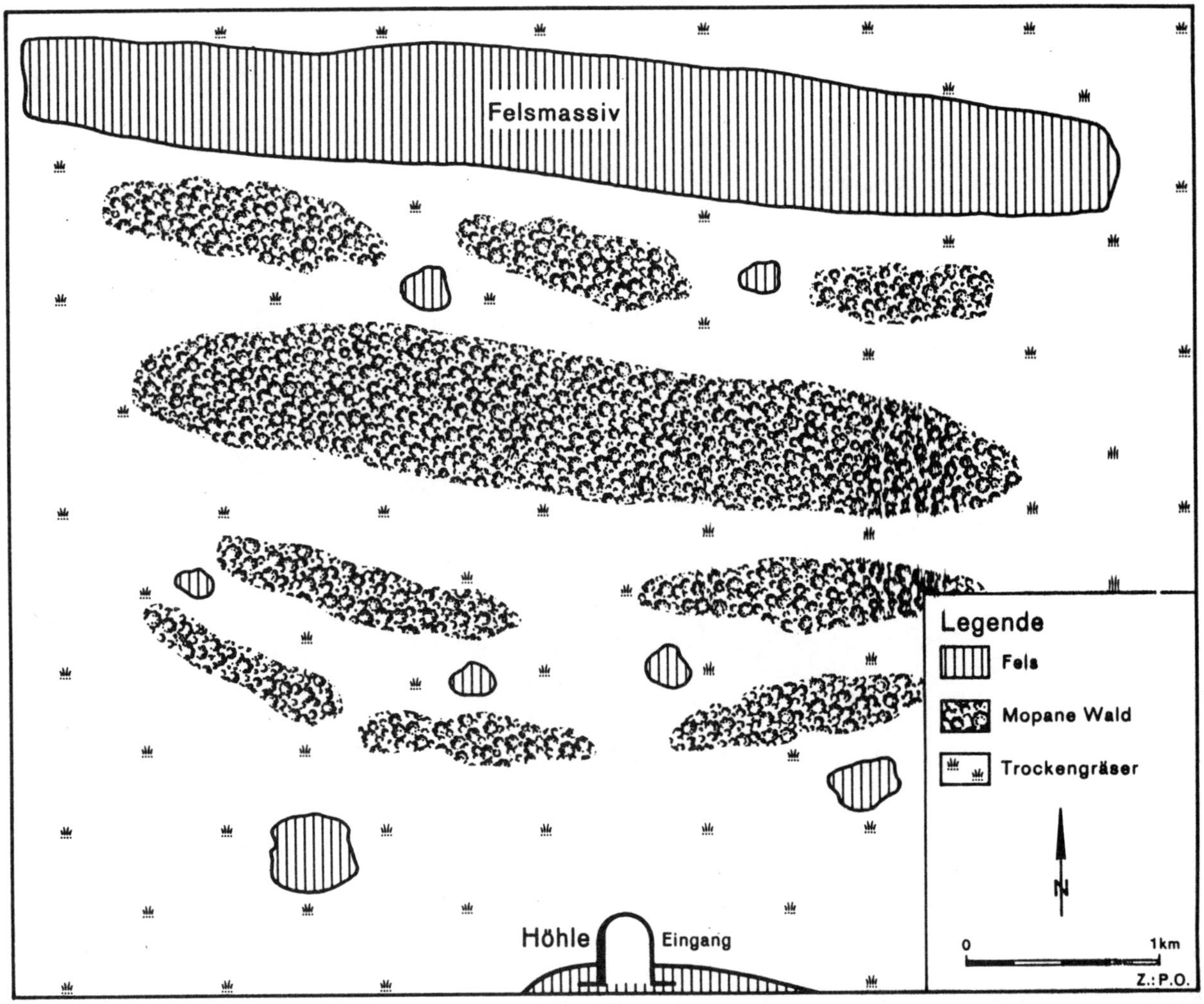

Abb. 45: Lage und Umgebung der Felshöhlen von Pontdrift

Straße von Alldays nach Pontdrift erschlossen. Die Fundstelle befindet sich ungefähr auf 29° 10'E und 22° 15'S, an einem der vielen rippenartig angeordneten Felsrücken, die das gesamte Farmgelände durchziehen (Abb. 45).

Die einzelnen Malereien sind an einer nach Südosten weisenden, überhängenden Felswand in einer Höhe von 50 cm bis maximal 450 cm angebracht. Die Felswand bildet die trichterförmige Erweiterung einer Höhle, deren Inneres ohne jede Malerei ist, was mit den geringen Ausmaßen und der schwachen Helligkeit im Inneren zusammenhängt. Sie hat eine absolute Länge von ca. 30 m, mißt an der breitesten Stelle ca. 6 m und ist an der höchsten Stelle 0,8 m hoch. Der »Eingang« hat eine Höhe von nur 0,5 m. Da sich diese prähistorische Felsgalerie auf ca. 22° 15'S befindet, werden aufgrund der Exposition der Malwand die Malereien zu keiner Zeit direkt von der Sonne beschienen, und auch der Regen kann unter natürlichen Bedingungen keine der Malereien durch direktes Auftreffen gefährden (Abb. 45, 47, 48).

Die Felswand wurde zu verschiedenen Tageszeiten und somit bei unterschiedlichen Lichtverhältnissen untersucht. Alle erkennbaren Motive wurden als Einzelobjekte und als Gesamtbild im gleichen Maßstab fotografiert, daneben

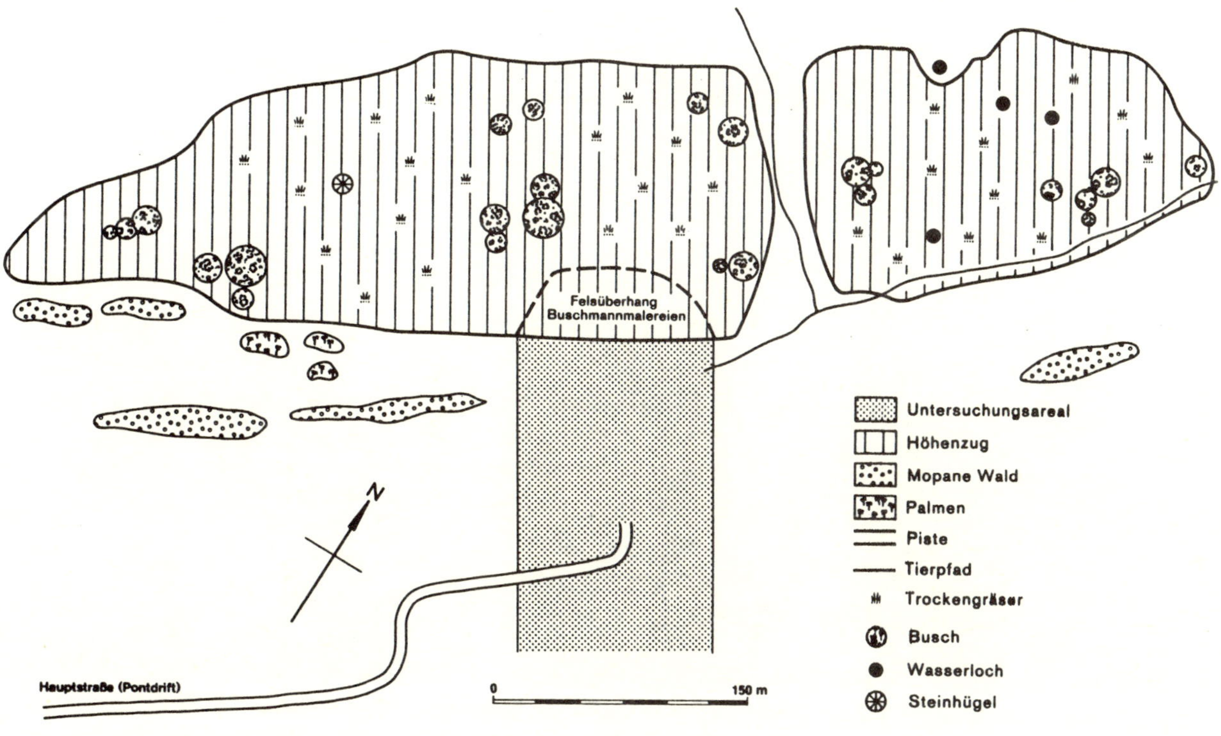

Abb. 46: Detaillierte Darstellung einer Felshöhle von Pontdrift (Modena)

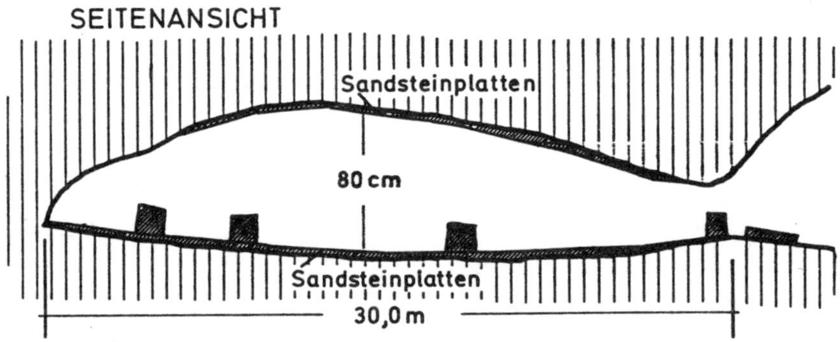

Abb. 47: Seitenansicht der Felshöhle von Modena

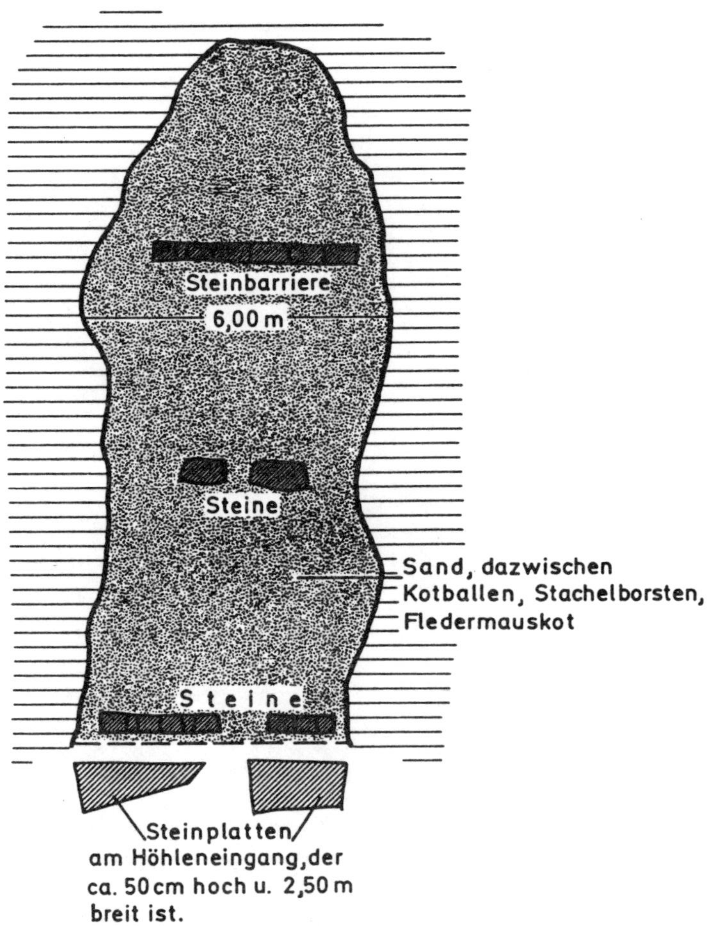

Abb. 48: Aufsicht der Felshöhle von Modena

eine ganze Reihe von Filmaufnahmen gemacht. Neben Ausmessungen vor Ort wurden die Fotografien später auf Papier umgezeichnet und exakt ausgemessen (Breite und Höhe, Winkel etc.).

Parallel dazu erfolgte der Versuch einer Interpretation der Abbildungen. Von den in den Malereien verwendeten Farben wurden Proben von wenigen Milligramm entnommen, die anschließend zur Altersbestimmung mit Hilfe der Papierchromatographie untersucht worden sind (REINECKE, 1990). Außerdem wurden die gesamte Höhle, der trichterförmig erweiterte Eingang sowie die Lage der einzelnen Darstellungen genau vermessen.

Auf den von uns untersuchten Farmen im Limpopo-Tal fanden sich beide Felskunsttechniken — sowohl die Felsmalerei als auch die Felsgravierung. Nach dem derzeitigen Kenntnisstand liegt der Schwerpunkt jedoch bei den Felsmalereien, die Gravierungen bleiben Einzelerscheinungen.

Betrachten wir zunächst die geringe Anzahl von Felsgravierungen. Direkt am trichterförmigen Höhleneingang liegt ein ca. 10 m^3 großer Felsklotz, auf dem ein graviertes Lochmuster zu finden ist. Die insgesamt 29 unregelmäßig angeordneten und unterschiedlich großen, runden Vertiefungen haben, wie die Fläche, auf der sie angebracht sind, eine unnatürlich glattpolierte Oberfläche von dunkler Färbung (Abb. 49).

Die maximal 4,2 cm großen Vertiefungen sind heute — über die ursprüngliche Lage des Felsklotzes kann zur Zeit noch keine definitive Aussage gemacht werden — auf einer beinahe senkrechten Fläche des Felsbrockens angebracht. Wurden die Vertiefungen ursprünglich in dieser Lage des Felsklotzes graviert, so haben sie wahrscheinlich eher symbolische als praktische Funktion. Naheliegend wäre in diesem Fall der Zusammenhang mit Kulten wie z. B. dem Regenkult oder einem Initiationsritus. Letzteres war nachweislich bei den Dschagga am Kilimandscharo bis zur Jahrhundertwende noch der Fall. War die ursprüngliche Lage des Felsklotzes eine andere — vielleicht befand sich die zu bearbeitende Fläche horizontal obenauf —, könnte das Lochmuster auch eine praktische Bedeutung gehabt haben. So erweckt eine horizontale Fläche mit runden Vertiefungen den Anschein, man habe es mit einer »prähistorischen Farbpalette« zu tun, auf der die Felskünstler ihre Farben gemischt haben. Vielleicht diente die horizontale Fläche aber auch als Spielebene für das im gesamten südlichen Afrika noch heute weit verbreitete Lochspiel, das Mankala.

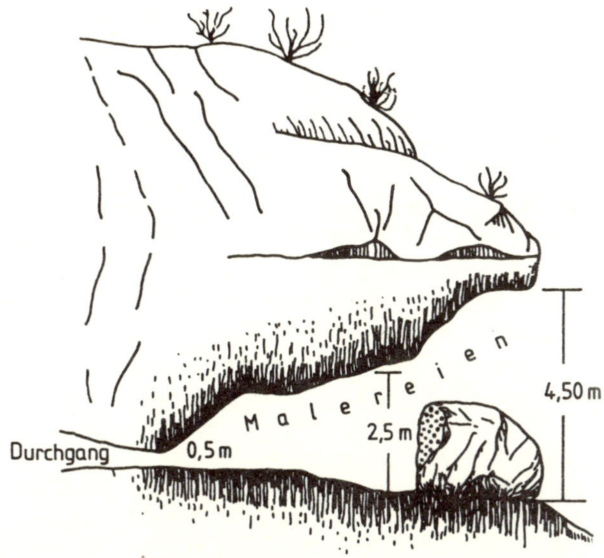

Abb. 49: Seitenansicht des Höhleneingangs von Modena (Nord-Transvaal). Vor der Höhle liegt ein mehrere Zentner schwerer Stein mit graviertem Lochmuster

Weiterhin sind an diesem Felsklotz verschiedene »Schleifrillen« zu erkennen. Dabei handelt es sich um V-förmig eingekerbte Rillen unterschiedlicher Länge und Tiefe, andernorts auch in Felskanten oder -flächen eingeschliffen. Eine hinreichend gesicherte Deutung ist noch nicht möglich, da vor Ort keinerlei Artefakte zu finden waren, die ein Anschleifen ermöglicht oder erfordert hätten. Denkbar ist natürlich, daß auf dem Felsklotz dereinst Metallspitzen für Pfeile und Speere zugeschliffen wurden. Diese Theorie ist aber nur dann haltbar, wenn die Schleifrillen noch sehr jungen Alters sind und die San über Handelskontakte mit den Bantu zu dieser Zeit schon Eisen erhalten hätten.

An einem anderen Ort auf Modena findet sich die plastische Gravierung eines menschlichen Fußabdruckes, die einige Wissenschaftler früher für eine versteinerte prähistorische Fußspur hielten. Solche Spuren lassen sich jedoch heute als Grenzsymbole deuten, die die San zur Sicherung ihrer Wasserrechte angelegt hatten und die dem vorbeikommenden Fremden sagen sollten: »Wenn du in die Richtung der Fußspuren weitergehst, kommst du zu einer Wasserstelle der hier wohnenden Sippe.«

Neben einigen weiteren reinen Gravierungen wie einem Tiertrittsiegel und Darstellungen von Tieren wie z. B. Nashorn und Elefant, fanden wir die recht seltene Kombination beider Felskunsttechniken: die nachträglich gravierte Malerei. Bei vier gemalten Antilopen wurden nachträglich Einritzungen vorgenommen, die eine weitere Detailtreue ergaben.

Den Hauptbestandteil der bisher auf Modena festgestellten Felskunstrelikte bilden jedoch die Felsmalereien. Bislang wurden 75 Einzeldarstellungen im Bereich dieser Fundstelle ausfindig gemacht (Abb. 50).

Die auf Modena vorkommenden Motive lassen sich in die Motivgruppen »Menschen«, »Tiere« sowie »abstrakte Muster« unterteilen. Dabei tritt die Darstellung schematischer, abstrakter Muster auf Modena gegenüber den Menschen- und Tierdarstellungen zahlenmäßig in den Hintergrund. Die Qualität der 25 vorgefundenen Menschendarstellungen ist recht unterschiedlich und reicht von wohlproportionierten Jägern mit ihren Ausrüstungsgegenständen bis hin zu stark schematisierten Strichmännchen. Während die meisten der menschlichen Figuren offensichtlich nackt und ohne Ausrüstungsgegenstände die Felswand zieren, fällt eine zentral gelegene Menschengruppe auf, die typische sanide Utensilien und Kleidungsstücke mit sich führt und somit auf eine sanide Urheberschaft der Malereien schließen läßt. Pfeile und Bogen sowie ein vollständiger Jagdbeutel sind bei dieser in dunklem Rot gehaltenen Gruppendarstellung deutlich zu erkennen. An Kleidungsstücken ist der typische Karoß und ein Fell- oder Lederschurz vorhanden. Eine unbewaffnete Frau, die durch ausgeprägte Steatopygie als solche gekennzeichnet ist, vervollständigt die »Gruppenaufnahme« der sechs Personen.

Etwas abseits befindet sich eine dunkelrote Einzeldarstellung eines Jägers, der eine Jagdtasche, aus der Pfeile herausragen, über der Schulter trägt. Vier andere Abbildungen lassen sich gerade noch als menschliche Figuren erkennen. Die übrigen sind aufgrund ihres offensichtlich hohen Alters so stark verblichen, daß sie nur noch sehr schwer auszumachen sind. Neben dieser detaillierten und sauber ausgeführten Gruppenkomposition erscheinen die restlichen menschlichen Figuren zumeist nachlässig und stark abstrahiert auf den Fels gemalt.

Wie bei den meisten anderen Fundstellen im gesamten südlichen Afrika sind auch im Limpopo-Gebiet die Lebensinhalte und täglichen Begebenheiten einer Jäger- und Sammlergesellschaft in den Felsgalerien dargestellt; die Bildwände erzählen von Jagd, Tanz und Krieg. Alle Tiere, die in der Nahrungswirtschaft der Savannenjäger eine Rolle spielten, sind teilweise isoliert, teilweise aber auch im direkten Zusammenhang mit ihren Jägern abgebildet.

So fanden wir beispielsweise Malereien von Giraffen, Warzenschweinen, Antilopen, Springböcken, Elefanten, Vögeln, Krokodilen und vielen anderen Tieren (Abb. 51).

Abb. 50: Menschengruppe mit Ausrüstungsgegenständen

Von besonderem Interesse sind die abstrakten Darstellungen. Sie geben symbolhaft die Umgebung der Künstler wieder oder sind Stilisierungen von Gebrauchsgegenständen. Viele Interpretationstheorien gibt es zu den Y-Zeichen. Sie sollen Fruchtbarkeitssymbole, Bäume, Taschen oder, was aufgrund einer Zeichnung vom Limpopo-Gebiet am wahrscheinlichsten ist, Fischreusen darstellen.

Die bestimmende Farbe in den Abbildungen auf Modena ist Rot, das in den verschiedensten Schattierungen von blassem Hellrot über intensives Dunkelrot bis hin zu Rotbraun vorkommt. Dabei sind die Farbvariationen zum Teil altersbedingt, zum Teil aber auch offensichtlich bewußt gewählt.

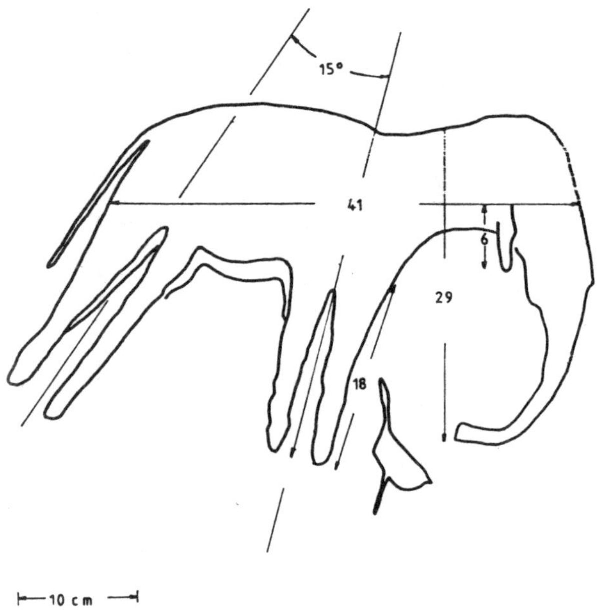

Abb. 51: Auf die Wände der Felsenhöhlen malten Buschleute bereits vor Hunderten von Jahren Tiermotive wie hier einen Elefanten. Die aus Erdpigmenten und organischen Substanzen (Bindemittel) hergestellten Farben haben sich bis heute gut erhalten

Neben den roten Abbildungen gibt es auch einige wenige Bilder in Weiß, Gelb, Ocker, Schwarz und Braun. Die Farben Blau und Grün sind nicht vertreten.

Die Einzeldarstellungen zeigen sich überwiegend monochrom. Es gibt aber auch polychrome Abbildungen, die wahrscheinlich später entstanden sind. Auffallend ist, daß die Farben der Abbildungen mit den Farben der Motive in der Realität oft nicht übereinstimmen. So sind z. B. weiße Strauße, ein roter Elefant oder rothäutige Menschen dargestellt, obwohl die passende Farbe theoretisch herstellbar gewesen wäre. Dem stehen Abbildungen wie die einer Thomsongazelle gegenüber, die mit ihrem dunkelrotbraunen Rücken, den schwarzen Seitenstreifen und dem weißen Bauch naturgetreu wiedergegeben ist. Tests bei den heute noch lebenden Buschleuten zeigten, daß diese beim Malen die Farben oftmals anscheinend rein willkürlich wählen, auch wenn die passende Malfarbe bereitgelegen hätte.

Aufgrund der überwiegend monochromen Darstellung der Felsmalereien in diesem Raum können die meisten Bilder der Stilrichtung der Formalen Schule zugeordnet werden. Einzelne Malereien, die exakter ausgearbeitet sind, befinden sich jedoch schon in einer Übergangsphase zwischen der Formalen und der Dynamischen Schule.

Die Felszeichnungen in Modena und die meisten anderen Felsbilder im südlichen Afrika sind wahrscheinlich aus einer Art Jagdzauber heraus entstanden. Andere Autoren, die sich ebenfalls intensiv mit den Hintergründen der südafrikanischen Felskunst auseinandergesetzt haben, betrachten die Felsgalerien mit ihren Malereien als Kultstätten an einem geweihten Ort, die über Jahrhunderte beibehalten wurden. Diese Theorie würde auch die Tatsache erklären, daß auf ein und derselben Felswand, teilweise sogar übereinander, Malereien unterschiedlichen Alters gefunden wurden. Die Spanne zwischen den ältesten und den jüngsten Malereien scheint hier teilweise Jahrhunderte, wenn nicht sogar Jahrtausende zu betragen. Die vereinzelt zu findenden Fabelwesen, halb Mensch — halb Tier (auf Modena ist keine derartige Abbildung bekannt), könnten Gottheiten darstellen, die den Jägern Schutz, Kraft und Gesundheit bringen sollten. Die großen und mächtigen Tiere (Elefanten und Raubtiere) hätten in diesem Zusammenhang noch eine zusätzliche symbolische Schutzfunktion für die in der Nähe der Felswand Schlafenden übernommen (Abb. 52).

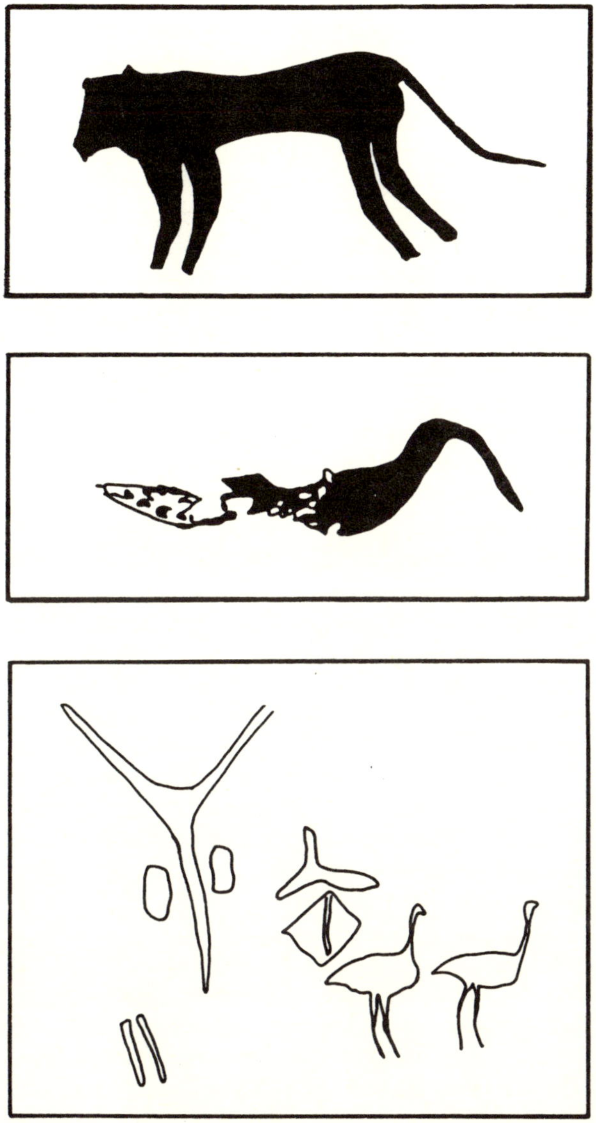

Abb. 52: Y-förmige Fischfalle und Tierabbildungen (Pavian, Krokodil, Strauße) (PAGER, 1975)

Was aber haben die Personen, die naturalistisch dargestellt und nicht als Fabelwesen anzusehen sind, zu bedeuten? Vielleicht handelt es sich bei den Menschendarstellungen auch um ganz unmystische Sachverhalte, z. B. um eine Art »Familienfotografie«?

Die unterschiedlichen Interpretationen und Erklärungsversuche, die zumeist nur jeweils einen Teil der Felskunstwerke interpretieren, nicht aber allgemein zutreffen, legen die Annahme nahe, daß die Ursache für die Anlage der Felskunst auf eine Vielzahl von Beweggründen zurückzuführen ist. So stehen möglicherweise einige Malereien im Zusammenhang mit Initiationsriten, andere verdanken ihre Entstehung möglicherweise Jagdbeschwörungen. Manche Abbildungen stellen mit Sicherheit bildliche Berichte spezieller Ereignisse dar oder illustrieren offensichtlich Legenden, die allabendlich am Lagerfeuer erzählt wurden.

Es ist auch nicht auszuschließen, daß ein Teil der Tierabbildungen für Lehrzwecke, also zur Ausbildung der Kinder, an die Wand gemalt wurde. Und nicht zuletzt ist der Gedanke nicht von der Hand zu weisen, daß Malereien auch einfach aus purer Freude an der Darstellung ohne jeglichen Hintergedanken entstanden sind.

Zu den einzelnen Abbildungen konnten bislang nur wenig exakte Altersangaben gemacht werden: Ein Teil der Malereien muß jedoch mindestens 700–800 Jahre alt sein. Auf dieses hohe Alter konnten wir eine Ficus-Wurzel datieren, von der ein Teil der Abbildungen überwachsen ist (Abb. 53).

Abb. 53: Die 700–800 Jahre alte Ficus-Wurzel bedeckt eine Felszeichnung (Giraffe). Das Bild muß daher älter sein als die Wurzel

Mit Hilfe der Papierchromatographie (siehe Kap. VIII.4.) hat REINECKE (1990) unsere Farbproben datiert. Für die Malereien des Limpopo-Gebietes ergab sich dabei ein Alter von 400–800 Jahren. Zu diesem Ergebnis kam auch schon DENNINGER bei Untersuchungen in diesem Gebiet. Die Parallelen sowie die Tatsache, daß die Datierung im wesentlichen ebenso mit den indirekten Beweisen (Ficus-Wurzeln) übereinstimmt, würde die Theorie von DENNINGER bekräftigen, wonach die Aminosäurenanzahl der Bindemittel nachzuweisen ist und somit relative Altersangaben gemacht werden können.

Der unterschiedliche Erhaltungszustand der Malereien ist sicherlich altersbedingt, da kein Teil der Malwand direkt von Regenwasser oder Sonnenlicht getroffen wird.

Vergleichen wir die datierten Bilder bezüglich ihrer Farbintensität mit anderen Abbildungen, so stellen wir fest, daß es auch Zeichnungen mit stärkerer Farbverblassung gibt, die demnach zu urteilen älter sein müssen. Ein beträchtlicher Teil der Felsmalereien besitzt aber noch derart kräftige Farben, daß man davon ausgehen kann, daß sie eindeutig jüngeren Datums sind. Genauere Angaben lassen sich zur Zeit nicht machen.

Wie wir deutlich erkennen konnten, hat sich schon vor Jahren jemand an den Malereien zu schaffen gemacht und versucht, die abgebildete Menschengruppe als Ganzes aus der Felswand herauszumeißeln. Glücklicherweise ist dieses Unterfangen mißlungen, und der »Kunsträuber« hat die anstrengende Arbeit vorzeitig abgebrochen. Einige der Felsmalereien sind heute durch abbröckelnde und verwitternde Felsenteile in ihrem Bestand gefährdet, andere dagegen dürften wohl auf sauberen und intakten Felsflächen noch weitere Jahrhunderte der Existenz vor sich haben.

Die San besitzen auch heute noch bemerkenswerte Fähigkeiten zur zeichnerischen Darstellung. Zahlreiche Sandmalereien, die von den San aufgrund von Anregungen unter Anleitung angefertigt wurden, stärken ebenfalls die Theorie, daß die Buschleute die Urheber der meisten in Südafrika zu findenden Felskunstrelikte sind.

Die heutigen San üben ihre Kunstfertigkeit allerdings nur noch bei der Dekoration von Gebrauchsgegenständen aus. Straußeneier, Musikinstrumente wie die Kahnlaute und das Daumenklavier sowie der eigene Körper sind heute die bevorzugten Malflächen. Gebrauchsgegenstände werden aber zunehmend nur noch dann durch Brandornamente oder Gravierungen verziert, wenn sich der Künstler davon eine Wertsteigerung des Handelsobjektes verspricht. Bei den Mustern handelt es sich in erster Linie um geometrische Formen, Linien und Punkte (Abb. 54). Teilweise werden auch Tiere als Motive benutzt.

Der Verlust der kulturellen Identität durch Vertreibung, Verfolgung und Akkulturation sowie die Tatsache, daß im heutigen geographischen Verbreitungsgebiet kaum geeignete Malflächen zur Verfügung stehen, wirken einer Ausübung der Felskunst entgegen.

Seit über 100 Jahren bemalen die San keine Felswände mehr. Drei Generationen genügten, um das Wissen über diese traditionellen Fähigkeiten vollkommen in Vergessenheit geraten zu lassen. Die gegenwärtig lebenden Nachfahren der Felskünstler wissen heute nicht einmal mehr, daß es Vertreter ihres Volkes waren, die die Felsbilder einst schufen.

Abb. 54: Buschleute bemalen oder gravieren noch heute ihre Gebrauchsgegenstände mit traditionellen Motiven

IX. DIE KALAHARI — FORSCHUNGSGEBIET FÜR DIE ANTHROPOLOGIE UND DIE HUMANÖKOLOGIE

IX.1. Der kleinwüchsige Körperbau der Ureinwohner — anthropologische und physiologische Besonderheiten

Der Rassenkunde, so beachtliche Fortschritte sie auch in unserem Jahrhundert gemacht hat, ist es nicht gelungen, zu einer allgemein anerkannten Gliederung der Menschheit zu gelangen. Populationen wie die Khoisaniden haben bei Einteilungsversuchen von jeher besondere Schwierigkeiten bereitet, weil sie keiner der drei Großrassen eindeutig zuzuordnen sind. EICKSTEDT (1934) ordnete die Khoisaniden als Sonderform den Negriden zu, aber wohl seinerzeit mehr aus geographischen als aus anthropologischen Erwägungen heraus. Andere Anthropologen sahen morphologische Affinitäten zum mongoliden Formenkreis. Manche Pygmäenforscher konstruierten Zusammenhänge mit den Bambutiden Zentralafrikas. Um das Problem mehr oder weniger elegant zu umgehen, betrachtet man die Khoisaniden zunehmend als eigenständig und gesteht ihnen in der Rassenklassifikation eine »typologische Sonderstellung« zu (SCHWIDETZKY, 1962).

Die Buschleute unterscheiden sich morphologisch von ihren bantuiden Nachbarn. Eine serologische Trennung von Khoisaniden und Negriden ist dagegen nur mit gewissen Einschränkungen möglich. Hierbei ist auch zu berücksichtigen, daß morphologische Merkmale in der Regel eine größere Umweltlabilität zeigen als serologische und sich damit unter besonderen ökologischen Bedingungen in Isolaten eher verändern als die stabileren serologischen Merkmale. Dies mag bei Annahme von Verwandtschaftsbeziehungen zwischen Khoisaniden und Negriden die starken morphologischen Differenzen einerseits und die serologischen Ähnlichkeiten andererseits erklären. Einstimmigkeit herrscht dagegen darüber, daß Buschleute und Hottentotten zu einer rassischen Einheit zusammenzufassen sind, wofür der Fachbegriff »Khoisanide« geprägt wurde. Das auffälligste Unterscheidungsmerkmal zwischen Khoiden und Saniden ist die Körperhöhe. Die größeren Werte bei den Hottentotten lassen sich im wesentlichen durch deren stärkeren Vermischungsgrad mit den Bantu erklären. Die kleineren Saniden wären damit die typischen Vertreter des khoisaniden Rassentypus, obwohl die Rasseneinheit stets relativ zu verstehen ist.

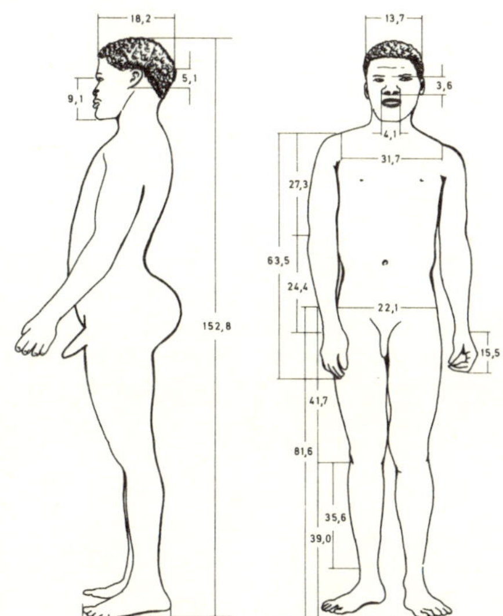

Abb. 55: Gruppencharakteristischer Buschmanntypus in Vorder- und Seitenansicht

			G/wi-Buschleute (Männer)					
Indices		Anzahl	Mittelwert	Standard-Abweichung *)	Konfidenz-Intervall **)	Variabilitäts-Koeffizient ***)	Minimum	Maximum
Körperhöhe	cm	10	150,21	3,39	± 2,42	2,26	145,00	155,00
Körpergewicht	kg	10	43,4	2,37	± 1,69	5,46	40,00	48,00
Skelischer Index (Sitzhöhe in % d. Körpergr.)	%	10	53,09	1,20	± 0,86	2,26	51,42	54,97
Rohrer-Index	$\frac{G}{h^3}$	10	1,27	0,07	± 0,05	5,51	1,15	1,36
Kaup-Index	$\frac{G}{h^2}$	10	1,92	0,08	± 0,05	4,16	1,79	2,07
			!Kung-Buschleute (Männer)					
Körperhöhe	cm	23	155,35	4,84	± 2,14	3,12	142,00	163,00
Körpergewicht	kg	23	42,76	4,95	± 2,18	11,58	35,00	52,00
Skelischer Index (Sitzhöhe in % d. Körpergr.)	%	23	51,01	2,13	± 0,94	4,18	44,80	55,13
Rohrer-Index	$\frac{G}{h^3}$	23	1,15	0,16	± 0,07	12,06	88,00	1,44
Kaup-Index	$\frac{G}{h^2}$	23	1,78	0,22	± 0,10	12,36	1,12	2,21
			!Ko-Buschleute (Männer)					
Körperhöhe	cm	7	156,71	4,06	± 3,75	2,59	152,00	165,00
Körpergewicht	kg	7	49,14	4,01	± 3,71	8,16	42,00	56,00
Skelischer Index (Sitzhöhe in % d. Körpergr.)	%	7	50,66	1,40	± 1,29	2,76	49,37	52,94
Rohrer-Index	$\frac{G}{h^3}$	7	1,27	0,09	± 0,08	7,08	1,08	1,37
Kaup-Index	$\frac{G}{h^2}$	7	2,00	0,13	± 0,12	6,50	1,70	2,09

*) Die Standardabweichung berechnet die Abweichung vom Mittelwert

**) Das Konfidenzintervall bezieht sich auf den Mittelwert einer normal verteilten Grundgesamtheit bei unbekannter Varianz. So liegt z.B. die Ø Körperhöhe bei den G/Wi-Buschleuten mit einer statistischen Sicherheit von 95% bei einem Wert von 150,21 ± 2,42 cm.

***) Variabilitätskoeffizient = Standardabweichung in Prozent des Mittelwertes.

Tab. 4: Anthropometrische Werte verschiedener Buschmann-Kollektive (KENNTNER / KREMNITZ, 1986)

Die Buschleute sind nach morphologischen Gesichtspunkten von besonderem Körperbau. Das belegen verschiedene Datensammlungen in der anthropologischen Literatur (TOBIAS, 1975) wie auch neuere Untersuchungen über Körpergröße, Körpergewicht, Rohrerindex, Kaupindex und Skelischer Index (KENNTNER / KREMNITZ, 1986). Die Buschleute gehören aufgrund ihrer durchschnittlichen Körperhöhe von knapp über 150,0 cm zu den kleinwüchsigen Menschen auf der Erde. So ergaben beispielsweise die Messungen bei drei verschiedenen Buschmanngruppen Mittelwerte der Körpergröße, die im Rahmen der Kleinwüchsigkeit liegen (G/wi: 150,21 cm, !Kung: 155,35 cm, !Ko: 156,72 cm). Buschfrauen sind im Mittel 6–7 cm kleiner.

Frühere Forscher haben unter den Buschleuten vereinzelt pygmide Gruppen gefunden. Nach SALLER (1969) sind Pygmäen Populationen, deren mittlere Körperhöhe beim männlichen Geschlecht unter 150,0 cm liegt (KENNTNER / LUDWIG, 1982). Dennoch kann man die Buschleute nicht zu den Pygmäen rechnen. Die niedrige Körperhöhe der Saniden hat sich mit großer Wahrscheinlichkeit durch Selektion als positives Merkmal bezüglich ihrer Umwelt herausgebildet. Dafür spricht die große geographische Variabilität der Körperhöhe (die Buschleute der Nord-Kalahari sind größer als die der Zentral-Kalahari).

Der Körperbau der Buschleute weist der Körpergröße entsprechend proportionierte Längen- und Breitenmaße auf. Das Skelett ist »normal« entwickelt, d. h., die morphologisch-metrischen Maße liegen prozentual im Schwankungsbereich der Europiden. So beträgt beispielsweise der Skelische Index 50,7–53,1 % (KENNTNER / KREMNITZ, 1986).* Mit dem zierlichen Skelett kombinieren sich zähe Muskelbündel und eine faltige Oberhaut (Abb. 55).

* Skelischer Index = Sitzhöhe in % der Körperhöhe. Der Index macht eine Aussage über die relative Beinlänge.

Entsprechend der niedrigen Körperhöhe tendiert die Kopfform zu mesocephal (mittelköpfig). Der Längen-Breiten-Index beträgt 75,0. Die Schädelkapazität ist demnach verhältnismäßig klein (1 200–1 300 cm^3), was jedoch keinerlei qualitative Aussagen zuläßt. Das Gesicht ist niedrig-breit mit steiler Stirn, schwach entwickelten Brauenwülsten und weit auseinanderliegenden, hervorspringenden Jochbeinen. Die Nase ist charakterisiert durch einen »niedrigen, namentlich in seinem oberen Teil abgeplatteten Rücken, mit tiefer Lage der Nasenwurzel, breit ausladenden Flügeln mit den durch die niedrige Scheidewand gedrückten Nasenlöchern« (GLASS, 1939). Die kantigen Jochbeine und die flache Nasenwurzel bewirken ein mongolides Gesichtsrelief. Der Eindruck verstärkt sich durch das Auge, das an das mongolide Schlitzauge erinnert, tatsächlich aber eine Sonderbildung darstellt: Aufgrund der besonderen Hautfülle im oberen Augenlidbereich entstehen 2–3 horizontale Deckfalten, die die Augenspalte abdecken und ausgesprochen schmal erscheinen lassen.

Die Lippen sind voll, die Oberlippe dabei konkav aufgeschwungen, das Kinn schmal, teilweise spitz, mit leichtem Ansatz zur Prognathie.* Das typische Buschmannohr besitzt kein durchhängendes Ohrläppchen und wirkt durch den weit umgerollten Helixrand relativ klein und gerundet. Das Haar wird als »Pfefferkornhaar« oder Fil-Fil-Haar bezeichnet: Schwarze Haarknötchen, bestehend aus 10–20 kurzen spiralig vereinten Einzelhaaren, besetzen den Kopf so locker, daß die Kopfhaut zwischen den einzelnen, oftmals verfilzten Knäulchen gut sichtbar ist (Abb. 56).

* Prognathie = Vorkieferigkeit. Eine Form des Gesichtsprofils, bei der die Gesichts-Mittel-Linie Nasenwurzel-Schneidezähne zur Ohr-Augen-Ebene einen Winkel unter 80° bildet.

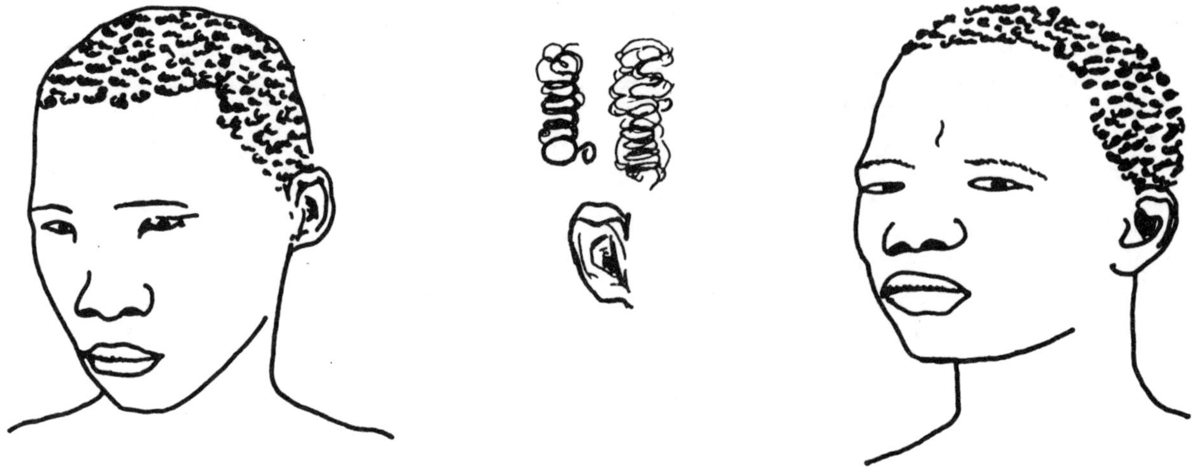

Abb. 56: Typische Buschmannmerkmale: Fil-Fil-Haar, mongolide Schlitzäugigkeit, breite abgeplattete Nase, Buschmannohr mit eingerolltem Helixrand

In allen Rassenklassifikationssystemen spielen die Merkmale der Pigmentierung, also die Unterschiede in der Färbung von Haut, Haar und Auge, eine bedeutende Rolle. Schon FRITSCH (1872) hebt hervor, daß die Hautfarbe der Buschleute der Hautfarbe der Mongoliden sehr viel ähnlicher sei als der der Negriden. WERNER (1906) spricht von »einem Braun von mittlerer Tontiefe, ins Gelbe spielend«, wobei die Haut der Brust und des Bauches eine Nuance dunkler gefärbt sei als die des Gesichtes. Die Iris ist von tiefbrauner Farbe. TOBIAS (1955) kommt aufgrund seiner spektrophotometrischen Farbuntersuchungen zu dem Ergebnis, daß die Buschleute wegen ihrer hellen Hautfarbe innerhalb der südafrikanischen Negriden eine Sonderstellung einnehmen.

Charakteristisch für die Hautbeschaffenheit ist die außerordentliche Faltenbildung. GUSINDE (1958) schreibt hierzu: »Die Oberhaut erscheint in zahllosen Falten und Fältchen, bei Frauen vorwiegend noch über dem Bauche, nach allen Richtungen hin überzogen; bisweilen steigern sie sich zu harten kleinfingerdicken Wülsten und Strähnen.« Bereits WERNER (1906) versuchte dieses Phänomen zu erklären: »Man hat den Eindruck, daß zwischen der Schlaffheit der Haut und dem extremen Schwanken der Flüssigkeitsdurchtränkung der Gewebe, wie es bei dem lange anhaltenden Dursten, dem die Buschleute ausgesetzt sind, die Regel ist, ein Zusammenhang besteht.« Sicherlich beruht die Faltenbildung auf einem dünnen Unterhautfettgewebe, das als Rassenmerkmal relativ umweltstabil ist und daher nicht als Indikator für Wassermangel dienen kann.

Wie HAUSER (1986) ausführt, zeigen Hautleistensysteme (sichtbar bei Fingerabdrücken) eine einzigartige Stabilität gegenüber der Umwelt und der Evolution.

Die Rillenmuster auf Fingern und Zehen, die sich bereits im dritten Schwangerschaftsmonat bilden, bleiben das ganze Leben über konstant. Nur die Größe verändert sich infolge des Wachstums. Untersuchungen an Verwandten unterschiedlichen Grades ergaben, daß Fingerabdrücke vollständig genetisch festgelegt sind. Demnach kann man anhand solcher Muster Verwandtschaftsbeziehungen nicht nur für einzelne Individuen, sondern auch für ganze Populationen ableiten. So unterscheiden sich Buschleute durch charakteristische Fingermerkmale von später eingewanderten Bantus (Abb. 57).

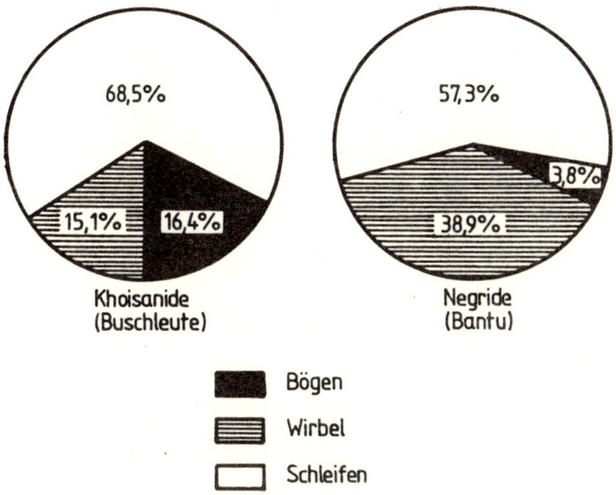

Abb. 57: Vergleich von Wirbeln, Bögen und Schleifen im Hautleistensystem von Khoisaniden und Negriden (KENNTNER/KREMNITZ, 1986)

Hautleistenuntersuchungen zeigen aus einem unterschiedlichen Blickwinkel lokale Bevölkerungsstrukturen und Beziehungen auf, die weitgehend unabhängig von serologischen, anthropometrischen und anderen Merkmalen sind.
Heute benutzt man sogar dermatologische Vergleiche, um Hypothesen über Migrationsbewegungen und Genflüsse entlang geographischer Routen zu stützen. Möglicherweise kann die genetische Stabilität der Hautleistensysteme einen Beitrag dazu leisten, um festzustellen, ob Populationen über lange Zeit großem Umwelt-Streß ausgeliefert waren. Eine Hypothese behauptet, daß bei Buschleuten aus diesem Grund das Rillenmerkmal »Bögen« anteilsmäßig erhöht auftritt (HAUSER, 1986).
Die Buschleute zeigen aufgrund der extremen Kälte der winterlichen Kalahari und der nur spärlichen Bekleidung spezielle Körperreaktionen. So beobachtete TOBIAS (1975), daß die Stoffwechselrate (Grundumsatz) bei Buschleuten mit sinkender Lufttemperatur ansteigt. Der rektale Temperaturanstieg war beträchtlich. Die Untersuchungen von KENNTNER / KREMNITZ (1986) sprechen ebenfalls dafür, daß die Buschleute möglicherweise über die Fähigkeit verfügen, je nach Lufttemperatur ihre Körpertemperatur zu regulieren.
So konnte an einer Gruppe von zehn G/wi-Buschleuten (männlich) am frühen Nachmittag (Schattentemperatur 25° C) eine mittlere Körpertemperatur von 36,2° C gemessen werden. Dasselbe Kollektiv hatte um Mitternacht (Außentemperatur -5° C) eine mittlere Körpertemperatur von 36,9° C. Im Vergleich dazu zeigten Europäer in derselben Situation diesen Schwankungsbereich nicht.

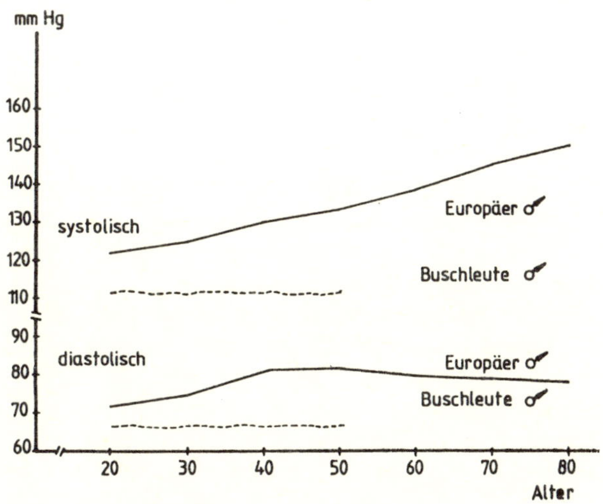

Abb. 58: Lebensalter und Blutdruckverhalten bei Buschleuten und Mitteleuropäern

Buschleute zeigen eine relativ geringe Zunahme der Herzaktivität bei körperlicher Betätigung sowie keinen Anstieg des Blutdrucks mit zunehmendem Alter, im Gegensatz zu anderen afrikanischen oder europäischen Menschengruppen (TOBIAS, 1975). So ergaben Blutdruckmessungen auf unseren Expeditionen an vierzig G/wi-Buschmännern im Alter zwischen 18–45 Jahren einen Mittelwert von 110/65mm/Hg, wobei zwischen den ältesten und jüngsten Probanden kaum ein Unterschied festzustellen war (Abb. 58).

Eine ungewöhnliche Morphologie zeigen die äußeren Genitalien und sekundären Geschlechtsmerkmale der Buschfrauen: Die Hypertrophie der »Labia minora« (kleine Schamlippen), auch als sogenannte »Hottentottenschürze« bzw. Macronymphie bekannt, ist schon früher vielfach als pathologische Erscheinung, von manchen Forschern aber auch als künstliche Deformation beschrieben worden. Genauere anatomische Untersuchungsergebnisse liegen schon von LUSCHKA (1868) vor: »Die kleinen Schamlippen sind es fast ausschließlich, welche in ihrer ganzen Ausbreitung frei zu Tage liegen. Sie hängen als zwei weiche schmutzig rote, von beiden Seiten abgeplattete Lappen schlaff herunter. Die Länge der Nymphen, von ihrer Basis bis zu der von derselben am weitesten entfernten Stelle gemessen, belief sich auf über 6,5 cm.«

Bezüglich der Entwicklung und Funktion dieser Hypertrophie der »Labia minora« gehen die Ansichten der Wissenschaftler auseinander. MERENSKY (1875) ist der Ansicht, daß es keine natürliche Erscheinung, sondern eine künstliche Verlängerung der »Labia minora« ist. Die Teile wurden gezerrt und später förmlich auf Hölzchen gewickelt. Dagegen kamen FISCHER (1955) und TOBIAS (1955, 1960, 1961) zu dem Ergebnis, daß diese Hypertrophie zwar eine natürliche, jedoch äußerst »eigentümliche« Erscheinung dieser Rasse darstellt, deren Funktion sich nur sehr schwer deuten läßt (Abb. 59).

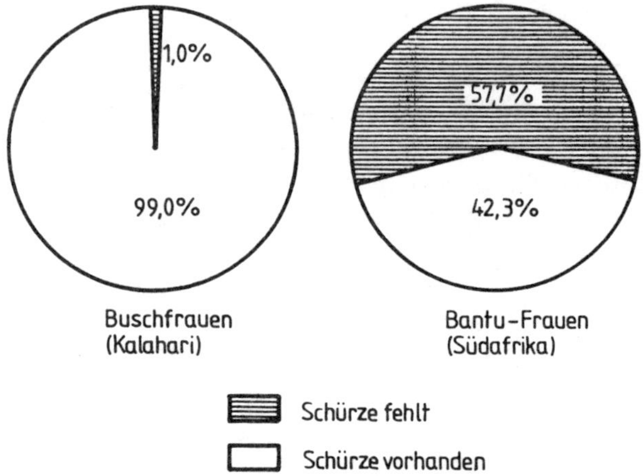

Abb. 59: Prozentualer Anteil der Hottentottenschürze bei Buschfrauen und Bantufrauen (TOBIAS, 1972)

Eine andere anatomische Besonderheit der erwachsenen Buschfrauen ist die Lage der »Rima pudendi« (Schamspalte). EICKSTEDT (1934) spricht von einer »nach vorne gerichteten Lage der Schamspalte« und deutet dieses Phänomen als »Rasseninfantilismus«. Die Erscheinung tritt im Gegensatz zu anderen Menschenrassen bei Khoisaniden noch im Erwachsenenalter auf. Die Buschfrauen behalten also einen fötalen Zustand bei und verkörpern daher noch eine infantile Form, ähnlich wie sie bei unseren frühen Vorfahren auftrat (BAKER, 1976).

Über die auffallende Form der Brüste der Buschfrauen wurde von Forschungsreisenden früherer Zeiten immer wieder berichtet (Abb. 60).

So schreibt HOFFMANN (1680): »Die Weiber haben abscheulich lange Brüste, die wie lederne Säcke fast ein halben Ehlen lang niederwärts hängen, so daß sie gar bequemlich dieselben über die Schulter werffen und ihre auffm Rücken tragende Kinder ohne alle Mühe säugen könnten.« EICKSTEDT (1934) kommt aufgrund vergleichender Studien zu folgender Beschrei-

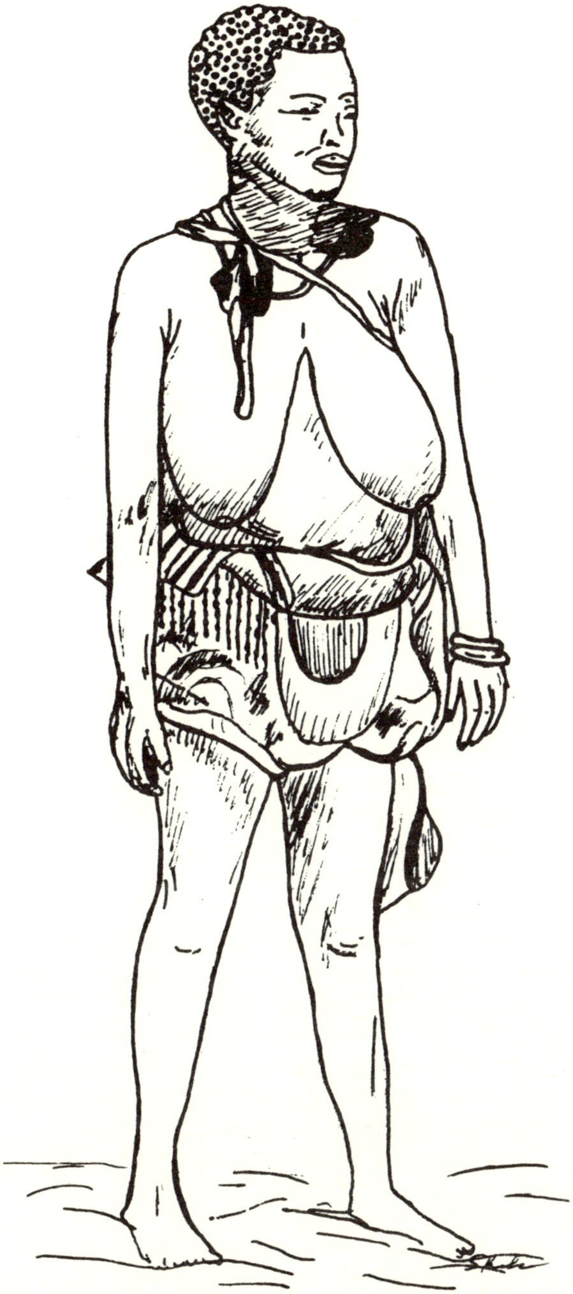

Abb. 60: Buschfrauen zeigen häufig schon in verhältnismäßig jungen Jahren stark hängende Brüste

bung: »Die Brüste junger Frauen sind konisch, bei älteren jedoch stark hängend ... Lageanomalien, wie achselständige Brust, scheinen in allen Altersstufen häufig zu sein« (Abb. 60 u. 61). Zu den auffallendsten Besonderheiten der Buschleute zählt das beim weiblichen Geschlecht enorm vergrößerte, sonderbar geformte Gesäß. Die Erscheinung tritt auch beim Manne, jedoch in geringerer Ausprägung, auf. Diese Fettsteißbildung (Steatopygie) geht einher mit einer scheinbar abgeknickten Lendenwirbelsäule (Abb. 62).
Hüftumfangsmessungen von 12 !Ko-Frauen ergaben Durchschnittswerte von 112 cm (KENNTNER / KREMNITZ, 1986). Aus dem Fettsteiß deckt der Körper, ähnlich wie bei Kamel, Zeburind oder Breitschwanzschaf, in Notzeiten seinen Vitamin- und Fettbedarf. Andere Rassen setzen zwar auch Fett an, aber deren Körper sind nicht in der Lage, grundsätzlich »schadlos« von diesem Fett zu leben. Schädigungen des Magens, der Nieren und der Leber können auftreten. Bei den Buschleuten ist dies nicht der Fall. Es ist, als würden die Körperfunktionen lediglich »umgeschaltet«.
Die Buschfrau ist keineswegs in der Lage, zwei Kinder gleichzeitig zu ernähren oder im Tragetuch zu tragen. Daher kann es auch zur Abtreibung kommen, wenn eine Frau schon kurze Zeit nach der Niederkunft erneut schwanger ist (GLASS, 1939)*. In diesem Sinne sind auch Beischlaftabus zu interpretieren.
Ein Ehepaar besitzt im Durchschnitt nicht mehr als 3–4 Kinder. Die Zahl der Kinder wird wegen der oft schwierigen Ernährungsbedingungen und des häufigen Ortswechsels niedrig gehalten. In Anbetracht der erlaubten Polygamie so-

* Die Abtreibung kann durch Druck auf den Leib ausgeführt werden sowie durch gut gekaute und geschluckte Wurzeln der »samtblättrigen Buschweide« (Combretum molle), die ebenfalls mit hoher Zuverlässigkeit zum Schwangerschaftsabbruch führen sollen.

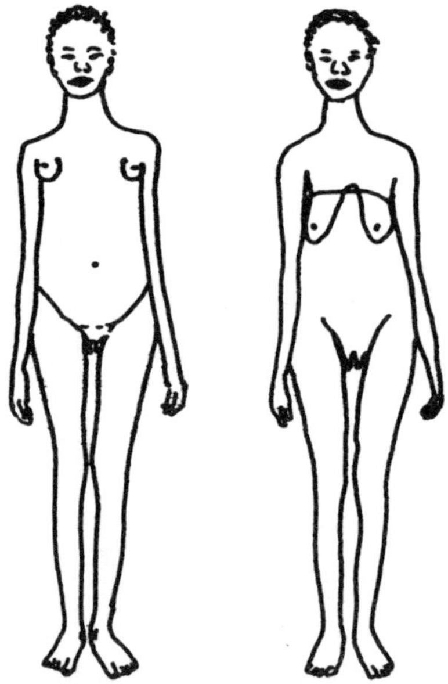

Abb.61: Schematische Darstellung der achselständigen Brust im Vergleich zur stark hängenden Brust bei zwei Buschfrauen

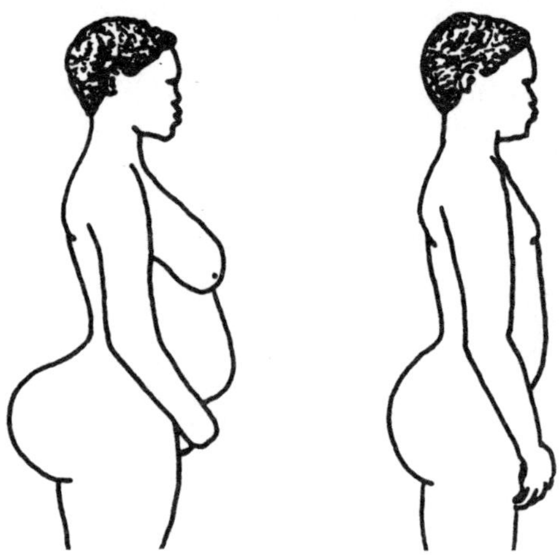

Abb. 62: Die Fettsteißbildung (Steatopygie) ist ein besonders auffälliges Merkmal der Buschleute. Sie tritt sowohl bei Frauen als auch bei Männern auf. Dort aber in geringerer Ausprägung.

wie der frühen Heirat bei den G/wi-Buschleuten erscheint dies unverständlich. Ob die Buschleute während ungünstiger Jahreszeiten unfruchtbar sind und ob dann Frauen oder Männer oder beide Geschlechter davon betroffen sind, muß noch untersucht werden.

Untersuchungen an europäischen Frauen zeigten, daß beim Unterschreiten einer bestimmten Körperfettrate, die bei ca. 20 % liegt, die Produktion von Östrogen (Ovarien, Nebennierenrinde, Unterhautfettgewebe) stark eingeschränkt ist. Dieses Phänomen konnte insbesondere bei Langstreckenläuferinnen im Hochleistungssport beobachtet werden. Gleichzeitig bedeutet eine Reduzierung der Körperfettrate bei heranwachsenden Mädchen, z. B. bei jugendlichen Turnerinnen, eine starke Einschränkung der pubertären Progression in Verbindung mit einem späteren Eintritt in das Menarche-Alter (BENTLEY, 1985).

Aufgrund zahlreicher Beobachtungen stellten verschiedene Wissenschaftler die These auf, daß bei den Frauen der von Jagd- und Sammelprodukten lebenden Buschleute eine temporäre Unfruchtbarkeit besteht, die bei den sogenannten »akkulturierten Buschfrauen« nicht mehr zu beobachten ist. Die in diesem Zusammenhang durchgeführten Untersuchungen an !Kung-Mädchen zeigen einen Eintritt des ersten Menarchetermins zwischen dem 16. und dem 17. Lebensjahr (BENTLEY, 1985). HAYDEN (1972) und WILMSEN (1978/1982) belegen außerdem, daß der Zyklus und der niedrige Sexualhormonspiegel bei !Kung-Frauen in Beziehung mit Perioden der Unfruchtbarkeit stehen.*

Die Ergebnisse aus beiden Studien zeigen einen engen Zusammenhang zwischen den »Lipid go-

* Zu den G/wi-Frauen liegen keine speziellen Untersuchungen vor. Doch lassen sich die Ergebnisse ohne Vorbehalt von den !Kung-Frauen auf die G/wi-Frauen übertragen, da in der Zentral-Kalahari die Lebensbedingungen noch extremer sind und die Periode des jährlichen Nahrungsmangels deutlicher ausgeprägt ist.

nodal steroiden«, dem Blutfettspiegel und der Ernährung. Gleichzeitig zeigen sich auch Veränderungen im Lipid- und Kohlenhydratstoffwechsel.
Veränderungen in der Umwelt gehen der zyklischen Fruchtbarkeit voraus, d.h., Fruchtbarkeitsregulierung ist eine Antwort auf physiologische Veränderungen beim Individuum (WILMSEN, 1978). »Hormonelle Veränderungen, verbunden mit einem ständigen Energieoutput, repräsentieren eine Form endokriner Konditionierung« (BENTLEY, 1985).
Es stellt sich nun die Frage, welche Faktoren zur physiologischen Veränderung der Fruchtbarkeit beitragen. Eine Reihe von Gründen und Ursachen führt HAYDEN (1972) für die zeitweise aussetzende Fruchtbarkeit der San-Frauen an. Den wichtigsten Faktor bildet für ihn die saisonal auftretende Mangelernährung, die insbesondere gegen Ende der Trockenperiode (Ende August bis Ende September) in Erscheinung tritt. Als weiterer, das Körperfett der Frauen reduzierender Faktor wird die hohe körperliche Beanspruchung der Frau im Alltag angesehen. Sie allein ist für das Sammeln von Nahrungspflanzen verantwortlich; sie trägt das Kind bis zu seinem 4. Lebensjahr ständig mit sich herum; ihr obliegt die gesamte Wasserversorgung und Brennholzbeschaffung; sie bereitet das Essen alleine zu, und schließlich transportiert sie einen großen Teil des Besitzstandes während eines Campwechsels. Die Summe dieser Belastungen setzt die Frau einem starken individuellen Druck aus, der nicht selten zur sexuellen Verweigerung führt und damit auch eine Form der Verhütung darstellt. Diese körperlichen Belastungen variieren je nach Saison in Umfang und Ausprägung.*
Schließlich trägt nach KOLATA (1974) die Laktation (Phase der Muttermilchbildung) während der Stillzeit zur Körperfettreduzierung bei. Das fortwährende Stillen bedeutet einen zusätzlichen Kalorienverbrauch von 1000 kcal/Tag über drei bis vier Jahre hinweg, d.h., in dieser Phase steht für die Aromatisierung (Östrogenbildung) kaum Körperfett zur Verfügung.

Abb. 63: Frau mit Kind im Tragetuch

* Für HOWELL (1984) bildet diese körperliche Belastung mit einen wichtigen Grund, warum die Frauen an den langanhaltenden Trancetänzen nicht teilnehmen.

WILMSEN (1978/1982) konnte eine hohe Korrelation zwischen den Monaten des Nahrungsüberflusses und der Geburtenrate feststellen (30 % der Gesamtgeburtenzahl liegen in den Monaten März und April). BENTLEY (1985) beobachtete eine niedere Korrelation zwischen der Saison der geringsten Energieversorgung und einer hohen Empfängnisrate.

SILBERBAUER (1972) erfaßte die Nachkommen von 52 alten Buschfrauen und kam auf eine durchschnittliche Geburtenrate von 2,94 Lebendgeborenen, wobei die Kindersterblichkeit im ersten Lebensjahr bei etwa 10 % lag.

In der Regel folgen die Kinder in einem Abstand von mindestens drei bis vier Jahren. Da das 4 jährige Kind nicht mehr getragen werden muß, kann der Platz im Tragetuch der Mutter für einen neuen Säugling freigemacht werden (Abb. 63).

Das Geschlechtsorgan der Männer zeigt ebenfalls besondere Merkmale. So ist die Stellung des Penis auch im nicht erregten Zustand beinahe waagerecht. Diese Erscheinung wird auf eine physiologische Eigentümlichkeit zurückgeführt: Bei den Buben befinden sich nicht schon bei der Geburt beide Hoden im Scrotum, sondern gleiten früher oder später durch den Leistenkanal abwärts. Dieser späte und verlangsamte »Descensus testiculorum« bewirkt einen Druck gegen das ansitzende Penisendstück, so daß es sich im Jugendstadium mit seiner Spitze ein wenig über die Horizontalebene hinaus erhebt und mit fortgeschrittenem Alter einem leicht nach unten gebogenen Finger gleicht (Abb. 64).

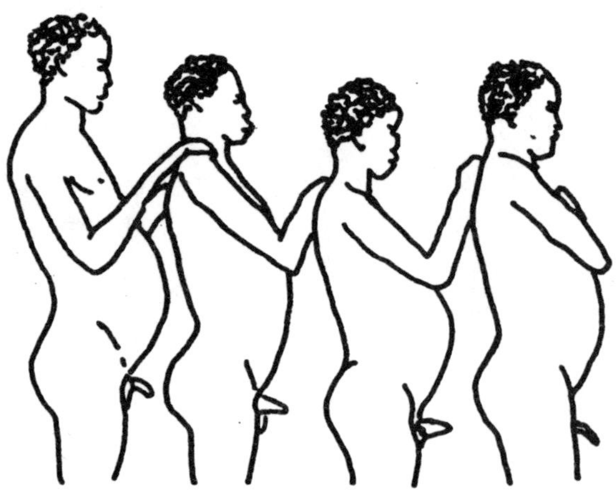

Abb. 64: Noch nicht eindeutig geklärt ist die Ursache des Penis rectus bei den Buschmännern

TOBIAS (1972) zeigt die relative Häufigkeit des Penis rectus bei den Buschmännern im Vergleich mit den Bantu in der folgenden Grafik:

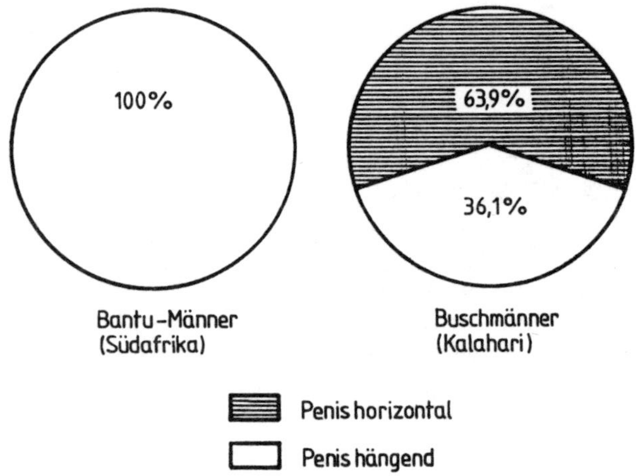

Abb. 65: Sonderstellung der Buschmänner in bezug auf die Penisstellungen, verglichen mit den Bantu (TOBIAS, 1972)

Bemerkenswert war in früheren Zeiten die Sitte der Hodenexstirpation (Hodenentnahme) bei den Buschmännern. Eine erste ausführliche Schilderung der Vorgehensweise wird von KOLB (1719) gegeben:

> »Darauf kommt der Operateur mit seinem Messer, macht eine Oeffnung anderthalben Gliedes groß in den Beutel und drücket den linken Knoten heraus, welchen er sodann

hinten durch- und abschneidet. Hernach steckt er eine kleine Kugel von gleicher Größe aus Schaafsfett, mit dem Pulver einiger heilsamen Arzney Kräuter vermischet und zumahlen des Buchu, hinein und nähet letztlich die Wunde sehr geschickt wieder zu.«

Bezüglich der Interpretation dieser Sitte wird die Auffassung vertreten, daß die Exstirpation eine Art Jünglings- bzw. Jägerweihe darstellt, die das Ausscheiden des Knaben aus der mütterlichen Obhut kennzeichnet und für die Buschmannkultur als charakteristisch angesehen werden muß.

Die Khoisaniden sind serologisch durchaus afrikanisch-subsaharisch, was auch durch die Untersuchungen von TOBIAS (1972) bestätigt wird.

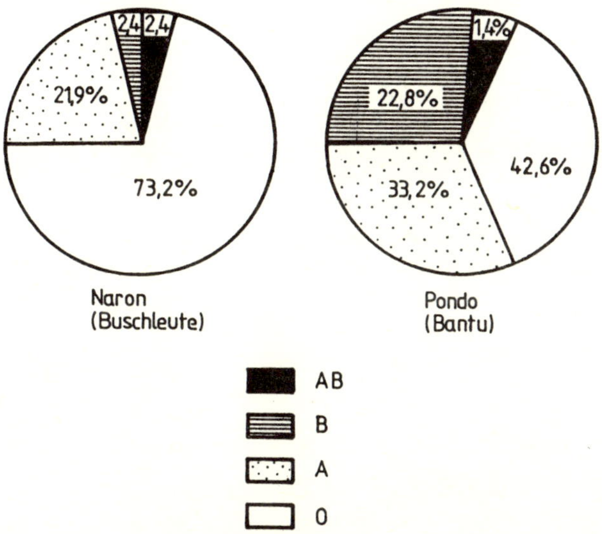

Abb. 66: Prozentuale Häufigkeit der AB 0-Gene bei Buschleuten (Nharon) und Bantu (Pondo) (TOBIAS, 1972)

Bei einem Vergleich der beiden Gruppen fällt die hohe prozentuale Häufigkeit des 0-Gens sowie der geringe prozentuale Anteil des B-Gens bei den Buschleuten auf, während sich das A-Gen etwa gleichmäßig auf beide Populationen verteilt (Abb. 66).

Die besonderen morphologischen Merkmale der Buschleute zeigt Abbildung 68 zusammengefaßt.

Das durchschnittliche Lebensalter der Buschleute kann nur geschätzt werden, da genaue Altersangaben fehlen. Nach unseren Beobachtungen sowie Angaben von SILBERBAUER (1972) dürften nur wenige G/wi-Buschleute ein Alter von mehr als 45 Jahren erreichen. Andere Wissenschaftler dagegen weisen auf eine relativ hohe Lebenserwartung hin und machen Altersangaben von mehr als 80 Jahren. Ein möglicherweise umweltbedingter früher Alterungsprozeß, der sich in einer starken Runzelbildung der Haut zeigt, läßt verhältnismäßig junge Leute schon wie Greise aussehen und erschwert daher zusätzlich eine Altersbestimmung. Die Altersstruktur in drei G/wi-Gruppen zeigt Abbildung 67.

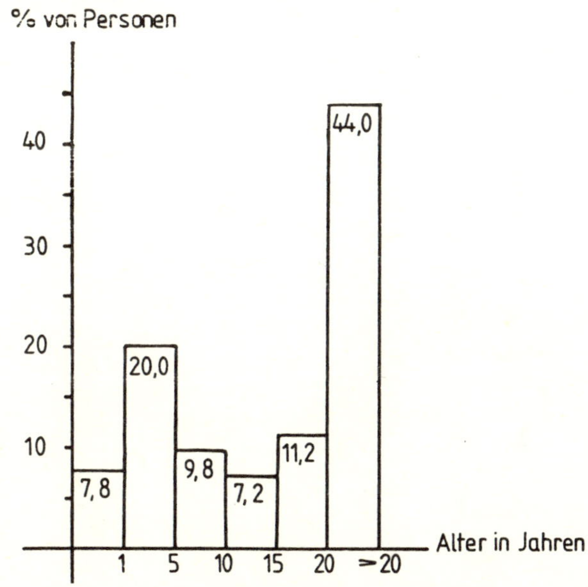

Abb. 67: Die Altersstruktur von 167 Personen aus drei G/wi-Gruppen (SILBERBAUER, 1972)

a)

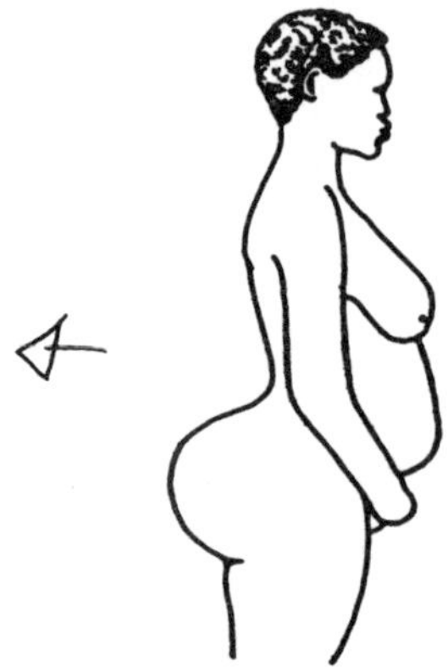

b)

Abb. 68:
Zusammenfassende Darstellung der besonderen morphologischen Merkmale der Buschleute:

a) Macronymphie
b) Fettsteiß (Steatopygie)
c) Achselständigkeit der Brust oder stark hängende Brust
d) Penis rectus
e) Fil-Fil-Haar, mongolide Schlitzäugigkeit, breite abgeplattete Nase, Buschmannohr (Helixrand)

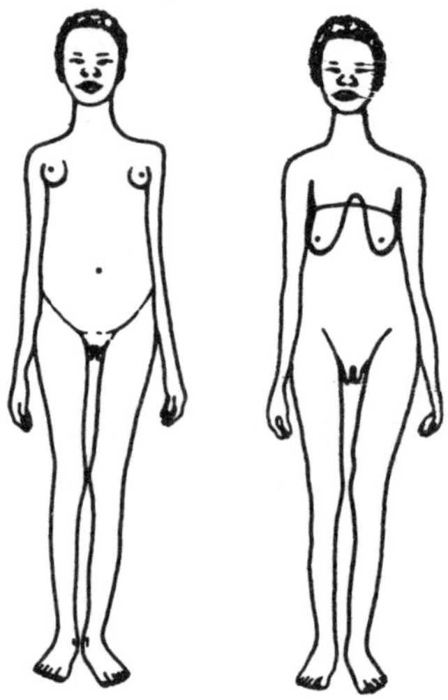

c)

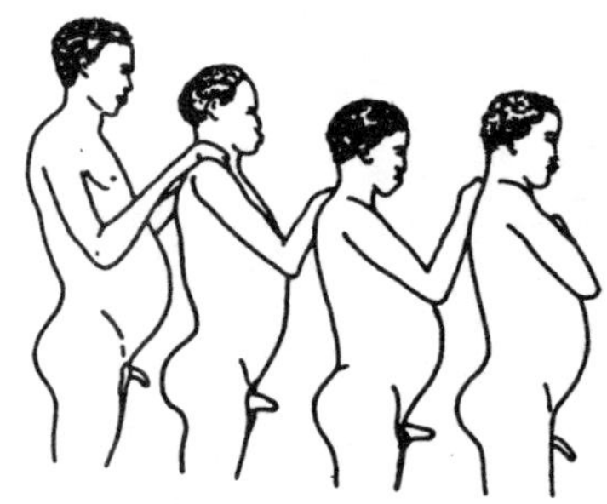

d)

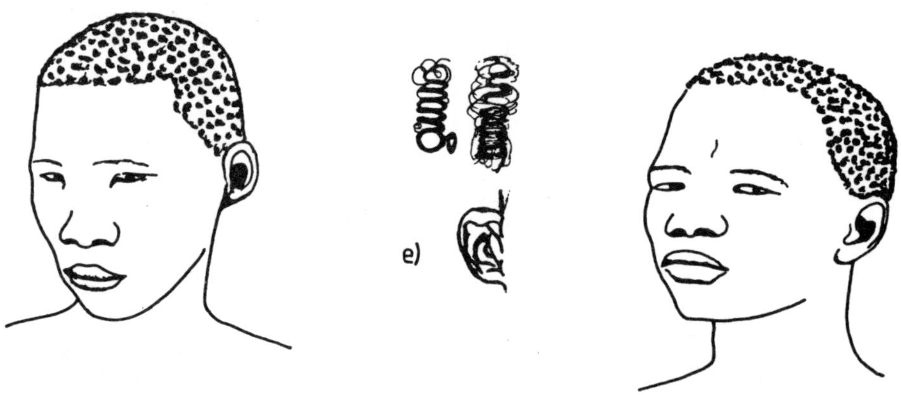

e)

IX.2. Interpretation der Merkmalsfakten bei den Buschleuten

Die Fülle von Sondermerkmalen, die nur den (Khoi)Saniden eigen sind, fordert Erklärungsversuche heraus, auch wenn wir uns dann von der konkreten Beschreibung der Fakten weg auf die Ebene des Theoretisch-Hypothetischen begeben.
Für den Menschen gelten im Prinzip die gleichen Gesetze der Rassenevolution wie im Tierreich, doch ist der experimentelle Nachweis von Wirkmechanismen und Kausalzusammenhängen nicht möglich, und Beobachtungen liegen erst vereinzelt und über relativ kurze Zeiträume vor. Indirekte Hinweise und damit Interpretationshilfen geben uns aber die sehr auffälligen Parallelitäten zwischen Meßwerten und Umweltbedingungen insofern, als einzelne somatische Merkmale (und damit Gene) mehr oder weniger deutlich geographisch variieren und mit bestimmten Umweltfaktoren korrelieren. Solche signifikanten Korrelationen sprechen für die bedeutende Rolle der Umwelt bei der Herausbildung und Differenzierung von Körpermerkmalen und ihrer genetischen Basis.
Umweltpositive Merkmale (und Gene) sind insofern ein Selektionsvorteil, weil ihre Träger eine größere Überlebens- und Fortpflanzungschance unter den vorherrschenden Umweltbedingungen haben; umwelt-negative Merkmale (und Gene) werden so mit der Zeit ausgemerzt. Durch Selektion wird also die Erbstruktur — und im Rahmen der genetischen Disposition erst recht der Phänotypus — der Umwelt angepaßt, eine Entwicklung, die auf Harmonie zwischen Organismus und Umwelt abzielt. Dieses Prinzip gilt für alle Lebewesen und damit auch für den Menschen. In den Rassen begegnen wir Anpassungsformen mit vielen umwelt-positiven und (durch Mitauslese bedingt) umwelt-neutralen Merkmalen (und Genen). Die Anpassung fordernde Umwelt des Menschen ist aber ungleich komplexer als bei anderen Lebewesen: Versteht man Umwelt als die Gesamtheit der auf den lebendigen Organismus einwirkenden äußeren Faktoren, so ist beim Menschen zu differenzieren in Natur- und Kulturumwelt (man-made-environment), von denen beide Impulse zur Anpassung aussenden, auf die der Mensch, je nach Zivilisationsgrad, in unterschiedlichem Maße reagiert.
Bei den Buschleuten ergeben sich daraus folgende sich von unseren vorherigen Ausführungen unterscheidende und die bisherigen Erkenntnisse aus einem anderen Blickwinkel betrachtende Interpretationsansätze:
Die Buschleute sind zwar heute in ihrer Verbreitung im wesentlichen auf die Kalahari beschränkt, hatten aber, wie berichtet, früher einen bedeutend größeren Lebensraum, der ganz Ost- und Südafrika umfaßte. Die ersten eingewanderten Europäer fanden in ganz Südafrika große, weitverstreute Buschmanngruppen vor; heute leben noch khoisanide Restgruppen (Sandawe, Kindiga) in Ostafrika (Abb. 69).
Der Buschmann hat einst unterschiedliche Naturräume besiedelt, vermutlich aber vorwiegend qualitativ günstigere Savannenlandschaften.
Diese verließ er, als der Druck durch Bantu und Europäer größer wurde und wanderte weiter nach Süden, bis ihm nur noch die Kalahari blieb. All dies geschah erst im Laufe der letzten 300 Jahre, für die Rassenevolution eine zu kurze Zeitspanne, um derart viele und hochgradig angepaßte Körpermerkmale zu selektieren. Es gibt auch keinerlei Hinweise dafür, daß der khoisanide Menschentypus, der einst die günstigeren Räume besiedelte, anthropologisch anders ausgesehen hat als der Kalahari-Buschmann heute. Der Buschmanntypus muß daher eine insgesamt relativ breite ökologische Valenz* besitzen, die ihm auch das Überleben in ungünstigeren Räumen ermöglichte.

* Ökologische Valenz = Bandbreite der Lebensbedingungen, unter denen ein Individuum lebensfähig ist.

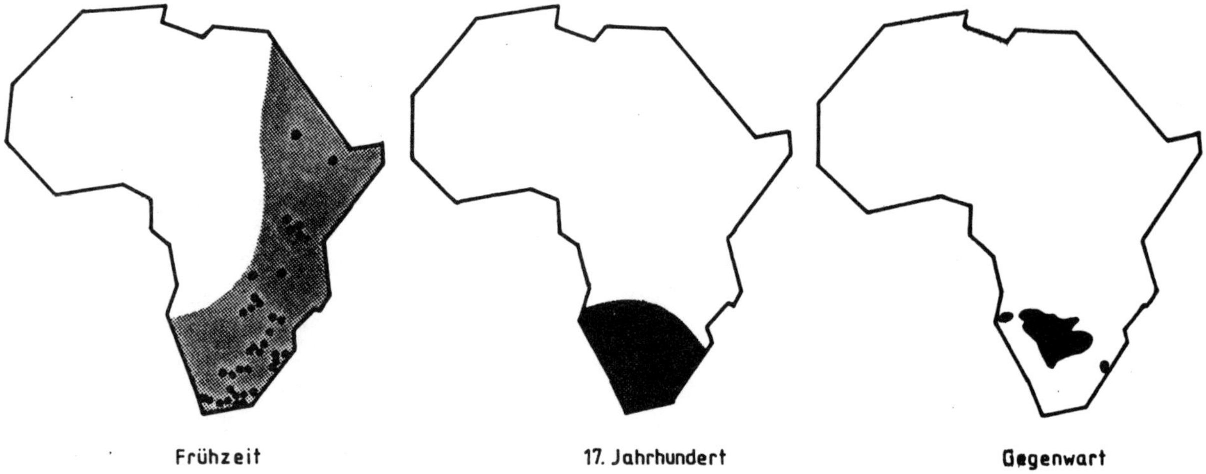

Abb. 69: Verbreitung der Buschleute in der Frühzeit, bei der Ankunft der Europäer im 17. Jahrhundert und in der Gegenwart (TOBIAS, 1978)

Diese Theorie betrachtet die Kalahari als Rückzugsraum der Buschleute; es gibt jedoch auch andere Untersuchungen, die Theorien unterstützen, die diesen Raum schon immer als Kerngebiet der Buschmannkultur ansehen.

IX.3. Die Typologie der Buschleute als Ergebnis von Anpassungsvorgängen an die Natur- und Kulturumwelt

Bekanntlich herrschen in der Kalahari während des ganzen Jahres extreme Temperaturverhältnisse. Untersuchungen über die Gültigkeit der Klimaregeln beim Menschen (KENNTNER, 1975) haben gezeigt, daß mehr oder weniger deutliche Beziehungen zwischen der geographischen Verteilung von Körperhöhe, Körpergewicht und Körpervolumen sowie den klimatischen Gegebenheiten der Biotope bestehen (Bergmann'sche Regel*, Allen'sche Regel**).
So ließe sich die pygmoide Statur und das geringe Körpergewicht der Buschleute als eine Anpassung an die Wüstenverhältnisse interpretieren. Menschen in heißen Klimaten tendieren zu einem geringeren Gewicht als solche in gemäßigten und kalten Klimaten. Ein geringeres Gewicht bei schlankem Körperbau ergibt eine größere Kühloberfläche und damit eine günstigere Wärmeabgabe.
Eine weitere morphologische Anpassung der Buschleute an heiße, wüstenhafte Verhältnisse scheint ihre auffallend niedrige, breite Nase zu sein. Dieses Merkmal korreliert auch anderswo

---

* Bergmann'sche Regel: Beobachtungstatsache, daß innerhalb eines Verwandtschaftskreises von Tier- oder Pflanzenindividuen in den kälteren Gebieten meist die größeren, in den wärmeren Gebieten jedoch meist die kleineren Arten oder Rassen vorkommen.

** Allen'sche Regel: Sie bezieht sich auf exponierte Körperteile von Tieren in extrem kalten oder extrem warmen Klimaten. So sind bei Formen einer Verwandtschaftsgruppe, etwa dem Fuchs, in Wüstenklimaten die Ohren am längsten, in Eisklimaten dagegen am kürzesten.

mit äußeren klimatischen Bedingungen. Die nach THOMSON-BUXTON benannte Klimaregel besagt, daß der Nasenindex (Verhältnis von Nasenbreite zu Nasenhöhe) von kühltrockenen zu feuchtwarmen Gebieten hin zunimmt. Die Breite der Nase bzw. die Weite der Atemkanäle in der Nase sind entscheidende Parameter für die Erwärmung der Atemluft. Sehr schmale Nasen findet man in trocken-kalten Polargebieten, da hier die eingeatmete Luft durch die warme Schleimhautoberfläche beim Vorbeiströmen vorgewärmt werden muß (KENNTNER, 1975).
Es werden sowohl in der mongolidformen Erscheinung der Augenlider als auch im Pfefferkorn-Haar Merkmale gesehen, die sich unter wüstenhaften Bedingungen entwickelt haben; die Kopfhaut kann bei Pfefferkorn-Haar besser Wärme abgeben. Andererseits bietet die dichte »Haarmatratze« der Negriden wohl eher Schutz vor der starken Sonneneinstrahlung. Die Haarbeschaffenheit der Khoisaniden könnte daher in einem feuchtheißen Klima und nicht in der Kalahari entstanden sein, obwohl auch in der Kalahari tagsüber volle Sonneneinstrahlung herrscht.
Die Steatopygie (Fettsteiß) der Buschleute gibt allem Anschein nach ein ausgezeichnetes Beispiel für ein von der Selektion bevorzugtes Merkmal. Es ist eine Anpassungserscheinung in Verbindung mit der Jäger-Sammlerwirtschaft sowie der damit zusammenhängenden periodischen Nahrungsverknappung. In der günstigen Jahreszeit, also bei guter Ernährung, nimmt das Gebilde »beträchtliche Dimensionen« an; bei geringem Nahrungsangebot in der schlechten Jahreszeit verliert sich die Fettmasse wieder (KENNTNER / KREMNITZ, 1986). Der Fettsteiß ist also ein Kalorienspeicher für Mangelzeiten mit ähnlicher Funktion wie im Tierreich der Fetthöcker bei Zeburind und Kamel.
Es wird der Steatopygie neben der Funktion des Kalorienspeichers (Fett) die Aufgabe der Vitaminspeicherung zugewiesen. Dabei handelt es sich um sogenannte fettlösliche Vitamine, die durch die Nahrungsaufnahme von Leber (Vitamin A), tierischen Fetten (Vitamin D), pflanzlichen Ölen (Vitamin E) und grünen Pflanzen (Vitamin K) gewonnen werden.
Bemerkenswert ist der Ort der Fettansammlung. Da die Wärmeabgabe eines Körpers proportional zur Oberfläche, die Wärmeerzeugung dagegen proportional zum Körpervolumen ist, wäre es ungünstig, wenn sich das Fett gleichmäßig über den Körper verteilen würde. Durch die gleichmäßige Ausdehnung des Körpers nach allen drei Dimensionen würde die Oberfläche im Verhältnis zum Volumen verkleinert und somit die optimale Wärmeabgabe des Körpers bei intensiver Hitze in Frage gestellt werden. Mit einer Fettsteißbildung kann hingegen die Kühloberfläche der Haut vergrößert werden, wobei der schmale Körperbau der Buschleute, der ideal an die Umweltbedingungen angepaßt ist, erhalten bleibt. Außerdem ist dadurch für den Körper eine größere Bewegungsfreiheit gewährleistet (Abb. 70).
Der Grund für die stärkere Ausprägung der Steatopygie bei Frauen könnte darin liegen, daß Frauen während der Schwangerschaft eine bedeutend größere Nahrungsreserve benötigen. Diese Deutung ist ebenso wahrscheinlich wie jene, daß der Fettsteiß als spezielles Detail weiblicher Anatomie als Symbol sexueller Herausforderung und Gebärfreudigkeit selektiert worden ist. In diesem Falle wäre zur natürlichen Selektion infolge adaptiven Verhaltens die sexuelle Selektion hinzugetreten. Diese könnte darin bestehen, daß die Steatopygie bei Frauen ein Schönheitsideal bedeutete und auf die Männer besonders anziehend wirkte, was die Heirats- und Fortpflanzungschancen dieser Frauen gegenüber anderen erhöhte. Durch die selektiven Vorteile der Steatopygie wurden ihre Erscheinungsformen beschleunigt und im Genpool der Buschleute verwurzelt.
Die Tatsache, daß die Buschleute in ihrem Lebensraum hohen Temperaturen und intensiver

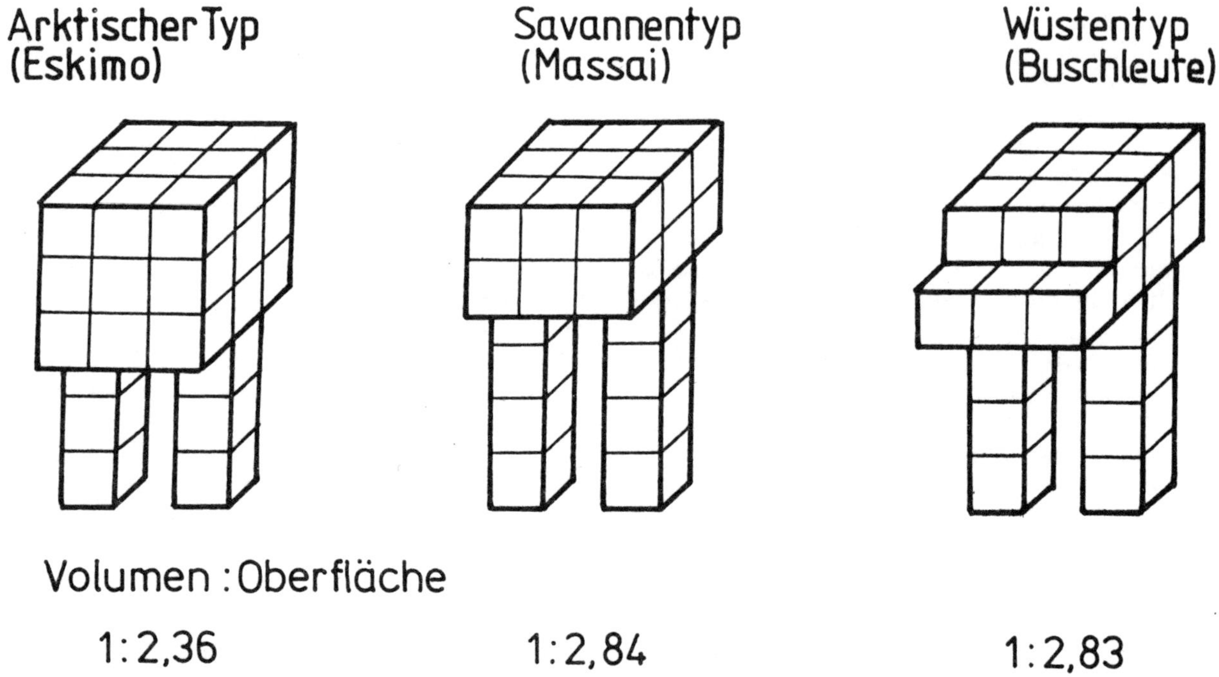

Abb. 70: Das Verhältnis von wärmeerzeugendem Volumen zu wärmeabgebender Oberfläche bei verschiedenen Konstitutionstypen

Strahlung ausgesetzt sind und daß sie als Jäger und Sammler unter diesen Bedingungen körperliche Arbeit vollbringen müssen, verlangt von ihnen einen hohen Grad der Wärmeregulationsfähigkeit (Schweißabgabe, Herzaktivität, Blutverdünnung).
Die extreme Winterkälte in der Kalahari (Temperaturmessungen in der Zentral-Kalahari ergaben im Juli 1985 Nachtwerte bis zu -15° C) erfordert ebenfalls spezielle Anpassungsmechanismen wie z. B. den bereits erwähnten Anstieg der Stoffwechselrate und der Körpertemperatur bei sinkender Lufttemperatur.
Der weiche sandige Untergrund, der weite Flächen ihres gegenwärtigen Siedlungs- und Streifgebietes bedeckt, könnte ebenfalls Einfluß auf die Ausbildung der Körperform haben. Ein kleiner, vor allem leichtgebauter Körper ist aufgrund der Biomechanik seiner Bewegung in derart unwegsamem Gelände im Vorteil gegenüber einem größeren und schwerer gebauten Menschen. Diese Annahme hat insbesondere deswegen Bedeutung, weil bei den periodischen Standortwechseln der Buschleute der ganze Hausrat wie auch die kleinen Kinder über viele Kilometer auf dem Rücken der Menschen transportiert werden müssen.
Der Faktor Ernährung übt einen besonders starken Einfluß auf die physische Konstitution des Menschen aus. Bei Populationen in relativ naturnahem Zustand, wie bei den Buschleuten der Zentral-Kalahari, ist die Ernährung abhängig von den Angeboten und Möglichkeiten des Lebensraumes in quantitativer wie in qualitativer

Hinsicht. Im Gegensatz zum reichhaltigen Angebot an jagdbarem Wild in der Regenzeit, bietet die Kalahari in der Trockenzeit wenig Nahrung. Tierisches Protein steht somit zumindest während bestimmter Monate in genügendem Maße zur Verfügung. Die Ernährungssituation könnte daher als Ursache für die geringe »Körpergröße« und das niedrige »Körpergewicht« nur insofern herangezogen werden, als die Buschleute als Jäger und Sammler wegen des Wechsels von Regen- und Trockenzeiten regelmäßig Hungerperioden ausgesetzt sind. Diese Annahme findet ihre Bestätigung durch die Ausbildung des adaptiven Merkmals der Steatopygie als Nahrungsdepot für ungünstige Jahreszeiten.

Neben der morphologischen und physiologischen Anpassung an die Bedingungen der Kalahari hat der Buschmann noch eine andere Art der Anpassung durchgemacht. Er hat seinen materiellen Kulturbesitz im Rahmen seiner traditionellen Jäger- und Sammlerkultur auf die rauhe, wüstenhafte Umgebung abgestimmt. Für den ideenreichen Buschmann verlief diese »kulturelle Anpassung« wohl schneller als seine morphologische oder physiologische. Die Kultur, die der Buschmann sich schuf, schützt ihn gegen seine physische Umwelt. So helfen ihm zahlreiche Einrichtungen, die kalten Winternächte der Kalahari zu überstehen.

Dabei bedient er sich der folgenden Möglichkeiten:

1. Er benutzt einen Windschirm als Windschutz.
2. Er hüllt sich in einen Umhang aus Tierfell.
3. Er schläft in unmittelbarer Nähe eines Feuers, dicht zusammengeschlossen mit den übrigen Familienmitgliedern und seinen Hunden.
4. Er schaufelt sich im Sand ein flaches Bett, in dem er vor der kalten Windströmung geschützt ist. Oft wird in dieses Bett noch heiße Asche gestreut und mit einer Sandschicht bedeckt.

IX.4. Die Rückwirkung der Kultur auf den Menschen

BRUES (1959) vertritt die These, daß innerhalb menschlicher Rassen eine gewisse Korrelation zwischen physischer und habitueller Aktivität vorhanden ist, die zu einer gegenseitigen Beeinflussung von Kultur und Körperbau führte. Dies würde bedeuten, daß die Ursachen für eine körperliche Anpassung des Menschen nicht nur in seiner physischen Umwelt, sondern auch in der kulturellen Umgebung zu suchen sind.

So kann eine dominierende Waffe oder ein Werkzeug die durchschnittliche Erscheinungsform einer Population, die dieses Werkzeug über einen bestimmten Zeitraum hinweg benutzt, verändern, indem es Menschen, deren Körper optimal an seinen Gebrauch angepaßt sind, einen Selektionsvorteil gibt. Möglicherweise war der schwere muskulöse Körper des Neandertalers physisch gut für den Gebrauch von Keulen und ähnlichen Waffen geeignet, während der leichtere Körper des frühen Homo sapiens für den Gebrauch des Speeres als der ersten projektilen Waffe günstig war. Die kräftigen Schultern des Zentralmongoliden wären nach dieser Vorstellung geeignet für den Gebrauch des Bogens und der schwere Körperbau des seßhaften Ackerbauern für die harte Arbeit auf den Feldern.

Lassen sich zu dieser These möglicherweise bei rezenten Populationen weitere Beispiele finden? Als Beweis könnte die Meeresjägerkultur der grönländischen Eskimos (Inuit) angeführt werden. Die physischen und kulturellen Anpassungen der Inuit an den extremen Lebensraum der Arktis ermöglichten die kontinuierliche Entwicklung einer Meeresjägerkultur. Neben der

Anpassung an die klimatischen Verhältnisse spielte insbesondere die Entwicklung einer Jagdkultur mit den darin integrierten Jagdtechniken — jeweils abgestimmt auf das zu jagende Tier — eine wichtige Rolle. Die kajakfahrenden Inuit, die im Gruppenmittel durch große und kräftige Oberkörper und beinahe »verkümmert« erscheinende Beine charakterisiert werden (Allen'sche Klimaregel), sind wie kaum andere Menschen dazu geeignet, im Kajak zu sitzen und von dort aus die Jagd zu betreiben.

Jeder Inuit besitzt sein eigenes maßgeschneidertes Kajakboot. Aufgrund seiner kurzen Beine und dem langen Rumpf hat der Inuit eine sehr günstige Schwerpunktlage, was ihm ermöglicht, das Kajak äußerst wendig zu führen. Gleichzeitig verbessert ein langer Rumpf die am Paddel ansetzenden Hebelkräfte des Paddlers, so daß sich der Inuit schnell und beweglich vorwärtsbewegen kann.

Dieser Konstitutionstypus hat sich im Laufe vieler Generationen in koevolutiver Entwicklung (Umwelt ↔ Kultur) optimal an den Lebensraum angepaßt.

In diesem Falle würde also die von der Naturumwelt geforderte Kulturleistung (Meeresjägerkultur) den von den Inuit repräsentierten Konstitutionstyp begünstigen und umgekehrt die zur Kultur »passende« Körpernorm, die die optimale Kombination aus physischer Körpergestalt und habitueller Aktivität bei der Reaktion auf die Umweltherausforderungen darstellt, herausbilden (KENNTNER, 1975).

Bei den Watussi (Rindernomaden) in Ostafrika läßt sich der Zusammenhang von Kultur und Körperbau anhand des Mannbarkeitsrituals aufzeigen:

Die Jünglinge der schlanken und hochgewachsenen Watussi in Ostafrika wurden traditionell nur für mannbar erklärt und in die Kriegerkaste aufgenommen, wenn sie in der Lage waren, ihre eigene Körperhöhe zu überspringen, d. h., große Sprungleistungen waren bei diesem Volk über viele Generationen hinweg erforderlich, um später auch heiraten und eine eigene Familie gründen zu können.

Diese Eigenschaft konnte somit auf den Nachwuchs weiter vererbt werden. Hochsprungleistungen förderten damit bei den Watussi einen Selektionsmechanismus im Sinne einer Heiratsschranke (Leistungsselektion). Die Watussi weisen dadurch unter den hoch aufgeschossenen ostafrikanischen Völkern mit die höchsten Körpergrößendurchschnittswerte auf (im männlichen Geschlecht über 1,80 m). Ihre Körperform verkörpert in auffälliger Weise den klassischen Hochspringertypus, d. h., ihr physisches Erscheinungsbild wird durch überlange Beine, hohen Körperschwerpunkt, einen kurzen Rumpf, geringen Skelischen Index (48 %), eine absolut große Körperhöhe und ein relativ geringes Körpergewicht bestimmt.

Da auch bei den Watussi eine Beeinflussung durch kulturelle Gegebenheiten im Sinne der vorangestellten Überlegungen nicht auszuschließen ist, fordern Naturumwelt und Kulturumwelt in eindrucksvoller Art und Weise den gleichen Körperbautypus und unterstützen sich daher im Evolutionstrend (KENNTNER, 1975).

Auch bei den Ituri-Pygmäen des zentralafrikanischen Regenwaldes findet man die gegenseitige Beeinflussung von Kultur und Körperbau: Der Homo erectus hat sich wahrscheinlich in der offenen Savannenlandschaft entwickelt, und Teile dieser Urpopulation, aus denen die Vorfahren der Pygmäen abstammen, sind sekundär in den Wald zurückgekehrt. Die Ituri-Pygmäen, als eine Vertretergruppe dieser Waldmenschen im zentralafrikanischen Regenwald, gehören zu den Pygmäen, die im Gruppenmittel beim männlichen Geschlecht 148 cm Körperhöhe nicht überschreiten.

Die Reduzierung der Körperhöhe bei den Pygmäen geht möglicherweise einher mit der Entwicklung ihrer Jagdkultur im tropischen Regenwald im Hinblick auf ihre Jagdbeute. Diese Beutetiere stellen ebenfalls »Verkleinerungen« größerer Savannentiere dar. Zu ihnen zählen z. B. das Okapi, der Zwergbüffel, das Zwergflußpferd, der Zwergschimpanse, die Zwergantilope sowie der Zwergelefant.* Aufgrund ihrer Fortbewegungsfähigkeit im dichten Unterholz werden diese Tiere auch als »Schlupftiere« bezeichnet.

Durch ihre Kleinwüchsigkeit sind die Ituri-Pygmäen in der Lage, aufgespürtes Wild durch den teilweise dichten Pflanzenvorhang des tropischen Regenwaldes zu verfolgen, ohne sich erst einen Weg bahnen zu müssen. Großwüchsigkeit wurde somit ausselektiert, da dies einen negativen Selektionsfaktor in diesem Waldbiotop darstellt. Neben der mangelnden Wendigkeit wäre auch aufgrund der geringeren Wilddichte und des höheren Kalorienbedarfs innerhalb dieses Lebensraumes die Ernährungssituation nicht ausreichend für einen großwüchsigen Konstitutionstypus (KENNTNER / LUDWIG, 1982).

Könnte die Theorie von BRUES (1959) auch die morphologische Anpassung der Buschleute an ihre Jägerkultur erklären? Der Buschmann gebraucht bei der Jagd Pfeil und Bogen. Sein sehniger Körper ist klein und leicht gebaut. Diese Konstitution widerspricht zunächst der Vorstellung von BRUES über den kräftigen Körperbau von Bogenschützen. Eine Erklärung kann man jedoch finden, wenn die Jagdgeräte und Jagdmethoden der Buschleute berücksichtigt werden. Der Buschmannbogen ist klein, die Pfeile sind leicht und zerbrechlich. Sie können ein Tier niemals beim Auftreffen sofort tödlich verletzen. Daher gebrauchen die Buschmänner vergiftete Pfeile und vertrauen auf ihre Leichtfüßigkeit im Verfolgen der Beute. Das aus allernächster Nähe von einem Giftpfeil getroffene Tier flieht mit der Herde und muß oft tagelang verfolgt werden, bis es dem Jäger endlich gelingt, es zu töten. Diese Jagdmethode erfordert leptosome*, kleinwüchsige Typen mit hoher Ausdauerleistungsfähigkeit. Nach Beobachtungen von SILBERBAUER (1965) sind die größer und stärker gebauten Mitglieder einer Buschmanngruppe fast stets ungeschicktere Jäger. Dies würde dafür sprechen, daß kulturelle Selektion möglicherweise die geringe Körpergröße und den zierlichen Konstitutionstyp mitbegünstigt hat.

Ein Beispiel kultureller Anpassung zeigt sich auch im Zusammenhang mit der »Mobilität« der Buschleute. Diese ist eine Reaktion auf das Klima bzw. das unterschiedliche Nahrungsangebot im Wechsel der Jahreszeiten. Zur Erhaltung einer hohen Mobilität ist wiederum ein kleiner tragbarer, aber höchst wirkungsvoller materieller Kulturbesitz erforderlich. Die kulturelle Anpassung, die Fähigkeit der Buschleute, ihr Kulturmuster an die spezifischen Bedingungen der Trockensavanne anzupassen, ist daher neben anderen Anpassungsmechanismen für die Existenz dieser Population in ihrer lebensfeindlichen Umgebung unbedingt notwendig.

Nach den Ergebnissen der Untersuchungen von KENNTNER / KREMNITZ (1986) ist der Rassentypus der Saniden das Resultat einer langen und strengen Selektion, die auf eine bestmögliche physische Anpassung der Buschleute an ihre spezielle Umwelt, die Kalahari, abzielt. Selektion ist neben Isolation und Mutation ein bedeutender Evolutionsfaktor der Rassenentstehung. Die Mutation wandelt das Erbmaterial verschiedenartig ab, die Umwelt gibt als Prüfstand für die verschiedenen Merkmale den Evolutionstrend vor, und die Selektion sortiert in der Isolation die wenig geeigneten Gene aus und häuft dadurch gleichzeitig umweltpositive Gene an. Bleiben die ökologischen Verhältnisse

* Beim »Zwergelefanten« ist noch nicht eindeutig geklärt, ob es sich um eine eigenständige Art handelt oder lediglich um Elefantenbabys des Waldelefanten.

* Leptosom = schmalwüchsig

ausreichend lange konstant, führt dieser Mechanismus zur Anhäufung spezifischer Gene und damit zur Ausprägung eines speziellen charakteristischen Merkmalkomplexes. Genetisch voneinander zu unterscheidende Gruppen von Individuen können schließlich als verschiedene Rassen definiert werden.

Die Umwelt im Bereich der Kalahari hat offensichtlich Phänotypen* selektiert, die aufgrund ihrer ökologischen Valenz in der Lage sind, das Angebot, das ihnen der karge Lebensraum bietet, so zu verwerten, daß nicht nur das nackte Überleben möglich ist, sondern, daß neben einer hohen physischen Leistungsfähigkeit (Laufjagd, Spiele, Tänze) auch eine ausreichende Fruchtbarkeit und Gesundheit den Fortbestand der Bevölkerung auf weitgehend konstantem Niveau garantiert. Die kleinwüchsigen Kalahari-Bewohner, die Buschleute, können somit uneingeschränkt als fixierte Ökotypen** bezeichnet werden, umschreibt dieser Terminus doch die ausgeprägte Harmonie zwischen Lebewesen (hier: Buschleute) und ihrem speziellen Lebensraum (hier: Kalahari). Möglicherweise hat aber zusätzlich eine Anpassung des Körperbaus des Buschmannes an seine eigene Kultur stattgefunden: »Kultur-Ökotypus«. Diese These muß jedoch an anderen, noch unter natürlichen Bedingungen lebenden Populationen überprüft werden, bevor eine eindeutige Aussage darüber zu machen ist, welcher Stellenwert einer solchen Interpretation bei den Buschleuten zukommt.

---

* Phänotyp = Erscheinungstyp.

** Ökotyp = Bestmöglicher Anpassungstyp an spezielle Umweltherausforderungen.

X. DIE KALAHARI — IMMER NOCH LEBENSRAUM DER BUSCHLEUTE?

X.1. Der Lebensraum verändert sich

Der seit Hunderten von Jahren nur wenig beeinflußte Lebensraum der Kalahari hat in den letzten 50–100 Jahren zunehmend Veränderungen durch den Menschen hinnehmen müssen. Die Vegetation war seit Jahrtausenden an Klimaschwankungen und die damit einhergehenden unterschiedlichen Feuchtigkeits- und Temperaturverhältnisse sowie auftretende natürliche Brände angepaßt. Das Leben der dort vorkommenden Tiere war auf die Vegetationsverhältnisse eines Jahresablaufes abgestimmt, d. h., die Natur — einschließlich des Menschen — befand sich im ökologischen Gleichgewicht. Doch seit Beginn dieses Jahrhunderts führte der zivilisatorische Vormarsch zu teilweise drastischen Veränderungen in der Landschaft und damit in der Ökologie dieses Raumes. Durch die Gründung neuer Staaten im südlichen Afrika erfolgte die systematische wirtschaftliche Erschließung des Kalahari-Gebiets. Die Erschaffung einer Infrastruktur, beispielsweise durch den Bau von Straßen und festen Siedlungen, bedingte die rasche Erforschung der Kalahari und damit auch die Anbindung ihrer Bewohner an die Zivilisation des ausgehenden 20. Jahrhunderts. In der Folgezeit wurde die Kalahari auf ihr Rohstoff- und Wirtschaftspotential hin untersucht. In rascher Folge entstanden Bergwerke und Viehfarmen, die die Landschaft sehr bald in entscheidender Art und Weise verändern sollten.

Besonders zerstörerisch wirkt sich inzwischen die Viehzucht in Botswana aus. Durch das Leben der Buschleute als Jäger und Sammler sowie durch die Wildtierherden wurde die Natur in ihrem Bestand nie irreparabel geschädigt. Keine Pflanzenart wurde »totgeweidet«, der Bestand nicht über die Regenerationsquote hinaus reduziert und jeglicher Eingriff, der zu einem Biotopwechsel hätte führen können (bezogen auf wenige Jahre), vermieden. Ein Artenwechsel in den Pflanzengesellschaften dieser Biotope fand nur infolge von Klimaveränderungen, also langfristig, statt.

Anfang der 80er Jahre initiierten die Weltbank und einige nationale Kreditanstalten ein exportorientiertes Rinderzuchtprogramm für Botswana. Von anfangs einigen Tausend Rindern wuchs die Zahl bis heute auf 70–80 Millionen Tiere an. Auch einige Gruppen der Buschleute wurden in dieses Programm miteinbezogen, das von amerikanischer, australischer und bundesdeutscher Seite zügig vorangetrieben wurde.

Der exportorientierten Rinderzucht Botswanas wird ein wesentlicher Beitrag zur Verwüstung des Buschmannlandes zugeschrieben. Die ersten sichtbaren und bereits kaum mehr reparablen Schäden in der Kalahari sind bereits 1985 aufgetreten, insbesondere im intensiv genutzten Osten Botswanas. Der vielgerühmte Wildreichtum ist heute im Rückgang begriffen. Schuld daran sind die weitläufigen Weidezäune, die weite Teile des Landes für die Viehwirtschaft ausnehmen und somit das Wanderverhalten der großen Säugetiere unterbinden. Dadurch finden diese nur noch wenige Weideplätze, da sie in direkter Nutzungskonkurrenz zum Nutzvieh der Weißen und Schwarzen stehen. Ausufernde Farmbezirke und die schon erwähnten zunehmenden Viehbestände verschärfen die Situation. Die Viehwirtschaft beschwört eine ökologische Katastrophe herauf, denn so einzigartige Landschaften wie das Okavango-Sumpfgebiet und

andere Naturlandschaften werden durch diese Nutzung und weitere geplante Projekte in ihrer Existenz bedroht.
Die Überweidung durch Ziegen und Rinder führte zu einer zunehmenden Veränderung von Biotopen und dem Verlust von Arten. Insgesamt verschiebt sich das Spektrum der Pflanzenarten, wobei hier insbesondere die Gräser hervorzuheben sind. Nahrhaftere Arten gehen zugunsten der weniger nahrhaften in ihrer Häufigkeit zurück. Dies bedingt wiederum eine Ausweitung der Weideflächen. Im Zuge dieser Ausweitung wurden viele Baumbestände gefällt, ohne daß dabei eine Neuanpflanzung an anderer Stelle vorgenommen worden wäre. Um die riesigen Herden mit Wasser versorgen zu können, mußten Brunnen gebohrt werden, aus denen das fossile und damit nicht erneuerbare Wasser aus der Tiefe des Sandbeckens herausgepumpt wird. Der Grundwasserspiegel hat sich inzwischen merklich gesenkt. Nach Berechnungen von Wissenschaftlern werden die Wasservorräte maximal noch für 70 Jahre reichen.
Die zunehmende Zerstörung der Landschaft wird nicht zuletzt auch dadurch verschärft, daß es für die Bewohner bis heute fast keine anderen Berufsalternativen gibt und sie somit gezwungen sind, den Weg des Viehzüchters zu gehen oder in einem anderen Land als Saison- oder Leiharbeiter ihr Geld zu verdienen. Hinzu kommen soziale Komponenten wie etwa das Erbrecht, das zur Zerstückelung des Besitzes führt, oder etwa die inzwischen existierenden Wasserkartelle, die gegen Schutzgelder den Viehzüchtern das Wasser verkaufen.
Bis zum heutigen Tag sind mehr als 80 % der Kalaharifläche auf dem Territorium Botswanas zu einer immer wüstenähnlicher aussehenden Landschaft degradiert.
Die Zeichen der Zeit sind unverkennbar: Mit dem Sterben der Natur geht auch das Sterben der ursprünglichen Kulturen einher.

X.2. Die Einengung des Lebensraumes und die Dezimierung der Bevölkerung gehen Hand in Hand

Die Buschleute waren über Jahrtausende die einzigen Bewohner des südlichen Afrikas. Doch mit dem Auftreten der weißen Siedler und dem Vordringen der Bantu von Norden wurden die Ureinwohner immer stärker in die letzten Refugien der Kalahari zurückgedrängt. Dieser Vorgang hält bis heute an. Auch die letzten ungenutzten Bereiche der Kalahari sollen nach dem Willen der Regierung von Botswana (und wahrscheinlich auch in Namibia) einer Nutzung zugeführt werden.
Im Jahre 1963 wurde mitten im Lebensraum der G/wi-Buschleute das ZENTRAL-KALAHARI-WILDSCHUTZGEBIET ausgerufen. Die Buschleute sollten aus diesem Gebiet verjagt werden. Ein Beweis dafür ist der im Jahre 1969 an die Regierung von Botswana gestellte Antrag einer Farmervereinigung. Darin forderten die Farmer drei Polizeibesatzungen zur Bekämpfung von Buschleuten, was »natürlich« abgelehnt wurde. Dieses Projekt ist jetzt wieder aufgenommen worden. Die Regierung von Botswana führt Überlegungen durch, die G/wi aus der Zentral-Kalahari umzusiedeln, um dort ein Jagdgebiet für ausländische Touristen einrichten zu können.
Mit der Reduzierung des Lebensraumes ging die systematische Dezimierung der Bevölkerung, der Buschleute, einher. Insbesondere einige Weiße erhoben die Jagd auf Buschleute zu einer Art Volkssport, die ihnen — aus heutiger Sicht — mehr als zweifelhaften Ruhm einbrachte.
Existierten bei der Ankunft der ersten holländischen Siedler um 1652 südlich der Kongo-Sambesi-Wasserscheide schätzungsweise 300 000–500 000 Buschleute, so sank die Zahl bis zum Jahre 1980 auf weniger als 40 000, wobei ein Großteil dieser Gruppenangehörigen be-

reits mit benachbarten Bantu vermischt ist (Abb. 71).

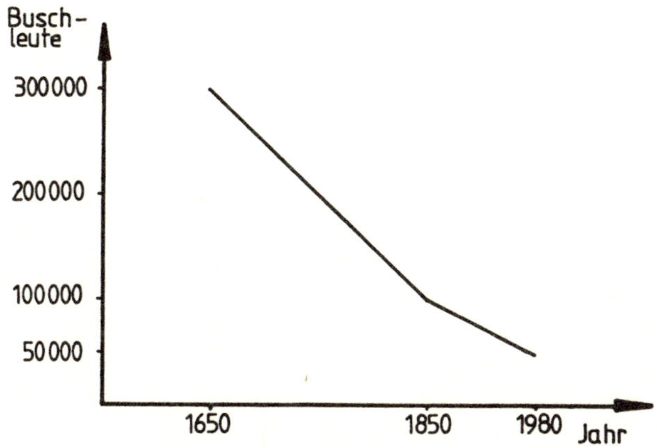

Abb. 71: Geschätzter Bevölkerungsrückgang bei den Buschleuten von 1650 bis 1980

Neben der Dezimierung durch Töten der Eltern wurde die Methode des Kidnappens von Buschmann-Kindern praktiziert, die dann in »neuen« Familien aufwuchsen. Ebenso kommt aber auch die rassische Vermischung und Assimilierung an die dominante Kultur der Bantu und Weißen einer Art Dezimierung gleich.

X.3. Akkulturation — eine Kultur stirbt

Zur Akkulturation der Buschleute haben viele Faktoren geführt:

Einer der wichtigsten Faktoren ist die stetige Verdrängung aus ihrem Lebensraum sowie die Dezimierung der Menschen. Heute leben die meisten Buschleute in Botswana.

Der Mißbrauch der Buschleute für die Interessen der weißen Kolonisatoren (z. B. Portugiesen und Südafrikaner) kommt hinzu. Eine der schlimmsten Formen menschlicher Ausbeutung ist wohl die Rekrutierung Angehöriger ethnischer Gruppen zum bewaffneten Kampf für die Interessen eines Landes oder, wie hier im südlichen Afrika, zur Entscheidung des Interessenkonfliktes zwischen westlicher und östlicher Ideologie, zwischen Kapitalismus und Kommunismus. Die Buschleute haben dabei mit die größten Opfer gebracht. Sie kämpften zuerst auf der Seite der portugiesischen Kolonialmacht. Nach der Flucht der Portugiesen und der Proklamation des neuen Staates Angola wurden die Buschleute der dort noch lebenden Gruppen gejagt und viele aus Rache für die Kollaboration mit dem Kolonialismus getötet. Die, die fliehen konnten, wurden an der Nordgrenze des heutigen Namibia in Lagern der südafrikanischen Besatzungsmacht (z. B. Omega, Omatako) aufgenommen und als Guerillakämpfer gegen die Swapo eingesetzt, an der Front oder auch im Hinterland.

Die Familien dieser Buschmannsoldaten lebten direkt in diesen Lagern. Auch entferntere Verwandte hatten sich außerhalb der eigentlichen Lager niedergelassen, denn die materiell gutgestellten Soldaten brachten auch diesen bei ihren häufigen Besuchen stets Lebensmittel und kleine Geschenke mit.

Diese Auseinandersetzung dauerte 16 lange Jahre, in denen viele Menschen den Tod fanden und Angola zu einem Armenhaus Afrikas wurde. Das Land hat auf längere Sicht keine Chance, dieser Entwicklung eine positive Wende zu geben, da durch den Krieg auch Tausende von jungen Menschen, die für den Neuaufbau des Landes gebraucht würden, zu Krüppeln verstümmelt wurden.

In den Militärlagern waren, neben den materiellen Lebensbedingungen infolge finanzieller Entlohnung durch die Armee, auch die ärztliche und medikamentöse Versorgung besser. Hinzu kam die Bereitstellung von Lebensmitteln und Kleidung. Nach der Unabhängigkeit Namibias (1. April 1990) bestand die Gefahr, daß die Buschleute auch hier ein ähnliches Schicksal erleiden würden wie vormals in Angola.

Um dem vorzubeugen, hat die Südafrikanische Armee einen Teil der ehemaligen Buschmannsoldaten mit ihren Familien im Februar und März 1990 in die Kapprovinz umgesiedelt. Für die etwa 4000 Menschen, die meisten gehören dem Vascelo-Stamm an, wurden bei Schmidtsdrift* Lager eingerichtet. Sofort erhoben die ansässigen Farmer Proteste. Sie argumentierten damit, daß die (angeblich) schlechte Gesundheit der Buschleute eine Ansteckungsgefahr bedeute, außerdem würden diese in beängstigendem Maße Bäume abholzen, um Brennmaterial zu erhalten.
Die Sachlage wird noch durch den Umstand erschwert, daß der ehemals dort ansässige und 1968 nach Kuruman umgesiedelte »Batlaping«-Stamm (Bantu) nun in sein altes Gebiet zurückkehren will. Die Südafrikanische Armee hat jedoch die Absicht bekundet, die in Schmidtsdrift angesiedelten Buschleute so zu fördern, daß ihre Eingliederung in die südafrikanische Gesellschaft — sowohl kulturell als auch wirtschaftlich — möglich wird.
Die allmähliche Einführung der Seßhaftigkeit sollte bei den Buschleuten dadurch ermöglicht werden, daß man ihnen die Viehzucht beibrachte. Das geschah durch Einzelpersonen und verschiedene Organisationen, die versuchten, die Lebenssituation der Buschleute an unsere Zivilisation anzugleichen.
Auch »Swani« Swanepol, der ehemalige oberste Regierungsbeamte für alle 34000 mehr oder weniger nach alter Sitte lebenden Buschleute in Namibia, setzte sich dafür ein, allen Buschleuten Ackerbau und Viehzucht beizubringen. Er befürchtete, daß sonst das 18000 km^2 große Jagdgebiet nicht mehr den Buschleuten allein vorbehalten bliebe, da die benachbarten rinderzüchtenden Hereros schon lange ein Auge auf die noch wogenden Weiden des Buschmannlandes geworfen hätten.

* Nordwestlich von Kimberley gelegen.

Die »Bushmen Development Foundation« des Amerikaners John Marshall versucht ebenfalls, das Überleben der Buschleute (Ju/wasi) mit Hilfe der Rinderzucht zu ermöglichen. Dies war jedoch bisher kaum erfolgreich, da die Jäger der Sippen die fettesten Kühe schlachteten, wenn sie keinen Erfolg beim Jagen hatten.
Eine Art private Entwicklungshilfe, mit dem Ziel einer sanften Anpassung an neue Verhältnisse, erfuhren auch die !Ko-Buschleute Botswanas im Südwesten der Kalahari. HEINZ (1984), der schon frühzeitig erkannte, daß die Buschleute von fremden Kulturen und Zivilisationen überrollt werden, versuchte deshalb, diese behutsam mit den Gepflogenheiten der neuen Zeit bekannt zu machen. Brunnen wurden gebohrt, Viehhaltung sollte das Nomadenleben ablösen. Die Regierung Botswanas hat das Projekt zu Beginn der 80er Jahre übernommen und in ihrem Sinn intensiviert.
Auch andernorts versucht die Regierung Botswanas, die Buschleute seßhaft zu machen. Sie nutzt dazu die Abhängigkeit allen Lebens vom Wasser. Mit Hilfe von Windrädern wird Wasser gefördert, und Teiche werden angelegt. In deren Umgebung liegt nun das Sammelgebiet der Buschleute. Die neue Lebensart bringt Probleme wie Seuchengefahr oder weitergehende Überbeanspruchung des Raumes mit sich.
An den Wasserstellen kommt es häufig zu interethnischen Konflikten zwischen den Buschleuten und den verschiedenen Bantugruppen und Hereros.
Als Folge des fortschreitenden Zivilisationseinbruchs in ihre althergebrachte Lebensweise in der Kalahari und weil sie glauben, ihre Lebensumstände damit zu verbessern, verdingen sich viele Buschmänner als Wander- und Saisonarbeiter auf Farmen, in Minen oder beim Straßenbau.
In Namibia arbeitet heute eine große Zahl von Buschleuten auf Farmen von Weißen. Bis vor etwa 30 Jahren waren die Buschleute als Teil-

zeitarbeiter, die außerdem noch vom Jagen und Sammeln lebten, bei den weißen Siedlern angestellt. Durch die Einführung neuer, marktorientierter Methoden der Viehhaltung wurde den Buschleuten endgültig ihr Land genommen. Nur ein Zehntel blieb als Lohnarbeiter bei den weißen Farmern angestellt. Wer aber nicht mehr für den Farmer arbeitete, verlor jegliches Wohnrecht auf dem Farmgebiet. So wurde die Mehrzahl von ihnen zu heimatlosen Vagabunden.

Einige Buschmänner haben sich den schwarzen Viehzüchtern angeschlossen. Ihre Stellung ähnelt der von Leibeigenen, obwohl sie heute manchmal wie Familienmitglieder behandelt werden und ihnen sogar ein Stück Land zugewiesen wird, das sie bebauen dürfen. Die von Farmern und Behörden angewandte Prügelstrafe wurde aber erst sehr spät verboten. Die Buschmänner, die noch nach der alten Form leben, übernehmen im allgemeinen für die Farmer das Jagen und erhalten dafür Gegenleistungen wie Tabak und Lebensmittel. Mit steigender Abhängigkeit geben auch sie ihre latente Lebensweise völlig auf. Auch der Bau und die Instandhaltung von Straßen locken immer mehr Buschmänner in die Lager der Straßenarbeiter, wo sie — zeitweilig — Beschäftigung finden und Lebensmittel erhalten.

Gerade in der Gesellschaft der Buschleute bewirkt der Kontakt mit unserer konsumorientierten westlichen Zivilisation verheerende Veränderungen. Die neu geweckten Bedürfnisse können mit der althergebrachten Wirtschaftsweise nicht mehr befriedigt werden, die ehemaligen Jäger müssen daher schlecht bezahlte Jobs annehmen. Die harte Arbeit wird meist mit gebrauchter Kleidung und sonstigen Waren aus zweiter Hand entlohnt. Viele Männer nehmen eine lange Trennung von ihren Familien in Kauf, um in den Minengebieten Geld zu verdienen, das sie dann meistens gleich für den Kauf einer Menge z. T. nutzloser Geschenke für ihre Freunde und Angehörigen ausgeben. Da die Buschleute sich immer weniger aus der sie umgebenden Umwelt versorgen und zusehends auf das Warenangebot von Krämer- und Lebensmittelläden zurückgreifen, geht das über Generationen erlernte und vermittelte Wissen über die Nahrungsversorgung aus der Natur auf dramatische Art und Weise verloren.

Die Entwicklung des Mannes zum Alleinverdiener führt zu einem verminderten Sozialstatus der Frau, da deren bisherige Aufgabe — die Versorgung der Familie mit pflanzlicher Nahrung — entfällt; dadurch gerät sie in eine finanzielle Abhängigkeit zu ihrem Mann. Durch die Errichtung fester Unterkünfte kommt eine starke Einschränkung der Mobilität hinzu. Ein zweiter wichtiger Punkt ist die sprachliche Fixierung der Frau und ihre Isolierung in der seßhaften Gruppe, während der Ehemann die Chance besitzt, andere Sprachen zu erlernen und neue Erfahrungen zu machen.

Der kulturelle Wandel tritt in der Zentral-Kalahari langsamer ein als in den bewohnteren Gebieten der Randkalahari. Die G//ana zum Beispiel, die mit den G/wi verwandt sind, gingen dazu über, in feuchteren Jahren Marotsi-Melonen (eine Zuchtform) selbst anzubauen* (CASHDAN, 1984). Des weiteren pflanzen sie — je nach den herrschenden Umweltbedingungen — Mais und Bohnen an. Während der Wachstumsphase der Anbaupflanzen gehen die G//ana der althergebrachten Sammeltätigkeit (Tsama-Melone, Acanthosicyos naudiniana) nach. Ein weiteres Zeichen kulturellen Wandels ist das Halten von Eseln und Ziegen — als »Transportmittel und Fleischreserve« (EBERLE, 1990).

Die neue Lebensweise macht die Buschleute allerdings in noch höherem Maße abhängig von den Niederschlägen. Auf lange Zeit gesehen, ergibt sich eine Wahrscheinlichkeit von Mißernten, die bei 50 % liegt. Doch es hat sich gezeigt,

* Dies wurde von unserer Expedition ebenfalls beobachtet.

daß eine kombinierte Nutzung von Wildpflanzen, also Veldfood und angebauter Nahrung, unter den gegenwärtigen klimatischen Bedingungen der Kalahari möglich ist.

Da die Verkehrsverhältnisse immer besser werden und der Verkehr zunimmt, halten sich die Buschleute gerne an den Orten auf, an denen sie von vorüberkommenden Fremden Tabak, Geschenke und etwas zu essen bekommen. Selbst die Bewohner aus der Zentral-Kalahari suchen immer wieder die sich ausbreitenden Siedlungen auf, um sich Vorräte und vor allem Wasser zu beschaffen. Heute gibt es vermutlich keinen einzigen Buschmann mehr, der nicht von der Außenwelt in bezug auf seine Lebensformen beeinflußt worden wäre. Besonders auch die wachsende Zahl der Touristen spielt dabei eine nicht unbedeutende Rolle. Meist fertigen die Buschleute Andenken an, die sie dann verkaufen können, um für das Geld Decken zu besorgen. Geld ist zu einem wichtigen Faktor in ihrem Leben geworden. Bei diesen »Geschäften« wird oft die Gutmütigkeit und Unwissenheit der Buschleute ausgenutzt. Für einheimische Kunstwerke, an denen sie Tage arbeiten, bekommen sie von Touristen oft nur ein paar Zigaretten.

So häuft sich bei den einzelnen Familien der Buschleute viel Kram an, wovon das meiste sich als ungeeignet für ein Leben im Busch herausstellt. Der traditionelle materielle Besitz der Buschleute war stets auf ein tragbares Maß beschränkt. Die in jüngster Zeit auftretende große Anhäufung von Hausrat geht nun zu Lasten der Mobilität und begünstigt die Seßhaftigkeit. Die Mobilität war jedoch der Lebensnerv ihrer Kultur.

Im Lager der !Kung in Dobe konnten wir die Anhäufung von materiellen Gegenständen dokumentieren: Der größte Teil des Hausrats war im Geäst der Büsche und Bäume aufgehängt: ein wüstes Durcheinander von Plastiktüten, Eimern, leeren Konservendosen, Glasflaschen, Tragebeuteln, verschiedenen Jagdwaffen, Decken und Kleidungsstücken. Eine Anhäufung von Gegenständen, die in erschreckender Weise belegten, daß sich hier die ursprüngliche Kultur- und Lebensweise einer Jäger- und Sammlerpopulation auflöste (Abb. 72).

Dadurch wurde auch die alte Sozialordnung der Buschleute fast völlig zerstört. Sie sind nun nicht mehr Teil einer engverknüpften Sippe, Mitglieder, die aufeinander angewiesen sind und zusammenhalten, sondern sie leben in einer losen Gemeinschaft, zusammen mit anderen Lohnarbeitern.

Die Buschleute selbst sehen sich als neue Menschen und lassen ihre uralten Sitten und Gebräuche hinter sich. Für sie gibt es kein Zurück mehr, obwohl sie sich beklagen, daß sie als die einst Ersten nun die Letzten sind und daß auch die Schwarzen über ihnen stehen.

Ein !Kung-Buschmann erzählt von der sozialen Unterteilung der Welt in Jäger-Sammler und Hirten-Bauern (LEE, 1979):

> Wir, die wir zuerst erschaffen wurden, kommen nun als Letzte und die, die zuletzt gemacht wurden, sind nun die Ersten geworden. Sogar die, die später als wir ankamen, Europäer und Bantu, stehen nun über uns. Ich lehne das ab, daß wir nun die Letzten von allen sein sollen; ich fürchte es. Es bereitet mir Pein. Ich verachte diesen alten Mann, der vor langer Zeit verursacht hat, daß es so kam. Ich denke, wenn ich ihn heute sehen würde, würde ich ihn schlagen. Aber er ist tot, und da ist einfach nichts mehr, was nun dagegen getan werden kann.
>
> Den alten Mann, der für all das verantwortlich ist, nannte man !'Túma/'túma oder auch Kara/'túma.
>
> Eines Tages vor langer Zeit war Kara/'túma auf der Jagd. Im Busch entdeckte er eine Kuh. Und die Kuh fürchtete sich nicht vor ihm, sie rannte nicht weg. Sie stand einfach nur da. Aber Kara/'túma nahm sie nicht mit sich nach Hause ins Dorf. Stattdessen erschoß er sie. Er

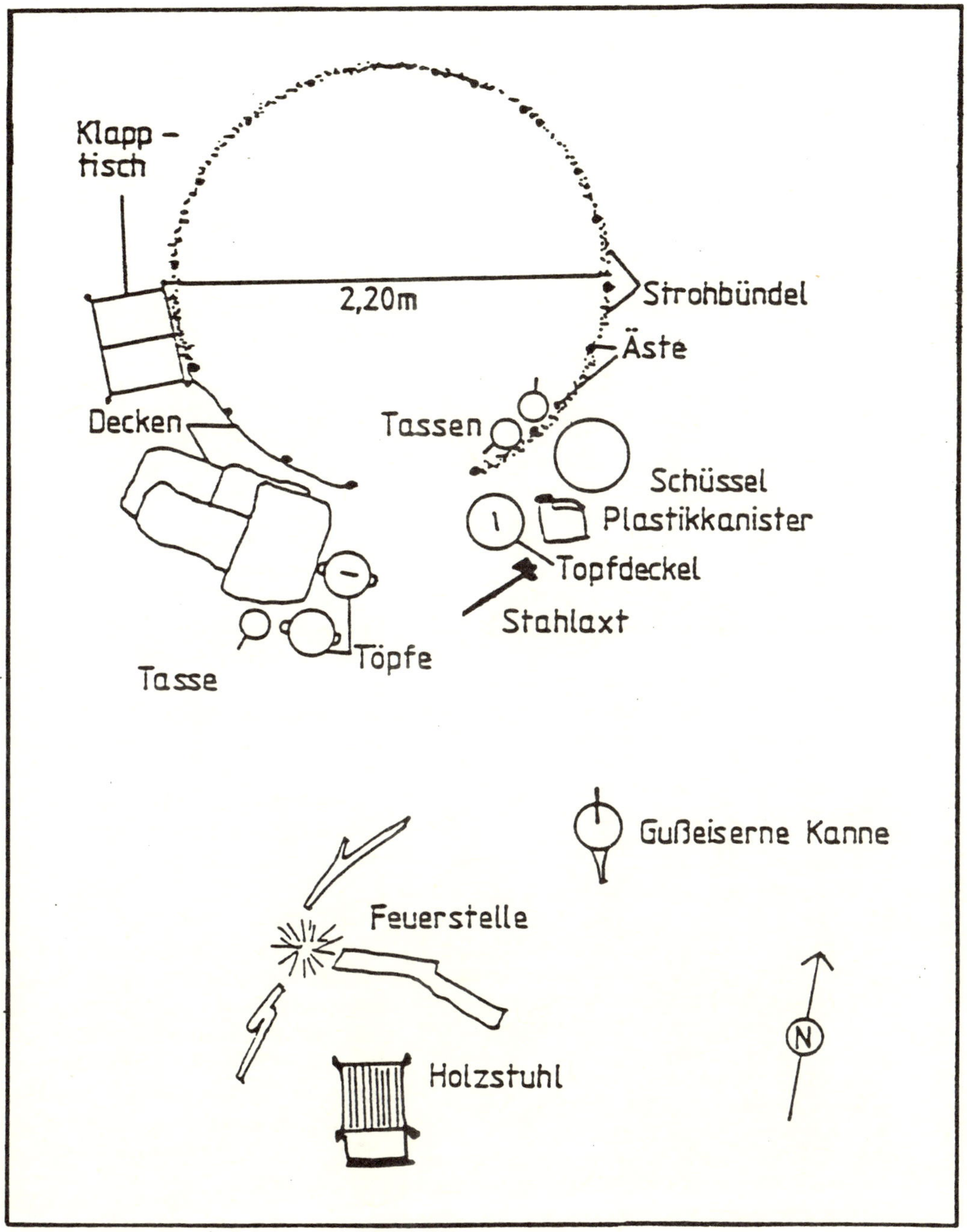

Abb. 72: Anhäufung von Hausrat rund um eine Buschmannhütte (DACH, 1986)

fragte sich nicht, was ist das für eine Kreatur, die sich nicht vor mir fürchtet, sondern er erschoß sie mit seinem Pfeil und Bogen. Dann ging er, um den anderen zu berichten. Alle Leute sammelten sich um den Körper der Kuh, um sie zu essen.
Später berichtete Kara/'túma den Schwarzen von der Kuh. Die schwarzen Menschen waren seine jüngeren Brüder, denn Kara/'túmas Eltern gebaren zuerst ihn, dann den schwarzen Mann und zuletzt den Europäer. All ihr Europäer hier seid kleine Kinder im Vergleich zu uns.
Er erzählte einem schwarzen Mann von den Kühen, und dieser sagte: ›Laß uns gehen und uns das Ganze ansehen.‹ So gingen sie, um die Kühe zu sehen. Sobald der schwarze Mann sah, daß die Kühe nicht wie die anderen Tiere wegrannten, sagte er: ›Ai! Ein Ding wie dieses, das dich nicht fürchtet, willst du sicher nicht töten. Laßt uns einen Kraal bauen und es hineintreiben, und zusehen, was dann passieren wird.‹

So fällten sie Dornenbäume, machten einen Kraal und trieben die Kühe hinein. Eine von den Kühen brachte im Kraal ein Kalb zu Welt. Dann nahm der schwarze Mann einen Riemen und band ihre Hinterbeine damit fest, und sie stand immer noch einfach da. Dann melkte er sie und gab die Milch Kara/'túma.
›Du hast mir geholfen, diese Kuh zu finden, darum laß uns nun die Milch zusammen trinken.‹ Aber Kara/'túma sagte ›Uh-uh, iß du zuerst, und laß mich den Topf auslecken!‹ So kam es, daß der schwarze Mann aß und Kara/'túma den Topf ausleckte. Als sie fertig waren, nahm Kara/'túma einen Lederriemen. Aber der schwarze Mann nahm das andere Ende des Riemens in die Hand, und beide versuchten, den Riemen aus den Händen des anderen zu ziehen. Schließlich nahm der schwarze Mann Kara/'túma den Riemen weg. Er gab Kara/'túma stattdessen ein Stück Schnur. Kara/'túma widersprach nicht und nahm die Schnur. Gerade da hätte er mit dem schwarzen Mann um den Riemen kämpfen müssen. Aber er tat es nicht, er nahm nur die Schnur und ging, um damit Tiere zu fangen. Und der schwarze Mann saß behaglich da, molk seine Kühe und trank die Milch.
Eines Tages kam Kara/'túma an einem bebauten Sorghum-Feld vorbei. Er nahm etwas davon, aber die Schoten brannten auf seiner Haut, sie juckten ihn. Daher verbrannte er den größten Teil des Feldes, nur einige Halme blieben stehen. Dann ging er, um dem schwarzen Mann zu erzählen, was er getan hatte. ›Ich fand dort einige schreckliche Dinge, die auf der Haut brennen. Daher legte ich Feuer an sie und verbrannte den größten Teil des Feldes, aber ein paar Halme blieben übrig.‹ Der schwarze Mann wollte sich das ansehen, und als sie dort ankamen, sagte er: ›Bist du verrückt? Das ist Sorghum, es ist Nahrung, du Narr. Ich nehme, was davon übrig geblieben ist, mit mir nach Hause.‹ So ruinierte Kara/'túma uns Buschleute, an dem Tag, als er die Chancen unseres Volkes für alle Zeiten verdarb.«

Ein weiteres Zeichen für den Kulturverfall zeigt sich in der neu eingeführten Kleidung der !Kung. Anstelle der traditionellen Lederbekleidungsstücke tragen die meisten zerschlissene, lange Hosen und Jacken aus industrieller Fertigung, die sie entweder als Entlohnung von den schwarzen Viehzüchtern oder als Tauschware von Weißen erhalten. Allerdings hat ihnen niemand den sachgemäßen Umgang mit diesen Textilien erklärt. Die Kleidungsstücke werden daher kaum gereinigt oder gewechselt. Auch verliert der Körper durch das ständige Tragen von Kleidung seine Abhärtung und kann dadurch etwa den oft auftretenden wochenlangen Nachtfrösten nicht mehr widerstehen. So kommt es häufig zu Erkältungskrankheiten unter den Stammesangehörigen, die sich bis zu gefährlichen Epidemien entwickeln können und eine nicht unerhebliche Anzahl von Todesfällen verursachen.
So wird eine ursprüngliche, naturbedingte Anpassung der !Kung an die rauhen, stark schwan-

kenden Witterungsbedingungen ihrer Umwelt durch den Einfluß einer fremden und importierten Zivilisation vernichtet, die sich weder an den besonderen ethnischen Eigenschaften der Buschleute orientiert, noch die extremen klimatischen Bedingungen berücksichtigt. Die Devise von ROUSSEAU (1877) »Retournez à la nature, parce que la civilisation a corrompue les moeurs« wurde hier in fataler Weise ins Gegenteil verkehrt, was katastrophale Folgen für den Bestand der Buschmannkultur und das Überleben dieser ethnischen Rasse mit sich brachte. Wollte man ein ähnliches Experiment mit umgekehrtem Vorzeichen ausführen, so müßte man etwa ein paar hundert Wall-Street-Dollarmillionäre, die vom Handel mit Aktien leben, aus ihrer Plüsch- und Videokultur in die trostlose Einöde der Kalahari versetzen. Wieviele davon würden wohl eine solche »Akkulturation« überstehen?

Andererseits darf man aber auch nicht einem »Reservationsdenken« verfallen, wie es etwa die U. S. A. mit ihren übriggebliebenen Indianerstämmen praktizieren. Wenn die Lebensweise eines Volkes nur noch als Touristenattraktion verstanden wird und hauptsächlich dazu dient, Geld in die Kassen einiger cleverer Organisationen zu scheffeln, so ist seine Zukunft besiegelt. Der Untergang ist nicht mehr aufzuhalten, denn Eigenständigkeit und Stolz sind vernichtet; die althergebrachte Lebensweise dient nur noch als Mittel in den Händen einiger Touristikmanager. Das ist ein trauriges Los, das den Lebensnerv der Gemeinschaft, die diese Lebensweise erhalten will, abtötet. Kann es aber über Generationen ertragen werden, das Leben als lebenslanges Schauspiel zur Belustigung und Unterhaltung von Touristen zu führen? Ich würde es verneinen, daß dies als weltanschaulich-psychologische Lebensgrundlage ausreicht, denn hier ist sowohl die Würde des Einzelmenschen als auch diejenige des Stammes vernichtet. Ein lebenswichtiges Grundrecht ist dadurch außer Kraft gesetzt. Die Alternative »Leben ist Leiden« (SCHOPENHAUER, 1908), wodurch die hergebrachte Buschmannexistenz im Prinzip beschrieben wird, eignet sich viel besser zum Überleben dieser Rasse.

Ohne Rücksicht auf ethnische Verhältnisse zogen einst die Kolonialherren willkürliche Grenzen wie den Zaun zwischen Botswana und Namibia. Jagdreviere und Weideland wurden beschnitten; wenn auch durch sogenannte »Übersteigen« eine Verbindung zwischen den beiden Ländern gegeben ist, so wurden die Menschen formal doch auseinandergerissen.

Durch Generationen hindurch gewachsene Kommunikationsnetze wurden zerstört, Sippen auseinandergerissen und Familien zerstreut. Diese rücksichtslose Machtstruktur der Politik manifestierte sich auch in anderen Teilen der Welt (Berliner Mauer, Eiserner Vorhang). Doch nirgends waren die Eingriffe für den Fortbestand von Natur und Gesellschaft wohl so verheerend und schwerwiegend, wie gerade in der öden Savanne der Kalahari, die trotz ihrer Härte und Lebensfeindlichkeit, einen geschlossenen ökologischen Lebensraum darstellt, der in seinem Bestand durch willkürliche Grenzziehungen und Aufbau von Hindernissen gefährdet wird. Die Perpetuierung der ursprünglichen, seit undenklichen Zeiten (man könnte hier auch vom gewaltsamen Ende einer »Traumzeit«, analog den Vorstellungen der Aborigines Australiens sprechen) durch Gewohnheit und Brauchtum festgelegten Lebensverhältnisse der Stammesgemeinschaften, wurde in Frage gestellt, ja in den meisten Fällen ganz und gar unmöglich gemacht. Die innerste Struktur dieser Stammesvölker wurde durch widrige und feindselige Zivilisationseinflüsse westlicher Prägung angegriffen und teilweise bis zur vollständigen Auflösung gebracht.

Der Mißbrauch der Buschmänner zum Kriegsdienst für Zwecke der weißen Machthaber wurde hier schon erwähnt. Ich bezeichne dies als

Mißbrauch, weil der Kriegsdienst in diesen Fällen mit der Wahrnehmung der Interessen der Buschleute überhaupt nichts zu tun hatte, ja ihnen in den meisten Fällen geradezu entgegengesetzt war. Wenn der Militärdienst auch mit mancherlei wirtschaftlichen Vorteilen für die Buschsoldaten verknüpft war, etwa durch relativ gute Bezahlung ihrer gefährlichen Tätigkeit, wovon auch ein Teil ihren Angehörigen zugute kam, so muß man doch feststellen, daß es ihnen gerade dadurch unmöglich gemacht wurde, ihren ursprünglichen Lebensstil wahrzunehmen. Man preßte sie in ein Schema, das von einer ganz anderen Rasse und Zivilisation im Verlauf vieler Jahrhunderte entwickelt worden war, deshalb ihrer Mentalität vollständig fremd war und sie meistens sogar feindselig anmuten mußte.

Dank ihrer der Natur angepaßten Lebensweise, die sie zu großen Ausdauerleistungen befähigte (was im militärischen Bereich äußerst wichtig ist), und der ausgesprochen guten Kenntnis der landschaftlichen Besonderheiten des Gebietes, waren sie gute Soldaten, wußten aber doch eigentlich überhaupt nicht, worum es in diesen Buschkriegen, die mit gnadenloser Härte geführt wurden, ging. Wie konnten sie etwa die Ziele der SWAPO verstehen, wenn sie mit dem Begriff »Marxismus« ebensowenig anzufangen wußten wie etwa mit anderen gängigen Schlagwörtern wie »Kolonialismus«, »Zivilisation«, »ökologische Progression« usw. Sie wurden mit einem Denken konfrontiert, das ihr bisheriges Bewußtsein völlig in Frage stellte und sie entwurzelte.

Die Konfrontation mit moderner Technik verstärkte diese verheerenden Umerziehungseffekte, die den Buschleuten beigebracht wurden, nur noch mehr. Der moderne westliche Mensch setzt die Machtmittel der Technik zur Verwirklichung seiner egoistischen und mitunter sehr kurzsichtigen Ziele ein. Umgekehrt gerät er aber oft durch unvermeidbare Sachzwänge unter ihre Herrschaft, wird zum Werkzeug derer, die er als Werkzeug gebrauchen wollte. Das Herrschaftsverhältnis hat sich umgekehrt. Nicht mehr der Mensch beherrscht die Technik, sondern diese ihn. Dadurch wird der Mensch sich selbst entfremdet, weil seine eigentlichen Ziele, die mit seinem Menschsein verbunden sind, nicht mehr wahrgenommen werden können.

Bei Buschleuten treten diese Folgen der Konfrontation mit der Technik natürlich in noch viel stärkerem Maße auf als beim zivilisierten westlichen Menschen, da der Buschmann die Funktionalität der Technik, wenn überhaupt, doch sehr rudimentär versteht; von ihrem inneren Wesen kann er weder eine Ahnung haben, noch vermag er eine Beziehung zu ihr aufzubauen, da die Entwicklungsgeschichte der Technik und die historische Entwicklung der Buschmannkultur völlig diametral entgegengesetzt sind. Auf diese Weise ist er der Herrschaft der Technik vollständiger und brutaler ausgesetzt als der »weiße Mann«. Außerdem benutzt der Europäer die Technik noch überdies als Herrschaftsmittel gegen die Eingeborenen. So gibt es für den Buschmann kein Entkommen mehr aus dem Netz der westlichen Zivilisationsstruktur. Er fängt sich darin und geht unter wie die Fliege im Netz der Spinne. Genau wie diese infolge der Isolation von ihrer Umwelt, des Verlusts ihrer Freiheit und des Umganges mit ihren Artgenossen stirbt, ergeht es auch den Buschleuten, sowohl was das Individuum als auch was ganze Gemeinschaften betrifft.

Das unaufhaltsame Ende eines der letzten Stammesvölker dieser Erde ist besiegelt. Wir können nur noch Relikte seines Daseins erforschen, seine Lebensgeschichte von der Gegenwart in die Vergangenheit zurückverfolgen und die Härten der Anpassung, d. h. der Vernichtung einer uralten Kultur durch »Akkulturation« und »Assimilation«, mildern. Doch das Rad der Geschichte läßt sich nicht zurückdrehen. Der Schwächere wird vom Stärkeren verdrängt oder vernichtet.

Infolge der Konfrontation der Buschleute mit moderner Technik war es nicht zu umgehen, diesen eine gewisse schulische Bildung nahezubringen, denn ohne ein bestimmtes Maß an Allgemeinbildung kann ein Mensch nicht mit der Technik arbeiten. Dies ist so wichtig wie eine normale physische Verfassung, die durch ausreichende Ernährung gewährleistet wird. So kommt, neben der Versorgung der Menschen mit Nahrungsmitteln, der schulischen Bildung der Kinder eine besondere Bedeutung zu. Die Kinder lernen in der Afrikaans-Sprache lesen und schreiben. Eltern und Großeltern sind der Afrikaans-Sprache allerdings nicht mächtig — so werden die Generationen einander entfremdet. Durch die Entwurzelung aus jahrhundertealten Traditionen werden die Kinder desorientiert und erscheinen daher beliebig formbar. Dieser Aspekt hat jedoch viel mehr negative als positive Auswirkungen. Den Kindern fehlt die Motivation, sie sind verzweifelt, weil sie hoffnungslos sind. Sie stehen im Nichts, da sie gezwungen werden, ihre alte Welt aufzugeben und sich der neuen Welt aus innerem Widerstand, der meist durch Angst verursacht wird, nicht anzupassen vermögen.
Wenn manche Anthropologen von einer beliebigen Formbarkeit dieser Kinder sprechen, so halte ich das für einen folgenschweren Trugschluß! Das menschliche Bewußtsein — auch dasjenige von ihrer natürlichen Umwelt entfremdeter Menschen — ist kein weicher Teig, der sich nach Belieben kneten läßt. Vielmehr werden in solchen Fällen, bewußt oder unbewußt, Widerstände und Abwehrhaltungen aufgebaut, die es erst einmal zu überwinden und zu durchbrechen gilt. Der Prozeß der Akkulturation ist keine so leichte und unverfängliche Aufgabe, wie sich das viele vorstellen.
Hilflos steht der junge Eingeborene vor der Aufgabe, eine ihm vollständig fremde Sprache zu erlernen, die mit seiner Kultur nicht die geringsten Berührungspunkte besitzt. Zusammenhanglos erscheint ihm alles, und er vermag die für ihn ganz neuartigen Strukturen kaum in sein Bewußtsein aufzunehmen.
Einige Ethnologen sind der Ansicht, daß es bei einfachen Kulturen, die teilweise auf Steinzeitniveau stehengeblieben sind, so etwas wie ein »wildes Denken« und eine »prälogische Mentalität« gebe, deren eigentümliche Qualität dem Bereich der Mystik zugehöre. Allerdings ist dieses Bild von den Eingeborenen durch einen eurozentrischen Standpunkt bestimmt, wodurch seine objektive Richtigkeit stark angezweifelt werden muß. Dadurch, daß die Mythologie ursprünglich den »Wilden« (von den ersten Feldforschern wurden die Bewohner der Kalahari so bezeichnet) die Denkschemata vorgab und ihnen sogar Handlungsanweisungen erteilte, stehen sie unserer westlichen Logik völlig fremd und abweisend gegenüber.
Um das Weltbild der ethnischen Gruppen zu verstehen, müßten wir erst einmal unser eigenes festgefahrenes und verknöchertes Weltbild relativieren! Sind wir dazu aber nicht zu stolz und zu borniert? Stemmt sich unser heutiges, sogenanntes »objektivistisches Weltbild« nicht geradezu gegen eine Relativierung in jeglicher Hinsicht? Sprache (trotz der Beweglichkeit dieses Mediums wurde unser borniertes Weltbild in der Praxis nicht verhindert) und Religion sind vielleicht die Grundpfeiler einer jeglichen Kultur. Besonders dürfte das bei den Jäger- und Sammlergesellschaften zutreffen, denn hier wird der materielle Rahmen der Kultur auf ein Minimum beschränkt.
Die Buschleute sind Jäger und Sammler, und ihr Volkstum ist seit früher Zeit nomadisch geprägt. So halten sie es auch mit ihren Kultvorstellungen, was die mythischen Mächte anbetrifft, die ihr Leben und Dasein beherrschen. Die ganze Natur ist für sie von Gottheiten durchwebt und durchdrungen. Magische Rituale werden praktiziert, um sich mit diesen überirdischen und dämonischen Mächten auseinanderzusetzen, sie

sich geneigt zu machen, um mit ihrer Hilfe in einer widrigen Umwelt zu überleben. Solche Verhaltensmuster haben natürlich auch die Sprache der Buschleute ganz entscheidend geprägt. Sie ist durchsetzt mit sonderbaren Eigenarten, die ihrer Religion entstammen, wenig oder kaum verständlich für einen Ethnologen, der sich nicht intensiv mit den religiösen Gepflogenheiten dieses Stammesvolkes beschäftigt hat.

Natürlich brächte es einige Vorteile mit sich, die Buschleute in ihrer eigenen Sprache, die bereits von vielen Sprachforschern in Lautschrift umgesetzt wurde, zu unterrichten. Doch das Erlernen dieser Sprache bereitet dem Europäer eminente Schwierigkeiten, und sie würde in ihrer Fremdartigkeit, vor allem aber durch ihren kulturellen Abstand zum europäischen Denken sehr bedrückend und distanziert wirken. Wie könnte es jemals bei derartigen Schwierigkeiten zu einer sachgemäßen und pädagogisch ausreichenden Wissensvermittlung kommen? Zudem erscheint es sinnlos, die Sprache einer sterbenden Kultur auf diese Weise künstlich am Leben erhalten zu wollen. Wenn schon, dann müßte die Sprache durch einheimische Lehrer unterrichtet werden, die auch in deren Mentalität zuhause sind. Englisch als Zweitsprache zu erlernen ist sicher unvermeidlich, nicht nur im Buschmannland, sondern auf der ganzen Welt. In dieser Sprache hat sich unsere Weltzivilisation entwickelt, und sie wird vermutlich auch in Zukunft dominieren.

Wenn die Südafrikaner im Buschmannland (Namibia) einige Experimente mit Afrikaans als Unterrichtssprache angestellt haben, so ist das aus der politischen Situation heraus zu verstehen. Lange Zeit hoffte die Republik Südafrika, das ehemals deutsche Südwestafrika, das ihr nach dem Versailler Vertrag von 1919 als Protektorat zugesprochen wurde, in ihren Herrschaftsbereich zu integrieren. Nach mehr als zwei Generationen mußte der Versuch als gescheitert aufgegeben werden. Das Burentum, das die führenden Schichten der südafrikanischen Gesellschaft prägt, und dessen Leit- und Nationalsprache »Afrikaans« (das ist aber keine afrikanische Sprache, sondern vielmehr ein holländischer Dialekt, vermischt mit deutschen und englischen Ausdrücken; nur wenige Lehnwörter stammen aus den Zulu- und Xhosasprachen) ist, lag den Eingeborenen Namibias noch weniger als die deutsche Kolonialherrschaft (mit dieser fühlen sich auch heute noch, nach mehreren Generationen, viele Namibier verbunden, was in der Bewahrung der von den Deutschen eingeführten Ortsnamen, aber auch vieler Kriegerdenkmäler und Bauwerke zum Ausdruck kommt). Deshalb hat die deutsche Sprache und Kultur in diesem Land überraschend viele Anhänger.

Die Sprache der Buschleute spielt in der etablierten afrikanischen Gesellschaft, sei sie nun schwarz oder weiß, überhaupt keine Rolle. Die Ureinwohner werden vielmehr von beiden Gruppen mit der herabwürdigenden Bezeichnung »social underdogs« belegt. Am Rande der Siedlungen Namibias, Zimbabwes und Botswanas findet man heute die meisten vagabundierenden Buschleute. Dort herrschen solche bekannten Phänomene gesellschaftlicher Randgruppen wie Alkoholismus, Kriminalität und Krankheiten in großem Ausmaß. So leben beispielsweise die Buschleute von Masarwa am Rande der Kalahari von und im Müll der Bantus und Europäer. Vielleicht teilen die Buschleute in nicht allzuferner Zeit das traurige Schicksal der Indianer, der australischen Aborigines oder der Eskimos.

Ein anderes Zeichen für den Kulturverfall ist die Tatsache, daß in Dobe unter anderem die Buschmannbehausungen mehr und mehr den Pontoks und Kegeldachhütten der Hereros und Tswanas gleichen.

Außerdem umgeben sich die Buschleute immer mehr mit Zivilisationsmüll, etwa leeren Konservendosen und anderem für sie »brauchbarem«

Abfall, den sie aus den Müllhalden der Weißen und Bantus herauswühlen. Diese »Gegenstände« werden in einem grenzenlosen Durcheinander vor ihren Windschirmen oder Hütten aufgebaut, die aber dadurch eher einem Müllplatz als einer Wohnung gleichen. Zudem wird die Mobilität mit solchem Kram belasteter Menschen sehr eingeschränkt, wenn nicht gar unmöglich gemacht, da sie ihr »Eigentum« nicht mehr mit sich schleppen können, zumindest nicht über die bisher gewohnten Entfernungen. Somit ist ihrer Lebensform als Jäger und Sammler ein Ende gesetzt, und sie müssen sich, häufig armselig wie die Ratten, mit denen sie ihr erbärmliches Los teilen, vom Müll und im Müll ernähren.

Derartige Existenzen werden von den Außenstehenden dann natürlich selbst zum Abfall gerechnet, nämlich zum Abfall der Menschheit, zu Ausgestoßenen, zu Menschen, denen man das Menschsein fast abspricht, weil sie buchstäblich am »Rande der Zivilisation« dahinvegetieren.

Wenn das der ganze Fortschritt ist, den die westliche Zivilisation den Buschleuten zu bringen imstande war, so ist das ein Beispiel ihrer Unfähigkeit der Integration von Naturvölkern, zugleich aber auch ihrer Herzlosigkeit und Grausamkeit gegenüber diesen.

Die westeuropäische Kultur, die sich als Weltzivilisation versteht, erwies sich schon immer als feindselig gegenüber fremden Kulturen. Sogar Hochkulturen wie die der Inkas und Azteken wurden von ihr aus Geldgier — gepaart mit christlichem missionarischem Eifer, die »armen Wilden« zu bekehren — mit Feuer und Schwert restlos vernichtet, und zwar innerhalb kürzester Frist, wie das durch die Eroberungszüge von Pizarro und Cortez geschah. Die Buschmannkultur wird auf subtilere Weise vernichtet. Sie wird langsam, grausam und qualvoll erdrosselt, wenn die Entwicklung auf dem eingeschlagenen Wege weiter verläuft.

Um den schwierigen Vorgang der kulturellen Anpassung eines Volkes zu ermöglichen, das innerhalb weniger Generationen einen Zeitraum von vielen Jahrtausenden Entwicklungsgeschichte überspringen muß, sollten diese Menschen nicht mit zu vielen unbekannten Dingen auf einmal konfrontiert werden. Das Neue aus dem Abendland sollte nur, wenn überhaupt, langsam und selektiv und auf psychologisch schonende Weise — unter Gebrauch von Einfühlsamkeit gegenüber der Psyche dieser Menschen — in die althergebrachten Lebensbedingungen dieses Naturvolkes integriert werden.

Nicht Akkulturation sondern »Transkulturation« ist das Leitwort der Zukunft. Nur so wird es möglich sein, auch kleinere ethnische Gruppen zu erhalten und ein friedliches Zusammenleben von Menschen verschiedener Hautfarbe und unterschiedlicher Kulturkreise zu gewährleisten.

Literaturverzeichnis

BAKER, J. R. 1976: Die Rassen der Menschheit. Stuttgart.

BENTLEY, G. R. 1985: Hunter-Gatherer Energetics and Fertility: A Reassessment of the !Kung San. In: Human ecology 13, 1, New York, S. 79–109.

BIEDERMANN, H. 1976: Lexikon der Felsbildkunst. Graz.

BLEEK, D. F. 1929: Comparative Vocabularies of Bushman Languages. Cambridge.

BRUES, A. 1959: The Spearman and the Archer. An Essay on Selection in Body Build. In: American Anthropologist 61, S. 457–469.

BURCHELL, G. J. 1824: Travels in the interior of southern Africa. London.

CAMPBELL, J. 1840: Journals of Travels in South Africa: Among Hottentots and other tribes in the years 1812–1814. London.

CASHDAN, E. 1984: The effects of food production on mobility in the central Kalahari. In: CLARK, J. D. / BRANDT, S. A. (Hrsg.): From Hunters to Farmers. London, Berkeley, S. 311–327.

CORNEVIN, M. R. 1980: Geschichte Afrikas von den Anfängen bis zur Gegenwart. Frankfurt a. M., Berlin, Wien.

DARWIN, Ch. 1859: On the origin of species by means of natural selection on the presentation of favoured races in the struggle for life. London.

DENBOW, J. R. and WILMSEN, E. N. 1986: Advent and course of Pastoralism in the Kalahari. In: Science, Vol. 234, S. 1509–1515.

DENNINGER, E. 1971: The use of paper chromatography to determine the age of albuminous binders and its application to rock paintings. In: SCHOONRAAD, M. (Hrsg.): Rock paintings of Southern Africa. Johannesburg. Supplement to the South African Journal of Science, Special Issue 2, S. 80–83.

EIBL-EIBESFELDT, I. 1972: Die !Ko-Buschmanngesellschaft. München.

EIBL-EIBESFELDT, I. 1976: Menschenforschung auf neuen Wegen. Wien, München, Zürich.

EICKSTEDT, E. v. 1934: Rassenkunde und Rassengeschichte der Menschheit. Stuttgart.

FEINMAN, S. 1979: An evolutionary theory of food sharing. In: Social science information, 10.4/5, London, S. 695–726.

FISCHER, E. 1955: Über die sogenannte Hottentottenschürze nebst Bemerkungen über den Descensus testiculorum. In: Zeitschrift für Morphologie und Anthropologie 47, S. 58–65.

FOX, F. W. and NORWOOD-YOUNG, M. E. 1982: Food from the veldedible wild plants of southern Africa. Johannesburg, Cape Town.

FRITSCH, G. 1872: Die Eingeborenen Südafrikas, ethnographisch und anatomisch beschrieben. Breslau.

GLASS, P. R. 1939: Die Buschmänner in Deutsch-Südwestafrika. Königsberg.

GUSINDE, M. 1958: Die heutigen Menschenrassen niedriger Körperhöhe in biologischer Sicht. In: VI. Tagung der Deutschen Gesellschaft für Anthropologie. Kiel.

HAHN, T. 1870: Die Buschmänner. In: Globus 18, S. 65–68, 81–85, 102–105, 120–123, 140–143, 153–155.

HAUSER, G. 1986: Significance of Dermatoglyphics in Studies of Population Genetic Variation in Man. In: ROBERTS, D. F. and STEFANO, C. F. de: Genetic Variation and its Maintenance. Cambridge.

HAUSMANN, A. J. 1984: Holocene human evolution in Southern Africa. In: CLARK, D. / BRANDT, S. A. (Hrsg.): From Hunters to Farmers. London, Berkeley, S. 261–271.

HAYDEN, B. 1972: Population control among hunter-gatherers. In: World archaeology 4, London, S. 205–221.

HEINE, K. 1984: Jungquartäre Klimaschwankungen auf der Südhalbkugel. In: Zentralblatt Geologische Paläontologie Teil I, W. 11/12, Stuttgart, S. 1751–1768.

HEINE, K. 1987a: Anthropogenic Sedimentological Changes during the Holocene in Southern Africa. In: Striae, Vol. 26, Uppsala, S. 41–50.

HEINE, K. 1987b: Zum Alter jungquartärer Seespiegel-Schwankungen in der Mittleren Kalahari, südliches Afrika. In: Palaeoecology of Africa and the surrounded Islands, Vol. 18, Balkema, Rotterdam, Brookfield, S. 72–103.

HEINZ, H. J. 1984: Namkwa. Ein Leben unter Buschmännern. Darmstadt.

HEINZ, H. J. and MAGUIRE, B. 1974: The Ethno-Biology of the !Ko-Bushmen. In: Occurent Papers No. 1, Botswana Society. Gaborone.

HOFFMANN, J. Chr. 1680: Ostindianische Reise. Kassel.

HOWELL, N. 1984: Perspectives and prospects for understanding the effects of population on the causes and consequences of food production in Africa. In: CLARK, D. / BRANDT, S. A. (Hrsg.): From Hunters to Farmers. London, Berkeley, S. 351–359.

KENNTNER, G. 1975: Rassen aus Erbe und Umwelt. Berlin.

KENNTNER, G. und KREMNITZ, W. 1986: Wechselbeziehungen zwischen Raum, Mensch und Kultur. Studien bei Jäger- und Sammler-Population der Buschleute im südlichen Afrika. In: Fridericiana 39, Universität Karlsruhe.

KENNTNER, G. und LUDWIG, E. 1982: Das Pygmäenproblem aus anthropologischer und ökologischer Sicht. In: Annalen des Naturhistorischen Museums in Wien 84/A, S. 85–95.

KOENEN, E. v. 1977: Heil- und Giftpflanzen in Südwestafrika. Windhoek.

KOLATA, G. B. 1974: !Kung Hunter-Gatherers: Feminism, Diet and Birth Control. In: Science 185, London, S. 932–934.

KOLB, P. 1719: Caput bonae spei hodiernum. Nürnberg.

KREMNITZ, W. A. / KNIES, M. / KREMNITZ, M. 1988: Kalahari — aus dem Pflanzenreich. Floristische und ethnobotanische Betrachtungen. Frieding-Andechs.

KREMNITZ, W. A. / CLACK, N. A. N. 1990: Kapland mit Capensis — aus dem Pflanzenreich. Floristische, ethnobotanische und geologische Betrachtungen. Frieding-Andechs.

LEBZELTER, V. 1934: Eingeborenenkulturen in Südwest- und Südafrika. Leipzig.

LEE, R. B. 1979: The !Kung San. Men, Women and Work in a Foraging Society. Cambridge, Mass.

LEE, R. B. and VORE, I. de. 1976: Kalahari-Hunter-Gatherers. Cambridge, Mass.

LUSCHKA, H. 1868: Die äußeren Geschlechtsteile eines Buschweibes. In: Monatsschrift für Geburtskunde und Frauenkrankheiten, 32 (5), S. 343–350.

MARSHALL-THOMAS, E. 1959: The Harmless People. London.

MEBS, D. 1982: Journal of Ethnopharmacology 6, 1.

MERENSKY, A. 1875: Die Hottentotten. In: Verhandlungen der Berliner Gesellschaft für Anthropologie, Ethnologie und Urgeschichte, S. 18–23.

NAGEL, P. 1984: Die Methode der Arealsystemanalyse als Beitrag zur Rekonstruktion der Landschaftsgenese dargestellt an afrikanischen Pausinae (Coleoptera, Carabidae). Habilschrift, Saarbrücken.

PAGER, M. 1975: Rock Paintings Depicting Fish Traps in the Limpopo Valley. In: South African journal of science, Vol. 71, No. 2, Johannesburg, S. 119–121.

PASSARGE, S. 1907: Die Buschmänner der Kalahari. Berlin.

RADOWITZ, G. v. und HEINE, H. 1983: Märchen der Buschmänner. Hanau.

REICHHOLF, J. H., 1990: Das Rätsel der Menschwerdung. Stuttgart.

ROUSSEAU, J. J. 1877: Les Confessions. Paris.

RUDNER, J. and J. 1970: The Hunter and his art. Cape Town.

RUDNER, J. and J. 1978: Bushman Art. in: TOBIAS, P. V.: The Bushmen. Cape Town, Pretoria.

SALLER, K. 1969: Rassengeschichte des Menschen. Stuttgart, Berlin, Köln, Mainz.

SBRZESNY, H. 1976: Die Spiele der !Ko-Buschleute. München.

SCHAPERA, I. 1930: The Khoisan Peoples of South Africa: Bushmen and Hottentots. London.

SCHOPENHAUER, A. 1908: Die Welt als Wille und Vorstellung. Karlsruhe.

SCHWIDETZKY, I. 1962: Die neue Rassenkunde. Stuttgart.

SILBERBAUER, G. B. 1965: Report to the Government of Bechuana land on the Bushman Survey. Gaborone.

SILBERBAUER, G. B. 1972: The G/wi Bushmen. In: BICCHIERI, M. G. (Hrsg.): Hunters and Gatherers Today. New York, S. 271–326.

SILBERBAUER, G. B. 1981: Hunter and Habitat in the Central Kalahari Desert. Cambridge.

SITTE, F. 1986: Buschmann schieß oder stirb. Graz, Wien, Köln.

TANAKA, J. 1980: The San. Hunter-Gatherers of the Kalahari. Tokyo.

TOBIAS, Ph.V. 1955: Physical anthropology and somatic origins of the Hottentots. In: African Studies 14, S. 1–22.

TOBIAS, Ph. V. 1960: Bushman Hunter-Gatherers: A Study in Human Ecology. In: Ecological Studies in Southern Africa (Monographiae Biologicae) 14, S. 67–86.

TOBIAS, Ph. V. 1961: Studies of Bushmen in the Kalahari. In: South African Journal of Science 57, S. 205–206.

TOBIAS, Ph. V. 1972: Recent human biological Studies in Southern Africa with special reference to Negroes and Khoisans. In: Transactions at the Royal Society of South Africa 40, S. 109–133.

TOBIAS, Ph.V. 1975: Stature and secular trend among Southern African Negroes and San (Bushmen). In: South African Journal of Medical Science 40 (4), S. 145–164.

TOBIAS, Ph. V. (Hrsg.) 1978: The Bushmen. San Hunters and Herders of Southern Africa. Cape Town, Pretoria.

TOBIAS, Ph. V. 1987: The Emergence of Spoken Language in Hominid Evolution; Vortrag gehalten auf dem XI. UISPP Congress Symposium: The oldest industry and early hominids in Africa, im Römisch Germanischen Zentralmuseum, Mainz.

VOSSEN, R. 1987: Am Anfang steht der Schnalz — Afrikanische Buschmann-Sprachen untersucht. In: Forschungs-Mitteilungen der DFG 3, Weinheim, S. 16–17.

WALTER, H. / BRECKLE, S. W. 1984: Ökologie der Erde, Bd. 2. Spezielle Ökologie der tropischen und subtropischen Zonen. Stuttgart.

WALTER, H. / LIETH, H. 1960: Klimadiagramm Weltatlas I, 1. Lieferung, Karte 3 — Afrika südlich des Äquators. Jena.

WERNER, H. 1906: Anthropologische, ethnologische und ethnographische Beobachtungen über die Heikum- und Kung-Buschleute.

WILMSEN, E. N. 1978: Seasonal effects of dietary intake on Kalahari San. In: Federation proceedings, Vol. 37, 1. Symposium on contribution of anthropology of the Assessment of nutritional status. Chicago, S. 65–72.

WILMSEN, E. N. 1982: Studies in diet, nutrition and fertility among a group of Kalahari Bushmen in Botswana. In: Social science information, Vol. 21, 1, Beverly Hills, S. 95–125.

ZERBST, F. 1983: Steinzeit heute. Wien.

Unveröffentlichte Literatur:

DACH, A. 1986: Vergleich der gegenwärtigen materiellen Kultur der !Kung-San des Dobe-Gebietes mit der überlieferten traditionellen materiellen Buschmannkultur. Diplomarbeit, Universität Saarbrücken.

EBERLE, T. 1990: Vergleichende Ethnobotanische Studien bei den !Kung-und G/wi-Buschleuten im südlichen Afrika. Diplomarbeit, Universität Saarbrücken.

KIEFER, S. 1987: Die Problematik der Tragfähigkeit bei Wildbeuterkulturen, dargestellt am Beispiel der Buschleute. Diplomarbeit, Universität Saarbrücken.

REINECKE, B. 1990: Biogeographische Untersuchung zu Inhalt, Darstellung und Altersdatierung von Felsmalereien und Felsgravierungen im südlichen Afrika. Diplomarbeit, Universität Saarbrücken.

Register

P

R

S

Sch

Die »Wilde Dattelpalme« ist vorwiegend in den Nordgebieten der Kalahari verbreitet, die männlichen und weiblichen Blüten sind auf getrennten Bäumen.

In der Westkalahari oft anzutreffen ist die »Aloe marlothii«, deren Saft stillende Eingeborenenfrauen zur Steigerung der Milchmenge auf ihre Brüste reiben.

Die bis zu 10 m hoch werdende Fächerpalme bringt bis zu 2500 Früchte hervor, die 2 Jahre zum Reifen benötigen und bis zu 2 Jahre hängenbleiben können.

Am Südrand der Kalahari ist die »Aloe striata« vereinzelt anzutreffen.

Die Blüten der »Boscia mossambicensis« weisen bis zu 4 cm lange Staubfäden auf.

Der Norden und Westen ist das Verbreitungsgebiet von »Ficus abutilifolia«.

Der »Lebensbaum« wird die »Boscia albitrunca« genannt, deren Wurzeln zu Mehl verarbeitet werden.

»Moraea fugax« — ein Irisgewächs, dessen Blüten auch weiß oder blau sein können und etwas streng duften.

»Capparis tomentosa« — sie blüht im August / September, also zu einer Zeit, in der noch Nachtfröste auftreten können.

»Tylecodon paniculatus« — der »Butterbaum«, wie er von Weiß und Schwarz genannt wird.

Die leuchtend roten Blüten des »Butterbaums«.

»Albizia amara subsp. sericocephala« — die angeblich nur südl. des Sambesi vorkommen soll.

»Albizia antunesiana« — ihre Fruchthülsen werden bis zu 25 cm lang.

»Acacia albida« — die »Apfelringakazie«, die Höhen von über 20 m auch in der Zentralkalahari erreicht.

»Albizia tanganyicensis« — deren Früchte werden sogar bis zu 30 cm lang.

Die »Apfelringe« — allerdings noch nicht ausgereift.

»Acacia grandicornuta« ist dicht mit bis zu 10 cm langen silberweißen Dornen besetzt.

»Acacia haematoxylon« — wird auch der »Graue Kameldorn« genannt. Dieser Name ist auf die dicht grau behaarten jungen Zweige zurückzuführen.

Die »Kerzenschoten-Akazie« ist in drei Subspezien aufgeteilt: subsp. hebeclada, tristis — mit hängenden Schoten — und chobiensis, die nur in der Nord- und Nordwestkalahari stockt.

»Mesembryanthemum guerichianum« — die sukkulente »Vygie«, die in den sandigen, niedrig bewachsenen Ostgebieten der Kalahari anzutreffen ist.

»Acacia gerrardii« — auffallend sind die Büschel leicht sichelförmig gebogener, rotbrauner bis schwärzlicher Schoten.

»Acacia karroo« — sie zählt aufgrund ihrer wohlriechenden Blütenpracht zu den schönsten aller Akazien.

Wohlschmeckende Bonbons, selbstgefertigt. Ein Schnitt in den Stamm der »Acacia karroo« genügt.

Auch die »Acacia nilotica« wurde in sieben Subspezien aufgeteilt, jedoch nur die »subsp. kraussiana« kommt in der Kalahari vor.

»Acacia mellifera« — eine in der Kalahari weit verbreitete Art.

»Schizostylis coccinea« — eine der beiden im südl. Afrika vorkommenden Arten, die im Süden und Westen der Kalahari angetroffen wurde.

»Acacia nebrownii« — sie gilt als Indiz für hochliegenden Grundwasserstand.

»Acacia tortilis« — wohl die häufigste Akazienart, die die Kalahari in allen ihren Teilen besiedelt, im südwestlichen Gebiet jedoch nicht so häufig.

»Burkea africana« — die vom Norden her bis fast zur Zentralkalahari vorgedrungen ist.

»Acacia reficiens« — diese Art ist es, die im südwestlichen Teil der Kalahari am häufigsten vorkommt und durch ihre schirmartige Baumkrone oft mit der vorgenannten »Schirmakazie« verwechselt wird.

»Acacia polyacantha« — die im Norden anzutreffen ist.

»Schotia afra« — zählt eigentlich zu den Karroobäumen, ist aber im südwestlichen Randgebiet der Kalahari anzutreffen.

»Dichrostachys cinerea« — deren stark verwundene und gekrümmte Samenschoten denjenigen der »Acacia tortilis« ähneln.

Die form- und farbschönen Blüten der »Dichrostachys-Arten« ziehen sofort jeden Blick an.

Der Mopanebaum — »Colophospermum mopane« — darf schlechthin als »der« Kalaharibaum angesehen werden.

»Baikiaea plurijuga« — dessen über 30 cm lange malvenfarbige Blütentrauben von Dezember bis März blühen.

Die meist kriechende »Cassia alata« haben wir in vielen Teilen der Kalahari angetroffen.

»Cadaba aphylla« — eine buschartige Pflanze arider Gebiete, die nur selten an jungen Zweigen Blätter trägt, die Äste sind dunkelgrün und tragen an ihren Enden die eigenartigen Blüten.

»Grielum grandiflorum« — die die südlichen und westlichen Teile der Kalahari nach dem ersten ergiebigen Regenfall in ein gelbes Meer verwandeln.

»Afzelia quanzensis« — dessen über 15 cm lange und mehr als 6 cm breite Schoten bis zu 10 schwarz-rote, dicke Samen umschließen.

»Verbena bonariensis« — auch sie bilden in den vorgenannten Arealen regelrechte Blütenwiesen.

»Bauhinia petersiana« — deren große weiße Blüten sich zwischen Dezember und Januar öffnen.

Die Blüten der »Trichilia emetica«.

»Lannea stuhlmannii« — Blätter und Blüten sind sehr wohlriechend und werden u.a. als Körperpuder verwendet.

Die strauchartige »Euphorbia gregaria« besiedelt die baumlosen Flächen der südwestlichen Kalahari.

»Commiphora marlothii« — die »Papierrinden-Commiphora«, deren abschälbare papierdünne Rinde tatsächlich mit einem weichen Bleistift beschrieben werden kann.

»Ozoroa paniculosa« — in der Kalahari als Busch oder ca. 5 m hoher Baum relativ weit verbreitet.

»Spirostachys africana« — der aus einem Anschnitt ausfließende Latex ist so giftig, daß er als Pfeilgift verwendet wird.

»Rhus lancea« — ein richtiger »Frühlingsbaum« mit weitausladender Krone und schönem Blattwerk.

»Merremia kentrocaulos« — eine am Boden kriechende Winde.

»Rhus viminalis« — sie besiedelt den Südwestrand der Kalahari. Aus den Blättern wird ein Tee gegen Magenbeschwerden bereitet.

Die wohlriechenden Blüten der »Rhus lancea«.

»Rhus glauca« — die am südöstlichen Kalaharirand anzutreffen ist.

»Ammocharis coranica« — deren bis zu 60 cm große »Zwiebel« in blütenlosem Zustand oft mit derjenigen der »Boophane disticha« verwechselt wird.

Der Schmarotzer »Tapinanthus bangwensis«. Die bevorzugten Wirtsbäume sind Acacia tortilis und die Boscia-Arten.

»Grewia monticola« — die fast die ganze Osthälfte der Kalahari besiedelt und ein schönes rotes Holz aufweist.

»Grewia tenax« — vom Norden bis zum Okavango-Gebiet anzutreffen.

Der Baobab — »Adansonia digitata« — im Winter.

Die bis zu 30 cm lang werdende Frucht, deren trockenes Fruchtfleisch sehr vitaminreich und erfrischend ist.

Die bis zu 20 cm großen weißen Blüten verwelken schon nach einem Tag und werden vor allem von den Affen sehr gern gegessen.

»Pappea capensis« — die hier abgebildeten Früchte sind noch nicht reif; von einer Frucht wurde etwas die Außenhaut des Samenmantels abgezogen und die das Fruchtfleisch umhüllende Mantelinnenhaut freigelegt.

»Psilocaulon absimile« — eine sukkulente Pflanze, die die Südkalahari und die Karroo besiedelt und deren Asche zur Seifenherstellung verwendet wird.

»Combretum celastroides« — besiedelt die Nordkalahari und »leuchtet« im Herbst durch seine tiefroten Blätter und Früchte.

»Dombeya rotundiflora« — in der Kalahari der erste Baum, der im Frühjahr blüht.

»Sterculia rogersii« — sie verliert sehr früh die Blätter, und so erlebt man Früchte und Blüten gemeinsam am blattlosen Baum.

»Ochna pulchra« — die leuchtend gelben Blätter sind sehr wohlriechend.

»Combretum apiculatum« — eine in der ganzen nördl. Hälfte der Kalahari häufig anzutreffende Art.

»Sterculia africana« — die oft über 15 cm langen Samenkapseln fallen durch ihre goldfarbige, samtartige Behaarung auf.

»Combretum imberbe« — die bis zu 15 m hoch werdenden Bäume erreichen in der Kalahari selten mehr als 6 bis 7 m.

»Terminalia prunioides« — die durch ihre dunkelrotbraunen Früchte und die hellgelben Blütenstände auffallendste Art dieser Gattung.

»Combretum molle« — auffallend ist die Wuchsform im Gebiet der Tsodilo-Hills bis hinüber nach SWA, die geradezu gestrüppartige Baumkronen aufweisen.

»Combretum hereroense« — in den überweideten Gebieten der Kalahari sind die Blätter dieser Art ein sehr wertvolles Viehfutter.

»Syzygium cordatum« — ein 8 bis 12 m hoher Baum, dessen Stammholz eine rotbraune Färbung aufweist.

»Carissa bispinosa var. bispinosa« — gut, daß in der Kalahari nur diese eßbare Art allein und nicht wie im südlichen Küstengebiet zusammen mit der giftigen Art »Acocanthera oblongifolia« vorkommt, deren hochtoxische Früchte nahezu identisch aussehen.

»Cucumis myriocarpus« — eine einjährige Pflanze, deren Früchte bitter schmecken und leicht toxisch sein sollen.

»Rhigozum brevispinosum« — vorwiegend als Busch anzutreffen. Die Blätter entspringen an kleinen Dornen, die Blüten sind wohlriechend.

»Strychnos pungens« — das süß schmeckende Fruchtfleisch wird heute von den Buschmännern nicht mehr gegessen.

»Kirkia acuminata« — der schönblättrige Baum stockt im Nordosten der Kalahari.

»Citrullus lanatus« — im überreifen Zustand färbt sich die Tsama-Melone gelb, normalerweise ist sie grün mit weißlichen Streifen und Flecken.

»Diospyros lycioides« — der rote Sternapfel; die Früchte hängen sehr lange an den Bäumen, und häufig sieht man Blüten und Früchte zusammen.

»Catophractes alexandri« — nach den Regenfällen bilden die vielen Büsche regelrecht ein weißes »Blütenmeer«.

»Moquinella sulphurea« — ein weiterer Parasit, der sich gerne auf Akazien und Schotia-Arten ansiedelt.

»Kigelia africana« — der Leberwurstbaum, der bis zu 18 m hoch werden kann, in der Kalahari aber selten über 10 m kommt.

»Gardenia resiniflua« — das Kennzeichen dieser Art sind die an kleinen Zweigen büschelartig sitzenden Blätter.

»Gardenia resiniflua« — typisch für fast alle Gardeniafrüchte sind die hängengebliebenen vertrockneten Kelch-Blätter.

»Kigelia africana« — die »Leberwürste« können bis zu einem Meter lang werden und einen Durchmesser von über 15 cm haben.

»Rothmannia capensis« — wird in der Kalahari selten höher als 8 m, während sie in den Küstengebieten bis zu 20 m hoch wird.

Ein gemischter Mopanewald, wie man ihn in der Nordwest- und Westkalahari antrifft.

Riesige Zeburinderherden haben bereits große Areale der Kalahari überweidet.

»Rothmannia capensis« — deren Früchte Durchmesser von 6 bis 8 cm aufweisen.

»Moringa ovalifolia« — der sukkulente, bis zu 7 m hoch werdende Baum ist am nördlichen Westrand der Kalahari anzutreffen.

»Mimusops zeyheri« — der »rote Milchholzbaum«, der im Gaborone-Distrikt oft buschartig gewachsen ist.

»Vangueriopis lanciflora« — im Volksmund heißt der Baum »Leb-lang«, da fast jeder in die Erde gesteckte Ast sofort austreibt. Die Früchte sind eßbar.

Typisches Bild der West-Kalahari, die weniger dicht bewachsen ist, als der Norden.

»Entandophragma caudatum« — die »Wollbanane« nennt der Volksmund diesen hochwachsenden Baum.

»Tarchonanthus camphoratus« — der »Kampferbusch«, dessen Anwesenheit man schon auf relativ weite Strecken »riecht«.

»Cussonia paniculata« — der Berg-Kohlbaum, der am Kalahari-Südostrand vereinzelt zu finden ist.

»Edithcolea grandis« — diese sonst nur in Ostafrika anzutreffende Art fanden wir nördlich von Kanovlei.

Vor allem die nördliche Kalaharihälfte ist als sehr wildreich zu bezeichnen und weist noch große Elefantenbestände auf.

»Pavetta schumanniana« — die auch die »Giftpavetta« genannt wird, da ihre Blätter toxisch sind.

»Aloe littoralis« — deren Blätter das Wild fressen soll, weil sie das Blut mit einem Bitterstoff versehen, der Parasiten abtötet.

Die Springbock-, Impala- und Kuduherden sind in großer Anzahl fern der Siedlungen anzutreffen.

»Ehretia rigida« — auch Puzzle-Busch genannt, ist auch in Baumform mit Höhen bis maximal 5 m anzutreffen.

»Cadaba termitaria« — ein gestrüppartig verästelter Busch mit büschelartig stehenden kleinen Blättchen.

»Aloe plicatilis« — eine der schönsten Aloe-Arten, die aus dem Süden »eingewandert« ist.

Bei einem seßhaft gewordenen Buschmannfarmer werden die Tsama-Melonen geschnitten, die Samen entfernt und dann zu Syrup ausgekocht.

»Acacia rehmanniana« — die im Nata-Distrikt angetroffen wurde.

»Acacia karroo« — auch sie weist an jungen Ästen bzw. Stämmen öfters winklig zueinander angeordnete lange Dornen auf.

Früchte der »Gardenia volkensii« — die in der nördlichen Kalahari verbreitet ist.

»Osyris lanceolata« — die Früchte sind eßbar, wie bei der leicht verwechselbaren Art »Colpoon compressum«.

Frühling in der Nordkalahari — zwei »Ricinodendron rautanenii« säumen einen Baobab.

»Vigna unguiculata« — auch Kuhbohne oder Kaffernbohne genannt, deren Blätter in mannigfacher Weise als Gemüse zubereitet werden.

»Commiphora edulis« — sowohl als Busch, wie auch als Baum mit Höhen bis zu 5 m anzutreffen. Die reifen Früchte sind orangegelb.

»Sutherlandia frutescens« — die durch ihre rötlichen, ballonartigen Früchte in vielen Trocken-Gebieten anzutreffen ist.

»Ochna inermis« — vorwiegend als Busch wachsend. Die beerenartigen Früchte sind eßbar.

»Aloe excelsa« — die, von Zimbabwe übergreifend, im Nordostgebiet der Kalahari anzutreffen ist.

»Erythrina lysistemon« — eine Art, die leicht mit »E. caffra« verwechselbar ist. Die wie Knotenketten aussehenden Schoten umhüllen zinnoberrote Samenkerne.

»Euphorbia grandi-cornis« — diese Aufnahme wurde in den Makgadikgadi-Pans gemacht. Bisher war nicht bekannt, daß diese Art in der Kalahari anzutreffen ist.

»Coccinia adoensis« — deren Blätter als Spinat gekocht werden und deren Früchte roh sehr erfrischend sind.

»Markhamia acuminata« — der »Bohnenbaum«, der bis zu 8 m hoch werden kann und im Ngamiland-Distrikt, sowie im Norden der Kalahari häufig anzutreffen ist.

»Tribulus zeyheri« — der mehrjährige Kriecher ist über die gesamte Kalahari verbreitet und seine Blüten bedecken nach dem ersten großen Regen den Boden wie ein gelber Teppich.

»Harpagophytum procumbens« — die Teufelskrallen, wie die Samen auch genannt werden, können tatsächlich Tiere »killen«.

»Heliophila coronopifolia« — deren strahlend blaue Blüten am Süd- und Westrand der Kalahari nach dem Regen große »Farbflecken« bilden.

Bis zu 500 kg schwer werden die Giraffen, von denen es in Afrika 13 farblich und zeichnungsmäßig unterschiedliche Unterarten gibt.

Haut und Haar der Buschleute stellen charakteristische Merkmale dar, ihr »Pfefferkornhaar« wächst in Büscheln von spiralig aufgerollten Einzelhaaren.

Buschleute zeigen häufig auf der Stirne Tätowierungen.

Buschleute im Dienste der südafrikanischen Armee hatten schon immer einen bevorzugten Lebensstandard.

Im Militärlager Omega im Caprivizipfel waren die Buschleute schon stark akkulturiert.

Buschleute, die auf schwarzen oder weißen Farmen arbeiten, tragen nicht mehr ihre traditionelle Lederbekleidung, sondern verwenden die abgelegten Kleider ihrer Dienstherren.

Zivilisation, Fortschritt und Technik veränderten radikal den Lebensstil der Buschleute.

Eine Familie besteht im allgemeinen aus 5 bis 7 Personen, die Anzahl der Kinder wird notgedrungen gering gehalten.

Die Hunde helfen bei der Jagd, warnen vor Schlangen und Skorpionen, wärmen in den kalten Nächten und »erschnüffeln« die Trüffeln.

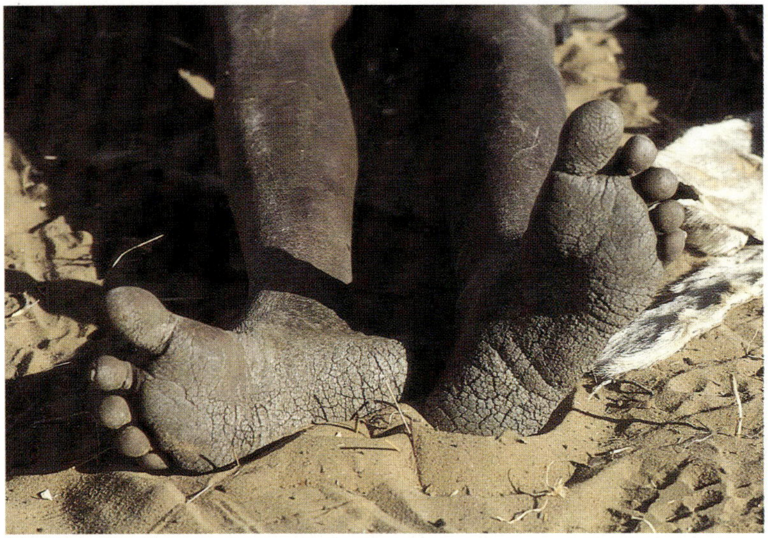

Der heiße Sand und die langen Wanderungen führen zu rissiger Hornhautbildung auf den Fußsohlen.

Ein Erdmännchen hat sich in einer Schwippgalgenfalle regelrecht stranguliert.

Eine Buschmannfrau bringt Hölzer des Kameldornbaumes zur Fertigung der Pfeilköcher.

Buschmannsandalen, deren Sohlen zwischen den beiden großen Zehen mit einem Akaziendorn zur »Zentrierung« versehen sind.

Fertigung einer Schwippgalgenfalle, deren Wirksamkeit wir überraschend schnell erleben konnten.

Wassergefüllte Straußeneier werden auf den Jagdzügen vergraben, um im Notfall bzw. beim Rückmarsch einen Wasservorrat vorzufinden.

Die Ausrüstung eines Jägers ist in einem ledernen Tragbeutel und umfaßt Pfeil und Bogen, Speer und Grabstock sowie Ersatz-Giftpfeile.

Der Jäger muß sich bis auf wenige Meter an das Wild anpirschen, denn die Reichweite ihrer Pfeile ist nur sehr gering.

Die Jagdausrüstung ist immer griffbereit zusammengefaßt.

Die Herstellung der Jagdgeräte ist ausschließlich Aufgabe der Männer.

Auch ein vom Pfeil getroffenes Tier muß oft noch stundenlang verfolgt werden, ehe die Gifteinwirkung es zusammenbrechen läßt.

Die aus verbackenem Sand bestehenden »Kokons« der Käferlarve »Diamphidia simplex« sind im Wurzelbereich der »Commiphora africana« ca. 40 cm unter der Erde zu finden.

Die weißliche Käferlarve »Diamphidia simplex« liefert mit ihren Eingeweiden das Buschmann-Pfeilgift.

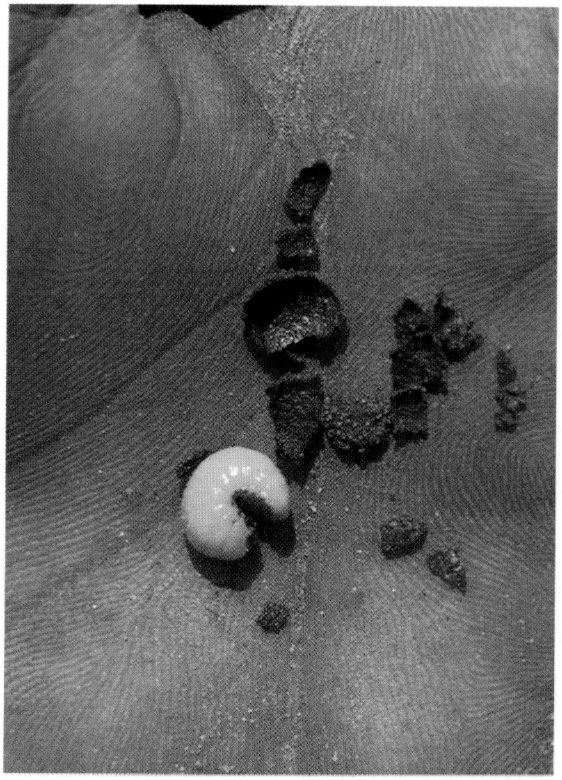

Die engerlingartige Larve wird geköpft und der hochtoxische Leibesinhalt in den Köcherdeckel ausgepreßt.

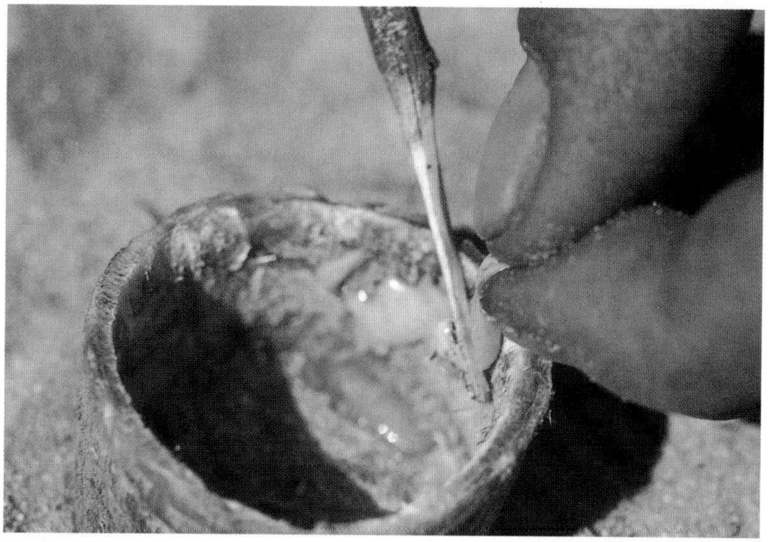

Blatt- und Rindenstücke der immergrünen Silberterminalia werden lange durchgekaut und der dadurch »Neriifolin« enthaltende Speichel mit dem Larveninhalt vermischt.

Der grüne Speichel dient zur Erhöhung der Pulsrate des Blutkreislaufs und damit zur Verkürzung der Gifteinwirkzeit.

Vorsichtig wird das äußerst gefährlich Gift unmittelbar hinter der Pfeilspitze aufgetragen.

Nach dem Giftauftrag wird dieser vorsichtig über einem kleinen Feuer getrocknet.

Vorwiegend zur Kleiderherstellung werden die Tierfelle mit einem gezahnten Blech enthaart und von restlichem Fleisch etc. gereinigt.

Herstellung eines Holztopfes mittels eines scharfkantigen Stössels.

Das Eingravieren von Tiermotiven auf leeren Straußeneiern wird auch heute noch gepflegt.

Durch quirlartiges Drehen eines harten Holzstabes auf einem flach auf dem Boden liegenden Holzscheit mit Zunder wird Feuer angefacht.

Windschirme oder Grashütten sind die traditionellen Behausungen der Buschleute.

Besonders am Abend sitzen die Buschleute in Gruppen um ein Feuer und ihre Diskussionen sind sehr lebhaft.

Die Frauen suchen und graben die Feldfrüchte aus, die in einem Tragbeutel unter dem »Karoß« verstaut werden.

Hier befinden sich G/wi-Frauen mit ihren Grabstöcken auf einem Sammelausflug.

Die Buschfrauen graben mit erstaunlicher Sicherheit alle eßbaren Wurzeln und Knollen aus dem sehr »verbackenen«, harten Boden.

Eine Buschfrau näht aus Antilopenleder einen Karoß, der ihr als Wärmeschutz, aber auch als Tragbeutel für Babys und Feldfrüchte dient.

Die Farbe zur Gesichtsbemalung wird aus Stein- und Erdpigmenten gewonnen.

Vor rituellen Tänzen beschmieren die Buschfrauen ihr Gesicht mit roter oder brauner Farbe.

Plättchen von zerschlagenen Straußeneierschalen werden gebohrt und zu Ketten aufgefädelt.

Aufgrund ihrer durchschnittlichen Körpergröße von knapp 150 cm (Männer) gehören die Buschleute zu den kleinwüchsigen Menschen der Erde.

Auf der Wanderschaft ist der Grabstock der Frauen gleichzeitig auch Waffe und Stütze.

Der Fettsteiß der Frau kann als Anpassung an die unregelmäßige Nahrungsversorgung und somit als echter Fett- und Vitaminspeicher interpretiert werden.

Die regelmäßige Verknappung an Trinkwasser sowie der starke Schwund des Unterhautfettgewebes führt zu einer tiefen Runzelbildung der Haut.

Die Tätowierungen der Buschleute sind in die Haut eingeritzte Schnitte, in denen Asche und ein Extrakt aus Pilzen eingerieben wird.

Alte Menschen werden von den übrigen Gruppenmitgliedern versorgt, bei durch Nahrungsmangel verursachtem Ortswechsel werden jedoch die gebrechlichen Familienmitglieder zurückgelassen.

Die große Leidenschaft aller Buschleute ist das Rauchen, oft mit dem Rauchrohr aus Blech oder Knochen.

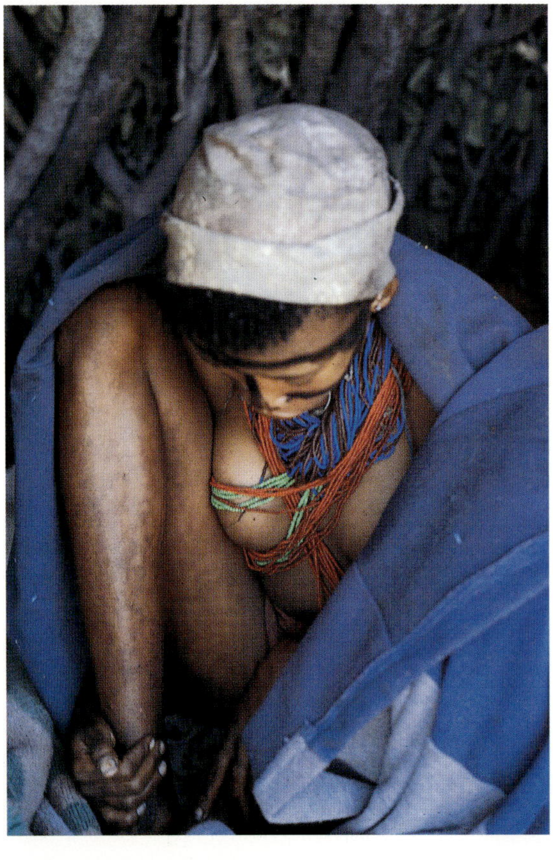

Bei den Initiationsriten werden die jungen Mädchen geschmückt und von einer älteren Frau mit einer weißen Paste aus Pflanzenextrakten auf Brust und Rücken eingerieben.

Ein typisches Ehepaar der Buschleute; die Frau trägt einen Karoß, der Mann einen Lendenschurz und ein Lendenhemd.

Die oft aufgeblähten Bäuche der Kinder lassen auf unregelmäßige, einseitige Ernährung schließen.

Unterschiede der Normalgrößen zwischen Buschleuten und Expeditionsmitglieder.

Die Nase der meisten Buschleute ist durch einen niedrigen abgeplatteten Rücken, eine tiefe Lage der Nasenwurzel und breit ausladende Nasenflügel gekennzeichnet.

Männer und Frauen sind fast schon als Halbwüchsige leidenschaftliche Raucher.

An die Stelle eines Lederumhanges zum Wärmeschutz ist heute die Wolldecke getreten.

Ein Lendenschurz aus Antilopenleder, der mit Kettchen aus Straußeneierschalen geschmückt ist.

Die Buschfrau hat stets ihre Kinder bei sich, auch bei der Arbeit.

Der Karoß wärmt nicht nur den Körper bei Nacht, sondern dient auch zum Transport gesammelter Früchte und der Kleinkinder, oft beides zusammen.

Die starke Runzelbildung täuscht oft über das kalendarische Alter der Buschleute hinweg.

Bis zum vierten Lebensjahr werden die Kinder bei Wanderungen im Karoß getragen.

Der in den Steppen südl. der Sahara weit verbreitete Strauß ist auch in der Kalahari zahlreich anzutreffen.

Auch Männer tragen Schmuck, meistens jedoch nur beim Tanzen.

Buschfrauen weisen schon in jungen Jahren häufig eine starke Entwicklung der Brüste auf.

Während die Buschleute früher Felsmalereien anfertigten, verzieren sie heute Straußeneierschalen mit den traditionellen Motiven.

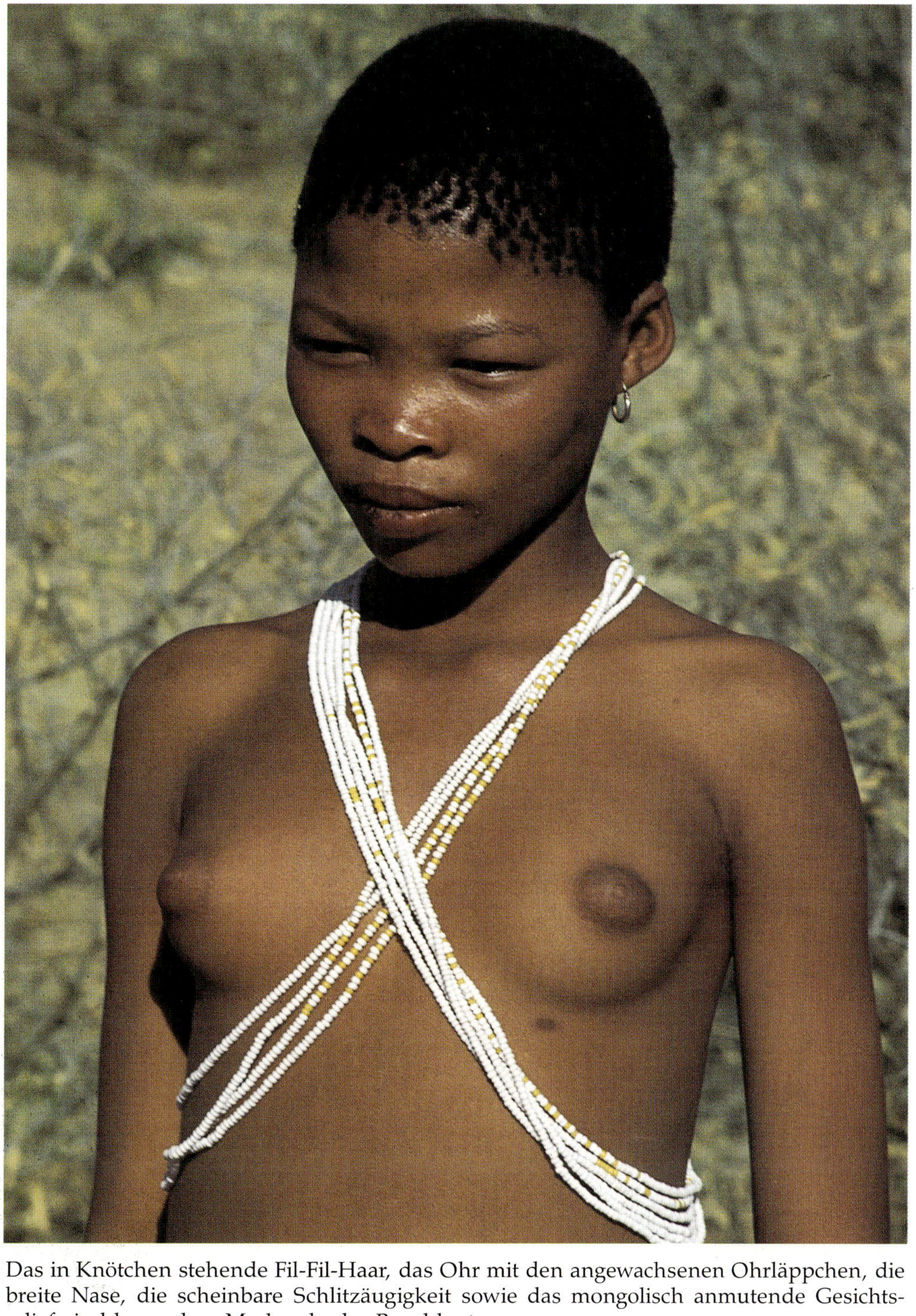

Das in Knötchen stehende Fil-Fil-Haar, das Ohr mit den angewachsenen Ohrläppchen, die breite Nase, die scheinbare Schlitzäugigkeit sowie das mongolisch anmutende Gesichtsrelief sind besondere Merkmale der Buschleute.

Die breite, tiefgesattelte Nase der Buschleute ist eine Anpassungserscheinung an das heiße Klima in der Kalahari.

Allgemein ist die Gesichts- und Körperbehaarung der Buschleute spärlich entwickelt.

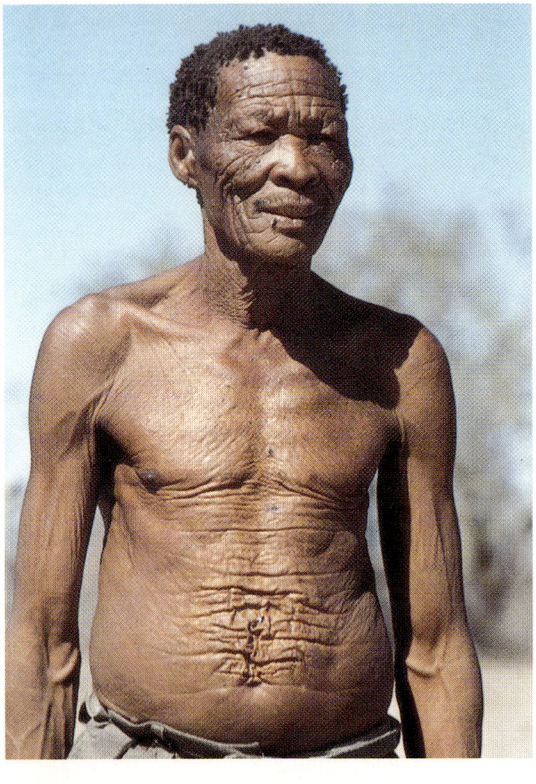

Die Falten- und Runzelbildung auf dem Körper ist bei Buschmännern nicht so stark ausgeprägt, als wie bei den Buschfrauen.

Die Tänze der Buschleute dauern oft mehr als 24 Stunden, ehe die Tänzer in einen Trancezustand fallen.

Der mongolische Gesichtsausdruck der Buschleute läßt auf eine Herkunft aus dem asiatischen Raum schließen.

Vorbereitung zur Wassergewinnung aus dem Urin, ein Wissen, das heute nur noch ganz wenige kennen.

Eine Melonenhalbschale wird über das Bodenloch gesetzt, in die der Urin abgegeben wurde. Durch Erwärmung kondensiert dieser an der Innenseite der kühlen Melonenschale.

Die regional unterschiedlichen Tsamamelonen sind auch heute noch das wichtigste Flüssigkeitsversorgungs- und Nahrungsmittel.

Tief im Sand liegendes Wasser wird mit Hilfe eines Saugröhrchens an die Oberfläche gebracht.

Ein typischer Tanz der Frauen: der Melonentanz, bei dem eine Melone den Mittänzerinnen zugeworfen wird.

Ein weiteres natürliches Genußmittel: »Zuckerhütchen« durch Blattsauginsekten auf einem Mopaneblatt erzeugt.

Zur fäulnisfreien Lufttrocknung wird das Wildfleisch in Streifen geschnitten und auf Bäumen und Pfosten aufgehängt.

Die Buschmanngeige ist ein traditionelles Musikinstrument. Früher bildete eine Tsamamelone den Resonanzkörper, heute wird ein Blechkanister hierzu verwendet.

Bei Feiern tanzen die Buschleute bis sie in Trance verfallen, um so mit überirdischen Wesen in Verbindung treten zu können.

Auch der Spielbogen ist ein traditionelles Musikinstrument. Durch Anschlagen der Bogensehne mit einem Holzstäbchen werden Töne erzeugt.

Durch mangelnde Hygiene und Zahnfleischinfektionen verlieren die Buschleute relativ früh ihre Zähne.

Das typische Buschmannohr besitzt kein durchhängendes Ohrläppchen, besitzt aber einen weit umgerollten Helixrand.

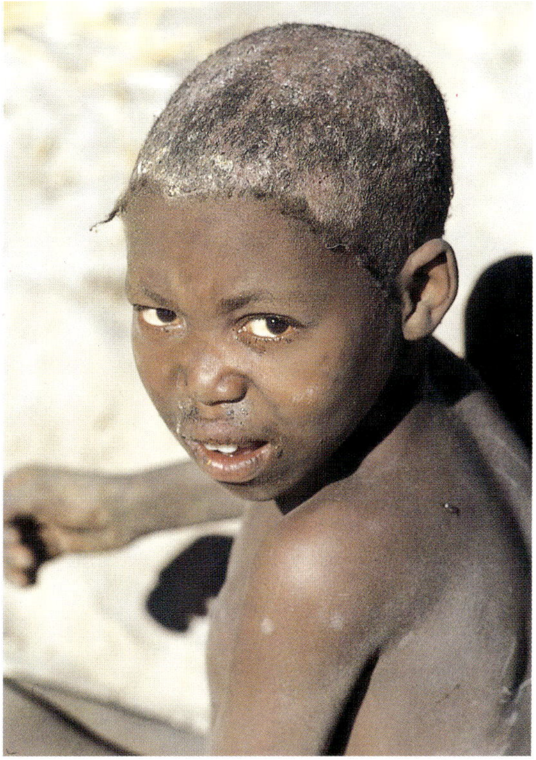

Relativ viele Kinder leiden aufgrund mangelnder Hygiene an Hautinfektionen und Pilzbefall.

Schon beim Kleinkind ist das typische Buschmannmerkmal des »penis rectus« gegeben.

Durch den Schulbesuch lernen die Kinder Lesen und Schreiben, Rechnen und die englische Sprache — alles was ihre Eltern nicht können.

Unser Expeditionskameramann nach einer Höhlenerkundung, wo er Buschmannbilder fand.

Der Fettsteiß der Frauen sowie der »penis erectus« bei den Männern ist auf vielen Felsbildern dargestellt.

Vorwiegend naturalistische Darstellungen spiegeln das Leben im Hinblick auf Jagd- und Tanzformen.

Jagdtiere waren und sind die beliebtesten Motive der Buschleute.

Die aus Erdpigmenten und organischen Substanzen wie z.B. Blut, Honig, Milchsaft hergestellten Farben haben sich bis heute gut erhalten.

Darstellung einer Jägergruppe auf der Pirsch.

Hier die Darstellung eines Jägers mit seinen typischen Jagdgeräten.

Zwei Arten von Nashörnern sind in der Kalahari anzutreffen — zwar sehr selten —, das Breitmaul- und das Spitzmaulnashorn, letzteres wird auch »weißes Nashorn« genannt und ist auf dem Bild gezeigt.

Die Elenantilope — vom Sudan bis ins Kap verbreitet — ist mit seinen 1,7 m Körperhöhe und 3,5 m Länge die größte Antilopenart.

Das »große Kudu« zählt zu den Drehhornrindern und ist gottlob noch relativ zahlreich vertreten.

Die am häufigsten anzutreffende Antilopenart ist der »Springbock«. Er hat an seinem Hinterrücken eine Hautfalte, die sich bei Erregung öffnet und ein weißes Haarbüschel, das sich aufstellt, freigibt.

Die »Oryxantilope« — auch Spießbock genannt, ist trotz seiner Größe sehr anspruchslos an die Umweltbedingungen. Beide Geschlechter sind gehörnt.

Die Vogelwelt der Kalahari darf noch als weitgehend ungeschädigt angesprochen werden. Eine häufig anzutreffende Art ist der zu den Nashornvögel zählende »Gelb- oder Rotschnabeltoko«.

Nicht weniger häufig anzutreffen ist die prachtvolle und in vielen Farben schillernde »Gabelschwanzrake«.

Der »Klaffschnabel« zählt zur Storchenfamilie. Sein Name beruht darauf, daß sein Schnabel im geschlossenen Zustand noch einen Schlitz bildet.

Skorpione zählen zu den Spinnentieren und sind schon seit 500 Mill. Jahren nachweisbar. Ein Stich von einem Exemplar in der Größe wie auf dem Bild kommt dem Biß einer Giftschlange gleich.

Eine Stabheuschrecke — bestens an ihre Umgebung angepaßt. Wir haben in der Kalahari 17 verschiedene Arten festgestellt.

Ein Sonnenuntergang in der Kalahari, wie wir ihn vielmals erlebt haben. Jetzt beginnt das geheimnisvolle, oft geräuschvolle Nachtleben.

Kaffernbüffel im herbstlichen Mopanewald.

Die »Boomslang« wird bis zu 1,60 m lang und ist sehr giftig. Durch solche Schlangen werden weit mehr Menschen gebissen, als durch terrestrisch lebende Schlangen.

Eine absolut realistische Gefahr für jeden »Fußgänger« in der Kalahari bilden die Löwen; sie hat die größte Anzahl von Killerlöwen und 1989 sind ihnen allein 38 Menschen zum Opfer gefallen.

Der Leopard ist zwar sehr scheu, jedoch absolut lebensgefährlich, wenn er »überrascht« wird. Gottlob handelte es sich bei dieser Aufnahme noch um ein Jungtier.

Man sagt zwar, nur in Tansania steigen die Löwen auf die Bäume, aber offensichtlich in der Kalahari auch.

Die Geparden, ein Pärchen beim Liebesspiel von uns überrascht, greifen, so sagt man, niemals ohne Not einen Menschen an.

In ihrem Schutz sind die Impalas sicher — der Elefant —. Allein im Nordwesten der Kalahari leben über 20000 Exemplare »zuviel«, daher sind die Zerstörungen der Landschaft bereits katastrophal hoch.

Mit einem Termitenhaufen bei Sonnenuntergang wollen wir unseren Bericht beschließen.